Gerhard Fürsatz
Abenteuer Partnerschaft

Der Weg zur glücklichen Beziehung
Zum Schmunzeln, Staunen & Lernen

Gerhard Fürsatz

Abenteuer Partnerschaft

Der Weg zur glücklichen Beziehung
Zum Schmunzeln, Staunen & Lernen

Re Di Roma-Verlag

Bibliografische Information der Deutschen Nationalbibliothek:
Die Deutsche Nationalbibliothek verzeichnet diese Publikation in der Deutschen Nationalbibliografie; detaillierte bibliografische Daten sind im Internet über http://dnb.ddb.de abrufbar.

ISBN 978-3-86870-307-8

www.rediroma-verlag.de
15,95 Euro (D)

Wenn ein Wunder in der Welt geschieht,
geschieht es durch liebevolle, reine Herzen.

Johann Wolfgang von Goethe

Das einzige Mittel gegen Geburt und Tod
besteht darin, die Zeit dazwischen zu nutzen.

George Santayana

Dahin zu treiben ist die Hölle,
sein Leben zu Steuern der Himmel.

George Bernard Shaw

Man ist ja von Natur kein Engel,
vielmehr ein Welt- und Menschenkind.
Und ringsherum ist ein Gedrängel
von solchen, die dasselbe sind.

Wilhelm Busch

Das einzig Wichtige im Leben sind
die Spuren von Liebe, die wir hinterlassen,
wenn wir Abschied nehmen.

Albert Schweitzer

Liebe überwindet die Zeit.
Ein Augenblick kann ewig sein
und die Ewigkeit im Nu vergehn.

William Shakespeare

Die Liebe fordert alles und ganz mit Recht,
so ist es mir mit Dir, Dir mit mir.

Beethoven an seine Unsterbliche Geliebte 6./7. Juli 1801

Wir spüren sie wie die Wärme des Blutes.
Wir atmen sie wie die Luft.
Wir tragen sie wie unsere Gedanken bei uns.
Sie ist ein Zustand, der sich nicht ausdrücken lässt
und mit fünf Buchstaben bezeichnet wird.

Guy de Monpassant

Nichts ist beneidenswerter als eine Seele,
die schwärmen kann.
Schwärmen ist fliegen,
eine himmlische Bewegung nach oben.

Theodor Fontane

Es gibt noch Wunder, liebes Herz,
getröste dich!
Erlöste dich
noch nie ein Stern aus deinem Schmerz,
das Strahlenspiel
vom hohen Zelt
in deiner Qualen Tiefe fiel
und sprach:
„Sieh, wie ich zu dir kam
vor allen andern ganz allein!
Du liebes Herz wirf ab den Gram!
Bin ich nicht dein?
Getröste dich!"
Erlöste dich
noch nie ein Stern ...

Christian Morgenstern

Liebe Leserin, lieber Leser,

gibt es eigentlich eine Formel für glückliche Beziehungen? Und wenn ja, wer kennt diese? Kann man das Haltbarkeitsdatum einer Partnerschaft erhöhen, oder rückt der Verfalltermin automatisch mit jedem gemeinsam verbrachten Tag näher? Mit diesen und weiteren Rätseln sehen sich Beziehungspartner immer wieder konfrontiert.

Vor allem Frauen fragen sich dabei oft: „Warum musste ich nur so viel Schmerz und Enttäuschung erleben, bis ich endlich mein Gegenstück fand?“ (wenn sie es überhaupt fanden). Tja, und sollte das auch bei Ihnen zutreffen, so waren es vermutlich nicht die idealen Kriterien, die Sie verwendeten, um nach Ihrem Partner zu suchen. Obwohl Sie bestimmt den Wunsch hegten, dass der neue Lebensgefährte jemand ist, den Sie verstehen können und der Ihnen ähnlich ist.

Eine solche Ähnlichkeit sollte sich idealer Weise auch auf Kindheit und Erziehung ausdehnen. Und wenn Sie ihn im weitesten Sinne an seine Mutter erinnern, wäre das - auch wenn es noch so paradox klingt - durchaus kein Fehler. Alles Weitere, das zwei Menschen sonst noch alles verbindet, kann dann nur die gemeinsame Partnerschaftspraxis erreichen. Und wenn man neben der empfundenen Zuneigung auch noch fähig ist, sich gegenseitig zu vergeben und kompromissfähig zu sein, wird das Vorhaben meistens auch gelingen.

Beziehungen zwischen sehr jungen Partnern sind allerdings besonders trennungsgefährdet. Leider auch dann, wenn die Liebe am Anfang sehr groß ist und die Partner wie für einander geschaffen scheinen. Wenn die Beziehung vor dem 19. Lebensjahr eingegangen wurde, ist die Chance auf Haltbarkeit realistisch gesehen ziemlich gering. War der Grund für z.B. eine Eheschließung eine ungewollte Schwangerschaft, sind die Aussichten noch bescheidener. Die Interessen und Bedürfnisse von Partnern dieses Alters verändern sich nämlich in kurzen Abständen immer wieder. Und beide entwickeln sich während der Beziehung intellektuell weiter. Daher kann die Einigkeit unter solchen Umständen früher oder später verloren gehen.

Tatsächlich sind die meisten für eine dauerhafte Beziehung erst dann wirklich reif, wenn sie zumindest einige Zeit gelernt haben, frei von den Eltern, deren Unterstützung und jeglicher Abhängigkeiten ihr Leben zu meistern. Erst wenn man weiß, wie viel Anstrengung hinter jedem Verdienten steckt, woher das Geld kommt und wie hart man für die Annehmlichkeiten des Lebens arbeiten muss, hat man zumindest eine Ahnung vom echten Leben. Diese wichtige Erkenntnis kann man sich allerdings nur schwer aneignen, wenn man noch auf Kosten der Eltern lebt oder auf Stipendien, Arbeitslosen- bzw. Sozialhilfe angewiesen ist.

Wenn es soweit kommt, dass ein Partner das Interesse und Vertrauen am anderen verliert, liegt es vor allem am Betroffenen, um die Beziehung zu kämpfen. Die Möglichkeiten sind dennoch begrenzt, um diesen Prozess auch erfolgreich aufzuhalten. Oft haben die Partner in eingefahrenen Beziehungen die Wahrnehmung der eigenen Perspektive verloren und nehmen nur mehr die Fehler des anderen wahr. Das Bedürfnis nach Zusammengehörigkeit, Schutz und Geborgenheit bleibt in diesen schwierigen Situationen unerfüllt und Streitigkeiten sind an der Tagesordnung. Dann hilft oft nur mehr eine professionelle Paartherapie, da die Anwesenheit eines Therapeuten als neutraler Dritter wieder die Möglichkeit eröffnet, einander zuzuhören.

Zahlreiche Studien zeigen, dass sich ähnliche Gewohnheiten und Charaktereigenschaften von Partnern auf eine Dauerbeziehung sehr positiv auswirken. Es gibt allerdings auch Menschen, die in einer Beziehung glücklich werden, indem sie sich den Gewohnheiten, Bedürfnissen und Neigungen ihres Partners anpassen. Dennoch hat jeder, der seine eigenen Träume und Fantasien nicht alleine verwirklichen muss, bessere Chancen auf anhaltendes Glück. Wenn dann beide auch noch gemeinsame Ansichten und Interessen verbinden, ist das schon der halbe Sieg.

Ein oder zwei gemeinsame/s Hobby/s bzw. Interessen und kein allzu großer Altersunterschied können Beziehungen entscheidend unterstützen. Zu große altersmäßige Differenzen hingegen lassen mit der Zeit oft verschiedene Denkweisen entstehen, die eher auseinander als zusammen führen. In den glücklichen und unbeschwerten Phasen einer Partnerschaft ist der Zusammenhalt nicht schwierig. Für eine Dauerbeziehung müssen aber beide Partner in der Lage sein, sich auch in (mitunter sehr) schwierigen Momenten Rückhalt und Trost zu geben.

Ein emotionaler Einzelgänger, der Schwierigkeiten damit hat, seine Zuneigung auszudrücken oder Nähe zuzulassen, kann kein idealer Partner sein. In Ausnahmesituationen, die nach der vollen Aufmerksamkeit des anderen verlangen, zeigen sich oft Defizite, die am Anfang der Beziehung gar nicht erkennbar waren. Am wenigsten wird sich ein solches Verhalten noch auswirken, wenn sich der eine auf einer ähnlich niedrigen Emotionsstufe wie der andere befindet.

In einer guten Beziehung hingegen geben sich beide Partner gegenseitigen Halt und wissen, dass sie immer aufeinander zählen können. Solche Menschen spüren eine positive Verbundenheit, denn sie haben gleiche (oder zumindest ähnliche) Träume, Wünsche und Ziele für die Zukunft. Und diese wollen sie auch überzeugter Weise zusammen verwirklichen. Denn, sie wissen, dass sie gemeinsam einfach alles schaffen können. Noch dazu ist es eine Tatsache, dass eine harmonische, glückliche Partnerschaft lebensverlängernd wirkt, uns geistig länger fit hält und dauerhaft dafür sorgt, dass wir uns umfassend glücklich schätzen.

Damit eine Liebe anhält, ist auch die Sexualität von großer Bedeutung. In einer festen Beziehung sollte man daher seine Wünsche und Fantasien ohne Hemmungen aussprechen können. Die wichtigen Grundvoraussetzungen für eine intime Beziehung sind schließlich Offenheit, Ehrlichkeit, Engagement und ein unbeschädigtes Vertrauen. Rund 50 Prozent der Menschen, die in einer Partnerschaft leben, meinen, dass guter Sex für das Funktionieren einer Beziehung maßgeblich verantwortlich ist. Doch, man muss auch dafür sorgen, dass dieser Bereich mit der Zeit nicht einschläft.

Eine international durchgeführte Studie des Kondomherstellers Durex besagt, wer öfter Sex hat, ist auch zufriedener mit der Intensität des Orgasmus. Der Gipfel der Lust wird übrigens am häufigsten in Italien, Spanien, Mexico und Südafrika erreicht. In Österreich kommen etwa 60 Prozent so gut wie immer zum Höhepunkt - was sogar öfter ist, als bei den deutschen Nachbarn.

Damit eine Liebe „ewig“ halten kann, muss man allerdings erst einen geeigneten Partner finden. Und das ist gar nicht so einfach. Der falsche Weg wäre es jedenfalls, bei diesem Vorhaben mit dem Kopf durch die Wand zu wollen und die Dinge zu übereilen oder sie gar zu erzwingen. Das geht nämlich immer schief. Daher empfiehlt es sich, den künftigen Menschen an seiner Seite erst einmal richtig kennen zu lernen, bevor man sich für ein Zusammenleben mit ihm entschließt.

Tja, und wenn Sie trotz aller Bemühungen Ihr perfektes Pendent noch nicht finden konnten, sollten Sie eventuell Ihre Kriterien überdenken und nach Möglichkeit etwas lockern. Gibt es allerdings gleich zu Beginn viele Reibereien und Missverständnisse, ist ein rasches Finale meistens der bessere Weg, als an etwas festzuhalten, das ohnehin schon von Anfang an zum Scheitern verurteilt war.

Wenn Ihre Beziehung aber wirklich halten soll, liegt sehr viel des Zutuns an Ihnen selbst. Dazu gehört es vor allem, sich zu öffnen und möglichst viel mit dem Partner zu reden. Das aber nicht nur einmal, sondern kontinuierlich. Nur wenn Sie immer wieder miteinander sprechen, und zwar über Ihre Sorgen, Wünsche, Sehnsüchte und Vorstellungen, kann die Gemeinsamkeit auf Dauer funktionieren. Verschweigen Sie dabei nichts, das Ihnen wichtig ist, da eine solche Unterdrückung früher oder später für Probleme sorgt. Dabei sollten Sie aber auch akzeptieren, dass der Partner Makel hat und Schwächen zeigt. Dass sich jeder nur von seiner besten Seite präsentiert, passiert leider nur am Anfang. Und diese Zeit geht rasch vorbei.

Doch, gerade kleine Fehler können einen Menschen so besonders und liebenswert machen. Schließlich ist niemand perfekt, und nur so tun, ist doch auf Dauer ziemlich anstrengend. Nur wenn man seine Karten ehrlich auf den Tisch legt und sich nicht verstellt, bietet man dem anderen die Möglichkeit, einem so kennen zu lernen, wie man wirklich ist. Und daran führt an einer langfristigen Beziehung bestimmt kein Weg vorbei. Sollten Sie an einem längeren Beisammensein allerdings nicht interessiert sind, können Sie Ihre Geheimnisse auch gerne für sich behalten.

Wer jedoch hofft, dass die Liebe ewig halten soll, wird die meisten seiner Fehler bestimmt nicht lange verbergen können. Das ist aber kein Problem, da ja auch der Partner nicht perfekt ist. Nur, wenn Sie ehrliche Gefühle zeigen, wird Sie das auf Dauer zusammenschweißen. Versuchen Sie nicht, Trauer, Eifersucht, Zorn, Wut und Ärger permanent zu verstecken. Denn, was der Mensch in sich hinein frisst, macht ihn krank. Seien Sie aber auch bereit, alle positiven Eindrücke, Erfahrungen und Gefühle mit Ihrem Partner engagiert zu teilen und Ihr Leben gemeinsam schöner und erfüllter zu gestalten, als es das alleine jemals sein könnte.

Ein Buch kann zwar nie die Praxis ersetzen, aber es kann helfen, festgefahrene, falsche Verhaltensweisen (die uns oft gar nicht bewusst sind) zu erkennen. Zugleich kann es uns wichtige Denkanstöße für dringend erforderliche, positive Veränderungen geben. Und wenn mir das bei Ihnen gelingt, so hat dieses Buch sein Ziel erreicht.

Viel Freude und Erfolg bei der praktischen Umsetzung wünscht Ihnen der Autor!

INHALT

1. Kapitel

LIEBER ALLEINE ODER ZU ZWEIT?

Einsamkeit, wie bist du übervölkert!
(Lec, Unfrisierte Gedanken)

Die Einsamkeit ist wie der Duft einer Giftpflanze, süß, aber betäubend und mit der Zeit geradezu verderblich.
(Friedrich Spielhagen)

Als „Singles“ werden im weitesten Sinne Menschen bezeichnet, die in Einpersonenhaushalten leben. In Deutschland sind das derzeit rund 14 Millionen. Im Alter zwischen 20 und 29 Jahren sind 45,3 Prozent unserer Nachbarn solo. Doch, ganz genaue Zahlen gibt es natürlich nicht, denn, nicht jeder der alleine lebt, ist auch wirklich allein. Und auch nicht alle, die zusammenwohnen, sind tatsächlich ein Paar.

Familiensoziologen meinen, dass Männer den gesellschaftlichen Status betreffend häufig nach unten heiraten, Frauen hingegen eher nach oben. Aufgrund der steigenden Anzahl qualifizierter, gut ausgebildeter Frauen hat das auch einigen Einfluss auf die Zusammensetzung der gegenwärtigen Singles. Heute ist die Frau aus ihrer unterworfenen Rolle bereits großteils herausgeschlüpft und befindet sich mit dem Mann auch im Beziehungsbereich zunehmend auf der selben Ebene. Die „brave Mädchen-Ecke“ war einmal. Mädchen von einst stehen heute als selbstbewusste Frauen fest auf dem Boden.

Auf der unteren Gesellschaftsebene finden Frauen leichter einen Partner als Männer. Somit ergeben sich auf der einen Seite eher schlecht situierte, mäßig gebildete Männer und auf der anderen Seite aber hoch gebildete Frauen. Kein Wunder, dass der Mitarbeiter eines Partnerschaftsinstitutes einmal sagte: „Eine Universitätsprofessorin ist praktisch unvermittelbar.“ Durch die vielen gebildeten Frauen wird sich das aber mit der Zeit ändern. Heute sind Frauen als Studentinnen von den Universitäten nicht mehr wegzudenken. Ferner fliegen sie auf den Mond oder werden Profiboxerinnen. Vermutlich wird es nicht mehr lange dauern, bis sie auch katholische Priesterämter übernehmen. Es scheint, als ob ihnen die ganze Welt offen steht. Das Bild des Mannes als Ernährer der Familie hingegen wird in der Praxis immer weniger gelebt. 27 Prozent der Ladys von 20 bis 29 sind daher mit ihrem Leben als Single zufrieden, 29 Prozent unzufrieden und 54 Prozent schwanken noch.

Dabei sind nicht die Singles ein Problem unserer Gesellschaft, sondern eher der Übergang ins Erwachsensein. Diese Phase verschiebt sich nämlich, im Gegensatz zu früher, immer weiter nach hinten. Die Ausbildung jedes Einzelnen dauert heutzutage länger und somit auch sein Einstieg in den Arbeitsmarkt. Dadurch werden Familien viel später gegründet. In Süditalien, Südspanien und Griechenland zum Beispiel ist es an der Tagesordnung, dass die Erwachsenen erst mit 30-35 Jahren aus dem Elternhaus ausziehen. Entsprechend spät gründen sie eine Familie und bekommen Kinder. Und je später man damit beginnt, desto weniger Kinder bekommt man.

Damit sind wir bereits bei einem Trend, der sich auch bis in unsere Breiten fortsetzt und der zum gesellschaftlichen Problem ausartet. Würde man den Übergang ins Erwachsenenalter erleichtern, wäre das auch eine Förderung der Familiengründung. „Einer niedrigen Geburtenrate wirkt man schließlich nicht entgegen, indem man die Lebensform Single verteufelt." meint dazu Dr. Walter Bien, Familienwissenschaftler am Deutschen Jugendinstitut in München.

Doch, nicht alle Singles sind gleich. Es gibt sogar ziemlich unterschiedliche von ihnen, wie den freiwilligen und den unfreiwilligen Single, den konservativen und den unkonventionellen, etc. Zahlreiche Studien haben sich damit beschäftigt, herauszufinden, welche Menschen die Singles nun eigentlich wirklich sind, warum sie single sind und wie es mit ihrer Zufriedenheit aussieht. Die Behauptung „alle Singles sind beziehungsunfähig" ist jedenfalls absolute Polemik.

Dr. Walter Bien versucht, die heutigen Singles anhand folgender Typen darzustellen:

Die „Bedauernswerten"

Im Alltag werden Singles vor allem von Paaren oft bedauert. Paare gehen nämlich davon aus, dass Singles unfreiwillig einsam und somit automatisch unglücklich sind. Dass es aber Menschen gibt, die sich auch alleine wohlfühlen (und sich vielleicht für diese Lebensweise speziell entschieden haben), wird dabei gerne übersehen. Verheiratete glauben, mit ihrem Leben zufriedener zu sein, als allein Lebende. Tatsächlich aber sind Eheleute Menschen, die meistens auch schon vor ihrer Hochzeit nicht unglücklich waren. Dabei ist Single-Sein aufregender, als so manche Beziehung, wenn ..., ja, wenn man etwas daraus macht. Schließlich kann man bei dieser Lebensweise mehr mit Freunden unternehmen, neue Menschen kennen lernen und ungehemmt seinen ganz individuellen Hobbys und Vorlieben frönen.

Die Genießer
Vor allem Verheiratete fasziniert es, dass Singles ständig auf Partys und Clubbings unterwegs sind, während sie selbst in öder Monogamie brav und bieder das Haus hüten und den Kindern gute Nacht-Geschichten erzählen „müssen". Dennoch bewerten Paare ihr Sexualleben generell besser als Singles. Das kann allerdings auch daran liegen, dass viele Singles gar keinen Sex haben. Schließlich ist nicht jede/r von ihnen auf One Night Stands aus - Serien wie „Sex and the City" zum Trotz. Dennoch gehen Singles generell unbefangener mit dem Thema Sex um. Und tatsächlich gibt es viele von ihnen, die an ihrem Single-Leben genug Positives finden, um es in vollen Zügen zu genießen.

Die Karrieristen
Ihr vorrangiges Ziel ist, die Karriereleiter möglichst rasch empor zu klettern. Beziehungen engen sie dabei zu sehr ein. Schließlich möchten sie ihre wertvolle Freizeit lieber in die berufliche Zukunft investieren als nach dauerhafter Liebe und Nähe Ausschau zu halten. Erst viel später, wenn sie dann aufwachen - was kaum vor etwa 35 der Fall ist - fallen sie in eine Torschlusspanik und versuchen ganz rasch alles nachzuholen.

Die Wartenden
Das sind jene Singles, die noch von der wahren Liebe träumen und ihre bereits vergebenen Freunde bewundern. Häufig jammern sie über das eigene Solo-Dasein und wollen entsprechend bemitleidet werden. Leider wagen sie es aber nicht, den ersten Schritt zu machen und aktiv in das Geschehen einzugreifen. Stattdessen verstecken sie sich hinter ihrer Schüchternheit und hoffen, dass Mr. oder Mrs. Right quasi als Schicksalsfügung auf sie zukommt.

Die Klammernden und Vogelfreien
Erfahrungen, die wir bereits im jüngsten Lebensalter machten, prägen auch unsere späteren Liebesbeziehungen. Wenn ein Kind nicht das Gefühl bekommt, von der Mutter ausreichend umsorgt zu werden, folgen darauf zwei typische Reaktionen: Es wird später bindungsvermeidend oder es wird bindungsängstlich. Erwachsen gewordene Bindungsvermeidende laufen daher vor großer Nähe zu einem Partner davon. Die Bindungsängstlichen wiederum fürchten, dass der/die Geliebte sie betrügen oder verlassen könnte, was ein Klammern bewirkt. Erst mit einem neuen, verbesserten Vertrauen können sie es langfristig schaffen, diese hemmenden Verhaltensweisen nach und nach abzulegen.

Die Enttäuschten
Je mehr Trennungen sie hinter sich haben, desto größer sind auch ihre Enttäuschungen geworden. Inzwischen hat sich bei ihnen längst eine notorische Skep-

sis geprägt und der Glaube an die große Liebe ist kaum mehr vorhanden. Mit dem Motto „Gleich und Gleich gesellt sich gern“, wären sie gut beraten, Partner mit möglichst ähnlichen Interessen und Charaktereigenschaften zu finden. Gemeinsamkeit ist hier der Schlüssel zum Erfolg.

Somit lassen sich also die verschiedensten Single-Verhalten erkennen. Während der eine die aufregende Pirsch in vollen Zügen genießt und unbeschwert seinen Hobbys frönt, sucht der andere verzweifelt die große Liebe seines Lebens. Andererseits gibt es auch noch genügend Paare, die zwar offiziell in einer Partnerschaft leben, aber in Wirklichkeit schon längst keine Beziehung mehr führen. Jeder von uns war schon irgendwann mal Single oder ist es auch derzeit. Doch, auf Dauer waren bzw. sind bestimmt die Wenigsten glücklich dabei. Es gibt eben nicht viele, die auf intensive Gespräche, kontinuierlichen Sex, geteilte Aktivitäten, Rat, Unterstützung sowie gemeinsame Eindrücke und Erlebnisse verzichten wollen.

Daher befinden sich die meisten Singles auf einer unentwegten Suche. Oft tun aber jene, die sich am meisten nach einer Beziehung sehnen, am wenigsten, um den unliebsamen Zustand zu ändern. Erfolg wird sich in den meisten Fällen aber nur einstellen, wenn man die Grenzen des alltäglichen Lebens verlässt, sich öffnet und in die Welt, die so viele Chancen und Möglichkeiten bietet, aktiv hinausgeht. 58 Prozent der Singles empfinden es auch unangenehm, mit einem Pärchen auszugehen. Am liebsten sind Beziehungs-Solistinnen mit ihren Freundinnen unterwegs, wie das Institut Elite Partner herausfand.

Manche Frauen achten beim ersten Date auch besonders auf sein Verhalten beim Zahlen. Dass er es übernimmt, sollte ohnehin klar sein. Aber, es kommt auch auf das Trinkgeld an: Unter fünf Prozent wird Mann als Knauser oder pleite eingestuft und über 10 Prozent als großspurig! Da kann sie rasch den Eindruck gewinnen: „Märchenprinz gesucht - Frosch gefunden.“

Es muss auch nicht immer am Trauschein liegen, denn einer aktuellen Studie nach sind Verheiratete gesünder als Singles. Wer mit einem Partner lebt, ist weniger anfällig für Depressionen, Angstzustände, Süchte und trotzt im Alter auch eher Alzheimer. Ferner hat man herausgefunden, dass jeder dritte „Solo-Träumer“ unter Schlafstörungen leidet. Wer hingegen seinen Partner neben sich spürt, ist beruhigt, fühlt sich sicher und schläft sichtlich besser. Zu zweit leidet nur mehr jeder Fünfte unter Schlafproblemen, lassen uns Experten wissen.

Was ist der Single von heute also wirklich? Kinderfeind und Egoist oder Opfer des demographischen Wandels? In einem ZEIT-Artikel stand: „Single ist eine

Beschönigungsformel für Lebensphasen der Einsamkeit und verzweifelten Partnersuche." Von vielen Praxisbeispielen wissen wir jedoch, dass die Solisten mancher Lebensphasen keineswegs unglücklich sein müssen und auch nicht ständig nach einem Partner suchen. Vor allem dann, wenn sie gerade erst eine Partnerschaft hinter sich haben und nun einige Zeit für sich selber brauchen.

Das heißt, es gibt durchaus Zeiten im Leben, in denen man gerne alleine ist und alleine bleibt. Schließlich sollten wir uns nicht von überholten gesellschaftlichen Zwängen leiten lassen, sondern ausschließlich jenen Weg wählen, der für unsere eigene Seele und unser Wohlbefinden der beste ist. Und wenn das vorübergehend (oder auch längerfristig) die Lebensform des Alleinseins ist, haben das die anderen auch zu akzeptieren.

Zum Nachdenken über dieses Thema abschließend noch die Zitate einiger kluger Köpfe:

„Der Starke ist am mächtigsten allein."
Tell in Schiller, Wilhelm Tell 1,3

„Allein ist besser als mit Schlechtem im Verein.
Mit Gutem im Verein ist besser als allein."
Rückert, Weisheit des Brahmanen 16. Buch 5 (1839)

„Wer sich der Einsamkeit ergibt,
Ach der ist bald allein."
Goethe, Aus Wilhelm Meister: Harfenspieler

Ich habe begonnen, mir selbst ein Freund zu sein.
Damit ist schon viel gewonnen, denn man kann dann
nie mehr einsam sein.
Seneca, An Lucilius

„Nichts steht allein, nichts kann allein bestehen:
Was ist, bedarf des andern, um zu sein."
L. Schefer, Laienbrevier, Oktbr. 2.

2. Kapitel

WIE SIE EINE PARTNERSCHAFT RICHTIG BEGINNEN

Erfasse das Glück deines Lebens im Fluge:
Es kommt nicht zurück.
(Omar Chaijam)

Wer einen anderen Menschen kennenlernt,
lernt zugleich sich selber kennen.
(östliche Weisheit)

Wir brauchen etwa 90 Sekunden, um uns über einen anderen Menschen eine Meinung zu bilden. Dabei hängt unser Eindruck von deutlich mehr Faktoren ab, als nur von einem freundlichen oder finsteren Gesicht. Unsere Chance, jemand richtig einzuschätzen ist hoch, ebenso unsere Beharrlichkeit, wenn wir uns geirrt haben. Unser Anfangsurteil erweist sich als erstaunlich stabil (bis starrsinnig) und wird später tendenziell nur noch wenig verändert.

„Wir können subtilste Signale aus Gesicht und Stimme empfangen. Das ist sehr wichtig für die wahrgenommene Glaubwürdigkeit", meint Psychologe Stefan Schweinberger, Professor an der Friedrich Schiller-Universität in Jena. Und unser Gesicht verrät dabei das meiste, da wir mit über vierzig Gesichtsmuskeln unglaubliche 10.000 unterschiedliche Gesichtsausdrücke bilden können.

Zugleich sprechen unsere Gesichter eine Sprache, an der wir in vielen Fällen sogar die Nationalität unseres Gegenübers erkennen können. Ein Lächeln gilt zwar weltweit als freundliche Geste, aber wie die Augen in das Mienenspiel einbezogen werden, kann uns bereits verraten, aus welchem Kulturkreis der Lächelnde kommt. Somit sind die Emotionen ein wichtiger Bestandteil des ersten Eindrucks. Unbewusst versuchen wir auch innerhalb weniger Sekunden die Gemütslage unseres Gegenübers einzuschätzen. Und darin sind wir nicht einmal so schlecht. Dennoch sollte man auch wissen, dass z.B. ein Kopfschütteln in manchen Ländern (wie z.B. Bulgarien) „ja" und das Nicken „nein" bedeutet.

„Unser Gehirn verfügt über eine äußerst effiziente Maschinerie für die Emotionswahrnehmung", lässt uns Stefan Schweinberger wissen. Bereits bei einem Foto ergibt sich eine große Übereinstimmung zwischen der Selbst- und Fremdeinschätzung. Daher lassen uns manche Fotografien erkennen, welche Art der

Beziehung sich die abgebildete Person vermutlich wünscht. Zum Beispiel eine langfristige Partnerschaft - oder bloß ein flüchtiges Abenteuer. Selbst Erfolg und Kreditwürdigkeit kann man von Gesichtern ablesen, wie mit zahlreichen Probanden im Rahmen einer Studie festgestellt wurde.

Insgesamt scheinen Frauen für die richtige Einschätzung des ersten Eindrucks die Begabteren zu sein. Sie erkennen Gefühle schneller als Männer und können auch deren Qualitäten als Erzeuger und ihr Interesse an Kindern intuitiv erfühlen. Umgekehrt aber bieten uns Frauengesichter mehr Informationen als männliche Konterfeis. In einer schottischen Studie wurde festgestellt, dass man Frauen mit 70-prozentiger Sicherheit ansehen kann, wie glücklich sie sind.

Die Verbindung von Gesichtsausdruck und Körpersprache ist allerdings noch aufschlussreicher als nur das Gesicht allein. Unser Gehirn kann nämlich Mimik und Gestik blitzschnell kombinieren und interpretieren. Wenn dann auch noch die Sprache mit ihrer speziellen Melodie und dem Redefluss dazukommt, verrät sich uns der fremde Charakter noch deutlicher. Ebenso lassen sich sofort Ängstlichkeit oder Selbstsicherheit erkennen.

Die Stimme ist aber auch für unsere Wahrnehmung von Intelligenz entscheidend. Mit 70-prozentiger Trefferquote gelingt es uns, die Intelligenz unseres Gegenübers einzuschätzen. Ein flüssiger Redner mit einer guten, sauber formulierten Wortwahl präsentiert uns einen ausgeprägten Verstand. Schwierig wird es daher bloß, wenn unser Gegenüber schweigt. An der Stimme lässt sich auch erkennen, ob ein/e Fremde/r extrovertiert, kultiviert, gesellig, risikobereit und sozial verträglich ist.

Viel über die Seele der Menschen verraten auch deren Hände. „Zeige mir Deine Hände, und ich sage dir, wer du bist“ meinen die Bestsellerautoren Ruediger Dahlke und Rita Fasel, die von den vier elementaren Handformen auf Charakter und Persönlichkeit schließen. Dabei wird zwischen der Erdhand (quadratische Handfläche mit kurzen knotigen Fingern), der Lufthand (quadratische Handfläche mit langen Fingern), der Feuerhand (lange Handteller mit kurzen, oft unruhigen Fingern) und der Wasserhand (große Handflächen mit langen Fingern) unterschieden.

Bei der Erdhand handelt es sich um praktische Menschen, welche die Dinge sprichwörtlich in die Hand nehmen. Typen der Lufthand wiederum denken schnell, sind geistreich und wissbegierig. Die kreativen Eigner der Wasserhand sind ihren Gefühlen oft ziemlich ausgeliefert. Sie interessieren sich weniger für Materielles als z.B. für Kunst oder ideelle Dinge. Und die Feuerhand macht ihre

Träger vital. Begeisterung, Organisationstalent und Dynamik, aber auch Sparsamkeit und Konventionalität sind ihre Haupteigenschaften.

Einige Erkenntnisse bieten uns auch die Ring-Positionen an den Fingern. Eheringe werden in unseren Breiten am rechten Ringfinger getragen. Dennoch ist dieses Erkennungszeichen nicht hundertprozentig, da ihre Träger sie oft abnehmen. In vielen westlichen Ländern wird der Trauring am linken Ringfinger (der Seite des Herzens) getragen. In Deutschland, Österreich, Norwegen, Polen und Bulgarien hingegen ist es üblich, dieses Kleinod auf den rechten Ringfinger zu stecken. Generell drückt ein Ringfingerring Geselligkeit aus, sowie dass sein Träger nicht gerne lang allein ist.

Die häufige Betonung des Mittelfingers mit einem Ring kann Disziplin, Arbeitswillen, Selbstverantwortung und Gleichgewichtsgefühl, aber auch Kälte, Egoismus und materialistische Tendenzen verraten. Manche tragen einen Daumenring (meistens links), um sich homosexuell oder lesbisch zu outen, andere bloß, weil sie es trendy finden. Zwei Ringe am linken Daumen werden auch als Zeichen für Bisexualität gedeutet.

Ein Ring am kleinen Finger kann verschiedene Bedeutungen haben. Für Freimaurer, Geheimbündler, Sektenjünger und sonstige Gleichgesinnte war (ist) er eine traditionelle Position. Ansonsten deutet dieser Ring auf einen unabhängigen Charakter hin. Dem Träger eines Zeigefingerringes sagt man Eitelkeit, Ehrgeiz und Machtstreben, aber auch Führungsqualität nach. Besondere Affektiertheit zeigt ein Ring am Nagelglied. Viele Menschen tragen Ringe allerdings nur bloß als Schmuck, ohne sich ihrer tieferen Bedeutung bewusst zu sein.

Aber auch wie Uhren getragen werden, erlaubt interessante Rückschlüsse. Die übliche Position der Armbanduhr ist das linke Handgelenk. Wird sie rechts getragen, ist der Besitzer entweder eigenwillig oder Links- bzw. Beidhänder. Wenn sich die Uhr auf der Innenseite des Handgelenks findet, kann es sich um einen Sportler oder Arbeiter handeln, der seinen mehr oder weniger kostbaren Chronometer schützen möchte. Analoge Uhren verweisen auf eine traditionelle und digitale auf eine progressive Einstellung.

Trotz unserer hohen Trefferquote bei der ersten Gesamteinschätzung, können wir uns aber auch täuschen. Schließlich spielen dabei unsere Stimmung, Vorurteile und die jeweils individuelle Situation eine gewichtige Rolle. Zum Glück wirken jedoch ein einstudierter, fester Händedruck (genauso wie der lasche) und ein Dauergrinsen nur selten authentisch. Experimente zeigten, dass auch Düfte unser Urteil beeinflussen. So hatten bei Bewerbungsgesprächen Männer mit typisch maskulinem Parfum deutlich größere Chancen, eingestellt zu werden als jene mit eher femininer Duftnote. Selbst, wenn nur die Bewerbungsunterlagen leicht parfümiert waren, entstand dieser Effekt. Dennoch ist die beste Voraussetzung für einen guten Eindruck noch immer eine natürliche Freundlichkeit. Sie öffnet uns schließlich die Türen und die Herzen der Menschen.

Ist erst einmal ein guter Eindruck erreicht, steht einem ungezwungenen Flirten meistens nichts mehr im Wege. Doch Vorsicht, Flirten ist ein Spiel, bei dem es auch wichtige Spielregeln einzuhalten gilt. Eine überaus interessante Frage stellte sich in diesem Umfeld ein Psychologenteam der Leeds University in England. „Wie viel nackte Haut macht Männer an?“ Wie viel Haut muss Frau also heutzutage zeigen, um die Aufmerksamkeit des männlichen Geschlechts nachhaltig auf sich zu ziehen?

Das (sicher auch sehr altersbedingte) Ergebnis wurde in ihrem Fachmagazin veröffentlicht: Genau 40 Prozent. In etwa heißt das: Halbes Bein, ganzer Arm und eventuell noch ein bisschen Schulter wären optimal. Eng anliegende Kleidung und eine körperbewusste Art zu Tanzen wirkten in dieser Studie ebenfalls attraktivitätssteigernd, was aber nicht das Thema war. Daher also zurück zum Flirten.

Viele Männer werden bereits nervös, wenn es darum geht, in der Öffentlichkeit eine hübsche Frau anzusprechen. Für sie tut sich der Boden auf, wenn sie von der Guten, statt freundlich willkommen geheißen, erst einmal kritisch beäugt werden. Daher sind Experten er Meinung, dass sich unsere Gesellschaft in einer Flirtkrise befindet. Sie haben herausgefunden, dass uns mittlerweise uraltes intuitives Wissen verloren gegangen ist. Und das hat auf unser Selbstbewusstsein negative Auswirkungen. Wir sind gezwungen, gewisse Chancen zu nutzen. Und dabei fühlen sich viele schlichtweg überfordert.

Dazu kommt auch noch, dass unsere heutige Welt anonymer, wettbewerbsorientierter und unübersichtlicher geworden ist. Sieht ein Mann an einer Bar eine attraktive Frau, so kann sie sowohl Studentin, Sekretärin oder Chefin einer PR-Agentur sein. Da ist es immerhin schwer zu sagen, was sie sich von einem Mann erwartet und ob hier ein ironischer Machospruch als Anknüpfung willkommen ist.

Umgekehrt wissen aber auch die Frauen heute nicht mehr, woran sie bei uns Männern sind. Ein Grund, weshalb schon oft als dritter Konversationssatz der Frauen beim Kennenlernen die Frage nach dem Beruf ihres Gegenübers gestellt wird. Da sich das alles sehr schwierig gestaltet, gehen viele Frauen gar nicht mehr zum Flirten aus, sondern versuchen ihr Glück gleich bequem von zu Hause aus im Internet. Wer wiederum zu gut flirten kann, läuft Gefahr, die echte Liebe gar nicht zu erkennen. Dann gehört er meistens zu jenen, die nach immer Besseren weiter und weiter suchen.

Wenn es aber doch jemand riskiert, vor Ort dem anderen Geschlecht näher zu kommen, muss bereits der erste Satz lustig sein oder zumindest ein bisschen provozieren. Dazu gehört natürlich auch immer ein Lächeln und eine möglichst souveräne Körperhaltung. Na, und hat Mann erst einmal seinen Spruch angebracht, so kann es ihm schon passieren, dass er mit der Aufforderung verblüfft (und überfordert) wird: „Dann erzähl‘ mir mal was Spannendes über dich!"

Manche Frauen testen ihn auch gerne mit überraschenden Fragen wie: „Was würdest Du gerne können?" Wer jetzt mit „Fliegen, Klavierspielen, Fremdsprachen oder Geld drucken" antwortet, rasselt gleich mal als Egoist par excellence durch. Gefragt sind hingegen soziale Feedbacks wie: „Ich würde gerne die Welt verbessern, Hunger, Armut lindern ..., etc."

Eine internationale Studie besagt, dass ein Drittel aller Männer beim Flirten weltweit alles andere als entspannt ist. Und das - man höre und staune - weil sie Angst vor Sex haben. Der Liebesakt wird nur noch als „Test" angesehen. Auf dieses zunehmende Problem weist auch Sexualtherapeutin Elia Bragagna hin. Sie bestätigt, dass die Versagensängste der Männer in den vergangenen 20 Jahren deutlich zugenommen haben. „Cool Cats" werden heute „Strateginnen der Erotik" genannt. Ihnen macht es Spaß, Männer zu reizen und mit ihnen zu spielen. Sie wollen Sex ihrer selbst Willen und nicht mehr einem Partner zuliebe. Selbstbewusst fordern sie die Befriedigung ihrer Bedürfnisse - jetzt und hier. Darauf können Männer vorerst nur verwirrt und verängstigt reagieren, während sie einer Identitätskrise entgegensteuern.

Doch, nicht nur die höheren Erwartungen der Partnerin, sondern auch Klischees und veröffentlichte Statistiken setzen die Herren der Schöpfung mächtig unter Druck. Es erscheint kurios, dass weltweit mehr als 33 Prozent der Männer bereits Angst vor Sex haben, wie polnische Wissenschaftler herausfanden. Von Spaß im Bett sind die Adamsjünger somit weit entfernt, denn laut dieser Erhebung kann das starke Geschlecht das Liebesspiel kaum noch genießen, weil es immer mehr als „Eignungstest" der Herzdame betrachtet wird. Die Panik, etwas falsch zu machen, ist dabei sehr groß.

Im Aufbruch befindliche Frauen drängen die Männer heute mit ihrer Emanzipation in die Defensive. Das beginnt bereits im Job, setzt sich über die Familie fort und endet sogar im Bett. Der deutsche Psychoanalytiker Horst-Eberhard Richter meint dazu: „Frauen haben zu ihren ursprünglichen Stärken neue hinzugewonnen und sich vervollkommnet. Die Männer hingegen seien geblieben, was sie waren und stellen sich nun gemessen an den Frauen, als unvollständige, sozusagen halbe Wesen dar.“

Das sind immerhin triftige Gründe, weshalb sich inzwischen viele Männer zurückziehen und mit Potenzproblemen konfrontiert sehen bzw. die Lust am Sex verlieren. Manche verzichten gleich von Haus aus darauf, erklärt Elia Bragagna. Daher sollte man schon möglichst früh herausfinden, welche Vorstellungen und Erwartungen die/der Angebetete hat, um später aufkommenden Missverständnissen und Enttäuschungen rechtzeitig vorzubeugen.

Diese Hemmschwellen verleiden es vielen Singles, den ersten Schritt zu machen. Lieber verharren sie in Abwarteposition, anstatt sich mit dem falschen Einstieg zu blamieren. Eine bequeme Erwartungshaltung ist dabei, auf das Aktivwerden des anderen zu bauen. Doch, diese wunderbare Komfortzone müssen Sie schon verlassen, wenn Sie neue Wege beim Flirten und Kennenlernen einschlagen wollen.

Die gute Nachricht ist jedoch: Wir können nicht vor Angst zerplatzen und (wenn wir keine schweren Herzprobleme haben) auch nicht daran sterben. Das sollte die Hürde mit einem Fremden in Kontakt zu treten, doch etwas reduzieren. Oft liegt es ja auch nur an der fehlenden Übung und dem daraus resultierenden mangelnden Selbstvertrauen. Hier kann nur eines helfen: Runter vom Sofa und rein in das Getümmel! Nur so lassen sich positive Erfahrungen sammeln. Und Sie werden feststellen, dass die Realität gar nicht so schlimm ist, wie es sich unsere Fantasie oft ausmalt. „Es kommt nämlich nicht darauf an, möglichst interessant, sondern möglichst interessiert zu sein.“ Nichts wirkt auf einen anderen Menschen so erotisch, wie das Interesse und die Neugierde, die man ihm entgegenbringt.

Und wenn beide erst einmal die Hürde des Kennenlernens überwunden haben, steht einem Treffen mit Kerzenlicht, romantischer Musik und einem guten Glas Wein nichts mehr im Wege. Bloß, zu diesem Zeitpunkt können die falschen Gesprächsthemen bereits den ersten Frust auslösen. Vor allem „Verflossene“ sind hier ein heikles Thema, das Sie besser unterlassen sollten. Auch allgemeines Gejammer turnt nicht gerade an. Absolute No-Goes sind zudem Schulden, Einkommen, enttäuschende Dates, Krankheiten, Therapieerfahrungen, eine schwierige Kindheit, Familienkrakeleien, eigener Kinderwunsch, Probleme im

Job und die politische Einstellung. Wer sich hingegen über schöne, positive Erlebnisse austauscht, liegt mit Sicherheit richtig.

Manche Frauen haben beim Daten eine interessante Erfahrung gemacht. Nämlich, dass die Chance nach dem ersten Date wesentlich höher ist, dass er sich wieder meldet, wenn *sie* es sind, die den Abend beenden. Andere wiederum schwören darauf, sich so wenig wie möglich zu stylen: Pferdeschwanz, T-Shirt, Jeans - als ob sie gerade aufgestanden wären. Frauen wollen herausgefunden haben, dass Männer dieses Outfit gegenüber einer aufgedonnerten Erscheinung samt penetranter Parfumwolke bevorzugen. Und wieder andere befürworten es, ein frühes Date in der Sauna zu vereinbaren. Gerade wenn er nicht ganz perfekt ist - und wer ist das schon? - hilft das, zu hohe Ansprüche ihr gegenüber zu mindern, meinen sie überzeugt.

Es gibt aber auch noch ein paar weitere Tricks, mit denen gewiefte Frauen Männer sofort durchschauen können. Auf diese Weise stellen sie fest, ob sie beim ersten Date wirklich einen tollen Hecht oder bloß einen Blender vor sich haben:

- WIE ER SITZT

Ein sitzender Mann offenbart bereits eine Menge über sich. Das beginnt schon bei seinen Füßen. Wenn diese festen Bodenkontakt haben, ist es ein sicheres Anzeichen, dass er entspannt ist und sich nicht davor scheut, Gefühle zu zeigen. Wer hingegen unruhig hin und her rutscht, ist für ein angenehmes, romantisches Zusammensein nicht sehr geeignet. Typen, die sich zurücklehnen und die Beine ausstrecken, wirken zwar lässig, drücken aber unterschwellig den Wunsch nach Distanz aus. Die erste Stunde über wäre das noch akzeptabel, danach sollte er aber, wenn er Interesse hat, zum Flirten doch etwas näher rücken. Gekreuzte Fußgelenke unter dem Stuhl werden als Erwartungshaltung interpretiert.

- WIE ER ISST

Wer gleich zum Salzstreuer greift, ohne sein Essen zuvor noch gekostet zu haben, lebt ganz offensichtlich nach festen Gewohnheiten und Ritualen. Spontane Extratouren werden Sie in einer Partnerschaft mit ihm kaum erleben. Aufschlüsse bietet auch die Wahl seiner Speisen. Hausmannskost lässt ihn freundlich und unkompliziert erscheinen. Schwarzwurzeln, Austern und Mangos entlarven ihn als Genussmenschen. Diverse Studien belegen, dass Vegetarier oft Hypochonder sind. Und allemal lohnt sich auch ein Blick auf seine Tischmanieren. Positiv ist es jedenfalls, wenn er Messer und Gabel nicht zu elementaren Stich- und Schaufelwerkzeugen degradiert. Und ein weiterer Lichtblick wäre es noch, seine Begleiterin nie „am Trockenen“ sitzen zu lassen und seine Getränkenachbestellung mit ihrem Trinkverhalten zu koordinieren.

- WIE SEIN STIL IST

Kleidung, Frisur und allgemeiner Pflegezustand bieten die nächsten wichtigen Erkenntnisse. Niveauvolle Kleidung und Bugatti- oder gar Maßschuhe bringen hier schon mal einen Punktegewinn. Eine kluge Frau unterscheidet aber sofort zwischen Gepflegtsein und Eitelkeit. Wenn er einen übertriebenen Aufwand in sein Outfit steckt, ist er oft auf den Applaus von anderen - und zwar meistens von Frauen - aus. Partnerschaftliche Beständigkeit finden diese eher an gut, aber unauffällig gekleideten Männern. Ganz egal, ob sie in Polo und Jeans oder einem zeitgemäßen Anzug erscheinen. Schließlich hat es ein Mann, der über Stil und Persönlichkeit verfügt, nicht nötig, mit Marken- und Designerlook zu protzen.

- WIE ER MIT GELD UMGEHT

Wenn es um‘s Bezahlen geht, kommt für gute Beobachterinnen immer Spannung auf. Zückt er sein mehr oder weniger edles Lederportemonnaie, wird von ihnen gerne gecheckt, ob dieses mit Quittungen vollgestopft ist oder nur geordnete Geldscheine beinhaltet. Während ersteres einen Chaoten bzw. Genießer erahnen lässt, weist seine Ordnung auf organisatorische Fähigkeiten hin. Gute Aufschlüsse erlaubt auch das Bezahlungsverhalten. Wer gleich beim ersten Date auf getrennte Rechnungen besteht, outet sich als kleinlicher Sparefroh - aller Emanzipation zum Trotz. OK ist es hingegen, wenn er für beide zahlt und möglichst kein übertriebenes Trinkgeld gibt.

- WIE ER KÜSST

Während über 90 Prozent der Frauen beim Küssen die Augen schließen, tun das aber nur 50 Prozent der Männer. Beim ersten Kuss könnte es für die Damen dennoch interessant sein, einen Blick zu riskieren. Männer, die mit offenen Augen küssen, möchten die Kontrolle behalten und neigen dazu, Gefühle eher zu verstecken. Eine romantische Ader verrät er hingegen, wenn er die Augen schließt. Intensives Küssen ist manchmal ein Zeichen von fehlender Sensibilität und noch öfter von Unsicherheit.

Trotz oft guter Einschätzungen, nehmen uns unsere Mitmenschen nur selten so wahr, wie wir uns selbst sehen. Vor allem in Sachen Gefühle liegen sie mitunter daneben, da sie uns z.B. für arrogant halten, obwohl wir nur schüchtern sind. Sprechen wir mutig aus, was doch ganz offensichtlich ist, werden wir rasch als unsensibel eingeschätzt. Hinter die Oberfläche eines Menschen zu blicken, ist wahrlich nicht immer leicht - auch wenn wir das Gegenteil glauben. Nicht umsonst sprechen hier Experten von der „Illusion der Transparenz“.

Von unseren wahren Gefühlen, Gedanken und Wünschen hat selbst unser/e beste/r Freund/in meistens nur einen ziemlich blassen Schimmer. Kein Wunder, dass uns dann Nichtvertraute oft ganz falsch interpretieren. Denn, sie können nur wahrnehmen, was wir tun, sagen oder tragen, aber nicht, was wir fühlen. Von der Sicherheit unserer Beobachter (und ob diese wohlwollend oder negativ sind) fällt ihre Wahrnehmung über uns aus. Dazu kommt, dass Dritte nicht wissen können, welche Motive und Erfahrungen aus der Vergangenheit uns steuern. Wer uns zum Beispiel immer nur wie besessen arbeiten sieht, stuft uns nur allzu schnell als berechnende Karrieristen ein. Den wahren Grund für unseren vielleicht dringend erforderlichen Einsatz kennt er aber nicht mal.

Um sich von innen heraus ehrlich präsentieren zu können, bedarf es daher zuerst einer objektiven Eigenanalyse. Schließlich bewirkt eine angeborene Schutzfunktion, dass wir uns selbst in einem möglichst positiven Licht sehen. Hier können gute Freunde, die wir darum bitten, uns unverblümt zu sagen, wie wir auf andere wirken, eine unschätzbare Hilfe sein. Wenn wir auf wirklich ehrliche Erkenntnisse aus sind, müssen wir den Friends allerdings „Straffreiheit“ gewähren, ohne beleidigt zu reagieren. Auch anonyme Ratings, zum Beispiel über Facebook (www.honesty-box.com), sind möglich. Dann erhalten Sie eine E-Mail, ohne den Absender zu sehen.

Weitere gute Möglichkeiten, seine Persönlichkeit zu verbessern, wären, sich Videos von sich selbst anzusehen und/oder ein Tagebuch zu führen (was auch elektronisch erfolgen kann). Wer aufschreibt, was er eine Zeit lang gemacht und gesagt hat, hilft sich selbst, seine Verhaltensweisen aufzuspüren und entsprechende Verbesserungen vorzunehmen.

Bernie Carducci, Psychologe an der Indiana University Southest hat für das österreichische Magazin WIENERIN die am häufigsten verkannten weiblichen Persönlichkeitstypen zusammengestellt. Damit zeigt er den Damen auf, was sie tun können, um ihr Bild in der Öffentlichkeit gerade zu rücken und unbewusst falsche Signale zu vermeiden:

- DIE ARROGANTE

Werden Sie als gefühlskalt und überheblich eingestuft, obwohl Sie in Wirklichkeit nur schüchtern und zurückhaltend sind? Vor allem attraktiven Menschen passiert eine derart falsche Wahrnehmung laut Psychologen Bernie Carducci öfters. Die Menschen sehen zuerst nur unser Verhalten, da die Gefühlswelt ausgeblendet ist. Wenn nun eine schüchterne Person aus Selbstschutz introvertiert reagiert, legen viele diese Zurückhaltung als persönlichen Angriff aus.

Doch, Angriff ist die beste Verteidigung. Sagen Sie daher Ihrem Gegenüber, dass Sie nicht unfreundlich sind, sondern sich bloß augenblicklich nicht wohl fühlen. Wer das in einem persönlichen Gespräch nicht schafft, kann auch danach noch ein erklärendes SMS senden.

- DIE PESSIMISTIN

Was immer im Leben alles schief gehen kann, sie weiß es schon im Vorhinein. Noch dazu werden auch alle anderen pflichtbewusst davor gewarnt. Kein Wunder, dass einem die Umwelt in solchen Fällen als unverbesserliche „Teufel an die Wand-Malerin“ ansieht. Ja, manche machen sogar einen großen Bogen um die betreffende Person. Schließlich will man sich von ihr ja nicht den Spaß an der Freude verderben lassen. Häufig werden Warnungen von vermeintlich ewigen Pessimisten bloß mit einer Handbewegung abgetan. Dabei meint der US-Psychologe, dass diese Menschen oft gar keine chronischen Nörgler, sondern bloß bodenständige Realisten sind.

Sie wären allerdings gut beraten, würden sie ihre oftmals angebrachten Bedenken etwas geschickter verpacken. Die Sandwich-Methode ist ideal dafür geeignet: Beginnen und enden Sie mit einem Pro-Argument, wenn Ihre Meinung gefragt ist. Dabei hilft auch das israelische Sprichwort: „Wer nicht an Wunder glaubt, ist kein Realist“. Schließlich müssen wir alle immer wieder feststellen, dass selbst was nach Prüfung aller Fakten für unmöglich gehalten wurde, dennoch passiert.

- DIE STREBERIN

Sie hat die Schule problemlos absolviert und muss sich auch im Job nicht übermäßig anstrengen. Bloß, die Umwelt will das nicht so richtig glauben. Schon als Kind galt sie als Streberin und auch im Office munkelt man, dass sie sich beim Chef eingeschleimt hat. Die meisten Menschen müssen ziemliche Anstrengungen auf sich nehmen, um manche Ziele zu erreichen. Wenn sie dann von anderen scheinbar mühelos überholt werden, kratzt das ganz schön am Selbstbewusstsein. Daher erzeugen diese Frauen den Mythos der Streberin, bestätigt Carducci.

In unserer Umwelt ist das Prinzip „Ohne Fleiß kein Preis“ fest verankert. Deshalb hilft hier selbst Ehrlichkeit ausnahmsweise nicht weiter. Hinweise, wie schnell oder gut man etwas erledigt hat, sollten daher anderen gegenüber besser unterbleiben. Eine gute Taktik wäre es unter diesen Umständen, den Mitmenschen zu zeigen, dass man für seine Erfolge auch „ziemlich hart“ arbeiten muss.

- DIE PROBLEMLOSE

Frauen dieser Gruppe werden von anderen als wahrer Sonnenschein angesehen. Herausforderungen des Lebens begegnen sie immer mit einem fröhlichen Spruch. Dabei würden sie sich selbst gerne mal so richtig ausheulen. Bloß, wenn sie ihre Sorgen loswerden möchten, finden sie sich häufig in der Rolle der Trösterin wieder. Dazu meint Carducci: „Gerade verletzte Seelen verstecken sich oft hinter einer „Alles ist gut“-Mauer. Für die Umwelt ist es schwer, dahinter zu schauen. Sie gibt sich ja meistens mit dem zufrieden, was sie sieht.“

Ein guter Tipp dazu ist, wenn Sie das nächste Mal jemand fragt, wie es Ihnen geht, ganz ehrlich darauf zu antworten. Und wenn Sie jemand tröstend in die Arme nehmen möchte, lassen Sie es doch einfach geschehen.

- DIE FLIRTENDE

Frauen dieser Verhaltensweise sind oft überrascht, dass alten Freunden plötzlich der Sinn nach Sex mit ihnen steht oder ein neuer Bekannter den Kontakt abbricht, weil sie ihm erzählt, dass sie gebunden ist. Freundlichkeit wird - vor allem von Männern - immer wieder missverstanden, da sie diese fälschlicher Weise als persönliches Interesse an ihnen interpretieren. „Gerade Frauen, die sich ihres Sex-Appeals selbst gar nicht voll bewusst sind, fallen dann aus allen Wolken“ sagt Carducci. Während sie bloß an einen netten Small Talk glaubt, räkelt er sich gedanklich mit ihr schon lustvoll auf der Decke.

Falls auch Sie zu dieser Riege an Frauen gehören, kann man Ihnen nur raten, auf Ihre non-verbalen Signale besser zu achten. Vermutlich ermuntern Sie Ihre Gegenüber unbewusst zu sehr. Das kann bereits ein Augenkontakt sein, der ein Fünkchen zu lange dauert oder Ihre Angewohnheit, Aussagen mit sanften Berührungen zu unterstreichen. Wenn Sie merken, dass Ihre Freundlichkeit als Annäherung missverstanden wird, wechseln Sie am besten sofort galant das Thema.

- DIE TOUGHE

Dazu gehören all jene Frauen, die sich die Herz zerreißendsten Liebesfilme ansehen können, ohne auch nur die kleinste Träne zu vergießen. Es ist auch kein Geheimnis, dass sie im Management Karriere machen wollen. Diese Ladys finden es allerdings selbst ziemlich unfair, dass sie auf andere so kühl wie einst die eiserne Margaret Thatcher wirken. Immerhin wünschen sie sich eine starke Schulter zum Anlehnen. Bloß, nehmen ihnen die Männer das nun mal nicht ab. Carducci meint, dass sie nur schwer zwischen dem öffentlichen und privaten Wesen unterscheiden können. Frauen, die im Job ihren Mann stehen müssen, verlernen leider nur allzu leicht, ihre Botschaften ehrlich zu versenden. Da kann es schon sein, dass sie Sex signalisieren, obwohl sie eigentlich nur ein bisschen Anlehnung suchen.

Um hier etwas zu verbessern, ist es notwendig, sich von der Job- bzw. Autoritätsrolle klar abzugrenzen. Das kann schon damit beginnen, dass sie sich nach Arbeitsschluss umzieht, sich eine andere Frisur stylt und endlich so richtig aus sich herausgeht. Dabei ist es auch kein Fehler, seine Sprache zu ändern und statt dem gewohnten Weisungston einen smarten Kumpelklang anzuschlagen.

- DIE UNSENSIBLE

Das sind Frauen, die so gut wie immer sagen, was sie denken. Sie tragen ihr Herz praktisch auf der Zunge. Allerdings wissen ihre Mitmenschen diese Ehrlichkeit nicht wirklich zu schätzen. Oft wenden sich viele, sogar Freunde, von ihnen ab, da sie ihre unsensible Art einfach nicht verkraften. Dabei sind diese Frauen in Wirklichkeit alles andere als unsensibel, erklärt Psychologe Carducci. Wer an Stimmungen, die in der Luft liegen, nahe dran ist, kann sie vielleicht gut artikulieren, auf diese Weise aber auch unabsichtlich verletzen.

Natürlich darf das nicht heißen, dass man verstummen soll. Aber auch hier gehören die Botschaften eindeutig besser verpackt. Es macht schon einen Unterschied ob man sagt: „Du machst einen betrübten Eindruck. Kann ich Dir helfen?“ oder „Verlass den Trottel endlich! Der ist doch keine Träne wert!“ ... selbst, wenn es sich beim Gesprächsthema um einen wirklich unbrauchbaren Typen handeln sollte.

Man muss auch wissen, dass sich Flirts nicht problemlos in eine bestehende Beziehung integrieren lassen. Vor allem das Wesen des Flirts ist (aus der Sicht gebundener Menschen) eine Gratwanderung mit dem Verbotenen. Einerseits stimmt es schmeichelhaft, mit einem flirtwerten Partner zusammen zu sein, aber nur solange man sicher ist, dass es bei dem Flirt bleibt. Wer seinem Partner Sicherheit bieten möchte, sollte auf das Flirten besser generell verzichten.

Ganz im Gegensatz zur aktiven Kontaktaufnahme mit dem anderen Geschlecht kann man allerdings auch finden, ohne zu suchen. Dann ist es der Zufall (oder eine höhere Macht), der das große Glück bringt. Viele Paare können davon erzählen, wie ein unerwartetes Zusammentreffen ihr Leben veränderte. Und zwar in jenem Moment, in dem sie die Kontrolle aufgaben und ihrem Herzen folgten. Psychotherapeutin Katja Sundermeier (simply-love.de) weiß, warum uns die Liebe oft aus heiterem Himmel erwischt. Und zwar, weil wir in dieser Situation mit uns selbst zufrieden sind und damit, wie unser Leben momentan läuft. Wer auch alleine glücklich ist, strahlt diese Zufriedenheit aus, und das wirkt auf andere Menschen sehr anziehend.

Daher sollte man sich zu allererst selbst der Partner sein, den man sich wünscht, um Erfüllung zu empfinden. Dazu gehört, sich selbst zu geben was man braucht, anstatt zu erwarten, dass jemand anderer diese Bedürfnisse erfüllt. Eine auf diese Weise erreichte Zufriedenheit strahlt man von innen her aus. Selbst wenn der/die Neue nicht in den persönlichen Lebensplan passt, sollte man die Gelegenheit nützen. Er/sie kann zwar z.B. weit entfernt wohnen oder einem anderen Kulturkreis angehören. Doch immer nur strikt nach Plan und unbeugsamen Prinzipien zu leben, macht auch nicht glücklich.

Seit langem steht fest, dass die Beziehung zu einem Lebensgefährten/einer Gefährtin der wichtigste Bestandteil für ein erfülltes und befriedigendes Leben ist. Deshalb hegen ja auch so viele Menschen den Wunsch danach. Und eine dauerhafte, befriedigende Beziehung zu führen, ist durchaus realistisch. Selbst ernsthafte Partnerschaftsprobleme lassen sich vermeiden, wenn ..., ja, wenn es uns gelingt, den richtigen Partner zu finden und vor allem selbst der richtige zu sein. Schließlich hat jeder zu gleichen Teilen die Verantwortung für seine Partnerschaft und mögliche Beziehungsprobleme. Jeder muss dabei seinen ganz persönlichen Teil zum gemeinsamen Gelingen beitragen.

Um eine erfolgreiche Beziehung beginnen zu können, sollten aber auch die Voraussetzungen erfüllt sein, ohne die eine positive gemeinsame Entwicklung nicht möglich ist. Dazu muss man unbedingt seine vorige/n Beziehung/en emotionell abgeschlossen haben. Wer dem/der Verflossenen noch wehmütig nachweint, ist mit Sicherheit für eine neue, unbelastete Beziehung noch nicht reif. Auch wäre ein Neubeginn unter diesen Umständen gegenüber dem/der Neuen unfair. Und man sollte sich auch selbst bewiesen haben, zumindest einige Lebenszeit alleine verbringen zu können.

Die entscheidende Basis für Bindungsfähigkeit erhalten wir (oder auch nicht) bereits in unseren ersten Lebensjahren. Diese sind unsere vielfach unterschätzten Wurzeln, die bestimmen, ob ein Mensch selbstbewusst und begabt für eine stabile Liebesbeziehung ist oder nicht. Und manchmal scheint es ja auch, als ob gewisse Menschen das Glück förmlich gepachtet haben, denn sie sind selbstsicher, zufrieden und genießen ihren Erfolg in einer langjährigen harmonischen Partnerschaft.

Ganz im Gegensatz zu den anderen Zeitgenossen, die das Unglück ständig verfolgt. Diese Typen haben immer wieder Pech mit falschen Partnern, sind unsicher, traurig, einsam oder manchmal auch alles zusammen. Ist das reiner Zufall oder vielleicht doch Schicksal? Wissenschaftler meinen dazu: „Liebe ist keine Himmelsmacht, sondern vielmehr ein biologisches, emotionales und soziales Geschehen.“ Weshalb das so ist? Ganz einfach: Unsere sexuelle Lust, die emotionale Leidenschaft und die seelische Verbundenheit werden von drei unterschiedlichen, aber dennoch peripher verbundenen Gehirnsystemen gesteuert.

Je positiver die Beziehungssignale, die ein Kind von den wichtigsten Menschen in seiner jungen Lebensphase bekommt, desto größer wird sich sein Vertrauen zu sich selbst und in die ganze Welt entwickeln. Und desto besser gelingt auch seine Annäherung an das Du und später in eine Liebesbeziehung. Damit steht auch fest, dass ein Mangel an tiefen, sicheren Bindungen in den ersten drei Lebensjahren später sehr leicht zum Risikofaktor für das Scheitern von Liebesbeziehungen wird.

Nun aber kurz zum Materiellen. So unromantisch es auch klingen mag, Partnerschaft kostet Geld. Eine solide finanzielle Basis ist daher die wichtige Voraussetzung für ein echtes Wir-Gefühl. Damit sind wir auch schon bei einem sehr sensiblen Thema angelangt. Doch eine prekäre Finanzsituation kann Beziehungen auf Dauer völlig zermürben.

Das ist auch dann der Fall, wenn *ein* Partner Ansprüche hat (für die er eventuell sogar selber aufkommt), der andere aber monetär nicht mithalten kann. Auf diese Weise werden Urlaube, Reisen, Sport, Auto, Hobby, Theater-/Restaurantbesuche und Shopping-Touren bald zu wahren Zerreißproben. Wenn man noch am Anfang der Partnerschaft steht, sollte man schon bald abklären, welche Anschaffungen man gemeinsam tätigt und wie man mit laufenden Kosten wie Miete, Strom, Gas und Lebensmittel umgeht. Ebenso ist der familiäre Background, sprich der gesellschaftliche Status der eigenen Herkunftsfamilie, für einen erfolgreichen Beziehungsstart nicht unerheblich. Wenn es hier zu große Diskrepanzen gibt, kann das in vielen Fällen für Unstimmigkeit bis hin zu rigoroser Ablehnung der Familie des/der neuen Partners/in sorgen.

Das heißt, er und sie sollten sich von Anfang an im Klaren sein, was man sich von einer gemeinsamen Partnerschaft erwartet und das dem anderen auch mitteilen. Das bezieht sich nicht nur auf eine möglichst harmonische Koordination der beiden Herkunftsfamilien, sondern auch ganz besonders auf vorhandene (oder gewünschte) Kinder. Eine Beziehung ist gewissermaßen wie ein Projekt, für das sich beide verpflichtet haben. Und dieses sollte immerhin eine erfreuliche Win-win-Situation ergeben. Gesellschaftliche Eingebundenheit, Bildung und Arbeit erleichtern dieses Vorhaben wesentlich.

Verzeihen zu können ist im Beziehungsumfeld eine weitere wichtige Voraussetzung. Schließlich stellt gegen seinen Partner (oder andere Mitmenschen) Groll zu hegen, auch eine gesundheitliche Selbstdemontage dar. Deshalb ist es immens wichtig, Hass- und Rachegedanken loszulassen, um Körper und Seele zu erlauben, gesund zu sein. Der Mensch des 21. Jahrhunderts wird ohnehin lernen müssen, dass es ohne „Psychohygiene" nicht mehr geht, da Stress, Angst und Depressionen unsere Gesellschaft immer mehr dominieren. Daher wird auch schon angedacht, in den Schulen bald das Unterrichtsfach „(Lebens-)Glück" einzuführen.

Für eine Partnerschaft bereit zu sein, heißt allerdings noch lange nicht, für sie auch reif zu sein. Über die nötige Reife für Liebe zu verfügen, setzt die Stärke im Herzen voraus, andere glücklich zu machen. Das heißt, man sollte zuerst auf festen Füßen stehen und gelernt haben, selbständig leben zu können. Reife muss nun mal erarbeitet und gefestigt werden, genau so wie man sich einen Partner erarbeiten und festigen muss. Und das wird nur jemand schaffen, der verstanden hat, dass lieben lernen immer und immer weiter geht. Dabei können gute Beziehungen auf viele verschiedene Arten reifen.

Im Gegensatz zum Erfolg lässt sich das Ende von Krisenpaaren wesentlich leichter berechnen. Der US-Psychologe John Gottman prägte als einer der weltweit renommiertesten Beziehungsforscher „Die fünf apokalyptischen Reiter." Das sind jene Verhaltensweisen, mit denen sich eine Liebesbeziehung ganz leicht ruinieren lässt. Sie heißen „Kritik, Rechtfertigung, Verachtung, Machtdemonstration und Rückzug." Diese „Boten des Untergangs" wirken immer zuverlässig, denn die fatale Mischung aus vernichtenden Worten und zermürbenden Schweigen erstickt früher oder später jedes zwischenmenschliche Gefühl.

Jemand, der weiß, wo er hin will und was er vorhat, ist automatisch selbstbewusster, weil er seine Ziele und sein damit verbundenes Denken gegen andere verteidigen kann. Von einem unbekannten Verfasser stammt: „Wer keine Ziele hat, braucht sich um Wege gar nicht zu kümmern." Menschen, die an sich selbst wichtige Dinge vermissen, suchen sich oft unbewusst Partner, die über diese Eigenschaften verfügen. Das stellt aber nur eine Ersatzbefriedigung des eigenen Mangels dar.

Eine weitere Voraussetzung ist, sich selbst zu mögen und zu akzeptieren und dies auch anderen zu zeigen. Das stellt eine Bereicherung für sich und andere Menschen dar. Und es erleichtert jede Form von Beziehung, sowohl im Bereich der Freundschaft als auch der Liebe. Neben einer seelischen Balance, ist es aber auch entscheidend, mit dem eigenen Aussehen, seiner Figur (und dem Körpergewicht) zufrieden zu sein. Ansonsten wird es schwierig, bei der Partnersuche selbstbewusst, locker und unbeschwert auftreten zu können.

Nicht nur dem Volksmund nach, sondern auch einer aktuellen Studie zufolge, hat: „Gleich und Gleich gesellt sich gern“ absolute Gültigkeit. Ein Paar harmoniert langfristig am besten, wenn sich die Partner in bestimmten, wichtigen Lebensmerkmalen ähneln. Das betrifft vor allem Offenheit, Risikobereitschaft, Kreativität und Friedfertigkeit. Eine ähnliche Gesinnung und ein vergleichbarer Lebensstil wirken auf die meisten Menschen anziehend. Dass sich die Partner im Lauf der Zeit 1:1 angleichen, halten Wissenschaftler eher für unwahrscheinlich. Denn, die individuelle Persönlichkeit ist nach wie vor eines der stabilsten Merkmale der Menschen. Dazu ein Zitat von Walter Lippmann, US-am. Publizist, 1889-1974: „Liebe ist nur dann von Dauer, wenn die Liebenden mehr Gemeinsamkeiten haben, als die gegenseitige Zuneigung.“

Es hat sich auch herausgestellt, dass sich Partner, denen es an Ähnlichkeit mangelt, früher oder später trennen. Zu große Unterschiede wirken sich auf eine Beziehung immer ungünstig aus. „Nur die Ähnlichen überleben“ resümierte das Forscherteam. So gesehen haben zwei gleich gepolte, egoistische, schlampige, heillose Chaoten ebenso gute Chancen auf ein langes Zusammenleben, wie zwei sozial engagierte, selbstlose und ordentliche Partner.

Ferner zeigte eine mehrjährige amerikanische Studie auf, dass ein Feuerwerk der Gefühle, also eine starke sexuelle und romantische Leidenschaft zu Beziehungsbeginn, die Fähigkeit steigert, Stress und Krisen zu bewältigen. Ist bereits am Anfang alles eher lau verlaufen und blieb die sexuelle und emotionale Leidenschaft aus, ist die Trennungsgefahr deutlich größer. Fazit: Guter Sex und romantische Gefühle wirken absolut verbindend.

Zum Glück kommt es ja vor, dass er und sie auf Anhieb gut zusammenpassen und sich unsterblich ineinander verlieben. Doch am Weg zum dauerhaften Liebesglück muss auch noch die berühmte „Drei-Monatsfalle“ überwunden werden. Obwohl sich jeder Liebe, Lust & Leidenschaft für immer wünscht, sind viele Romanzen bereits nach nur drei Monaten schon wieder zu Ende. Selbst in amerikanischen Unternehmen ist diese Drei-Monatsphase aktuell. Dort müssen sich neue Mitarbeiter erst einmal rund neunzig Tage lang bewähren, bevor sie auf eine fixe Anstellung hoffen dürfen.

Wie der US-Bestseller-Autor Steve Harvey glaubhaft versichert, handelt es sich dabei um den gleichen Testlauf wie für eine junge Liebe. In seinem Buch „Frag einen Mann, wenn du mit Männern glücklich werden willst“, fordert er die holde Weiblichkeit dazu auf, diesen Zeitraum klug zu nützen. Schließlich ist er von großer Wichtigkeit, um den neuen Partner in aller Ruhe auf Herz und Nieren zu prüfen. Harvey empfiehlt den Frauen für diese Zeitspanne sogar Zurückhaltung in Sachen Sex, da es sich dabei um das Kostbarste handelt, das Frauen zu geben haben, wie er meint. Auch wenn manche von Ihnen jetzt abwinken und sagen: „Ach, das ist doch Quatsch von gestern!“ so ist an Haveys 90-Tages-Regel nachweislich einiges dran.

Die ersten drei Monate einer neuen Beziehung zeigen als Meilenstein auf, ob das junge Glück Zukunft hat oder ob es nur ein weiteres Kapitel zum Abhaken wird. So mancher Partner verabschiedet sich beim Erreichen dieser Drei-Monats-Demarkationslinie wieder von selbst. Auch dann, wenn vorher alles ganz gut geklappt hat. Plötzlich waren die Schmetterlinge im Bauch verflogen und es folgte der Rückzug. Nicht selten wird ein solches Ende lapidar per SMS oder Email mitgeteilt. Kein Wunder, wenn der andere durch dieses unerwartete Verhalten geschockt ist. Doch, warum schnappt die Liebesfalle ausgerechnet nach drei Monaten so gerne zu? Sowohl Mediziner als auch Beziehungsexperten wurden zu diesem Phänomen befragt.

Grundsätzlich ist es nichts Neues, dass die Chemie stimmen muss, damit Liebe überhaupt entstehen kann. Dabei werden die Hormone als unsere körpereigenen Botenstoffe so richtig aufgewirbelt, und der Kopf steuert auf euphorische Weise Lust und Verlangen. Testosteron spielt jetzt eine wichtige Rolle, da es auch im Blut verliebter Frauen die sexuelle Lust steigert. Bei den männlichen Liebhabern hingegen passiert das Gegenteil, indem bei ihnen der Testosteronspiegel sinkt. Mutter Natur macht sie in dieser Phase sanfter und zärtlicher und unterstützt damit die Annäherung der Geschlechter. Der neue Partner kann nun ohne Hindernisse zum Objekt der Begierde werden.

Der Haken daran ist nur, dass sich die hormonelle Situation nach einer gewissen Zeit wieder normalisiert und die Wirkung der Körperchemie als spezielle Anziehung zwischen Mann und Frau nachlässt. Tja, und das ist eben nach rund drei Monaten der Fall. In manchen Situationen, wenn man zum Beispiel nicht die ganze Zeit über beisammen ist und sich somit nicht täglich sieht, kann diese Phase auch länger dauern. Ohne willenlose Sklaven unserer Hormone zu sein, begünstigt der hormonelle Liebesrausch, dass wir auf Wolke sieben schweben und unseren neuen Partner idealisieren. Zugleich sind wir ihm gegenüber in dieser Zeit unglaublich tolerant und nachsichtig. Bloß, der Wendepunkt zur

Desillusionierung folgt bereits nach rund neunzig Tagen, da unsere Sicht dann wesentlich realistischer wird und die ersten Ängste und Unzufriedenheiten aufkommen.

Wer jedoch über diesen seltsamen Rhythmus der Lust und Liebe Bescheid weiß, dem muss nicht Bange sein, da er sich ja entsprechend darauf einstellen kann. Er wird den Empfindungswandel nicht als Enttäuschung oder gar Ernüchterung empfinden, sondern ihn gelassen annehmen. Menschen haben nun mal ihre individuellen Ecken und Kanten und sind niemals perfekt. Ein großer Fehler wäre es daher, wenn die Masken gefallen sind, den neuen Partner nach eigenen Vorstellungen umformen und verbiegen zu wollen. Erfahrungsgemäß geht das immer schief. Daher sollten Sie dieser großen Versuchung gleich vorweg widerstehen.

Leider muss man nach Ablauf der ominösen Dreimonatefrist mit den ersten Sticheleien und Kepelanfällen rechnen. Von psychologischer Seite sind daher reichliche Komplimente und ungebrochene Freundlichkeit der beste und vor allem klügste Ausgleich, um die Stabilität der Beziehung weiterhin aufrecht zu halten. Zugleich sollte einem bewusst sein, dass jede Beziehung den drei Grundphasen „Verliebtheit, Ernüchterung und Akzeptanz“ ausgesetzt ist.

Während verliebte Menschen anfangs ihre Wünsche, Vorstellungen und Bedürfnisse noch offen und unbekümmert aussprechen, fällt ihnen das danach zunehmend schwerer. Oft wird dann der Harmonie zuliebe sogar darauf verzichtet. Schweigen kann aber als gefährlicher Zündstoff den neuralgischen Drei-Monatspunkt ziemlich provozieren. Nicht artikulierte Konflikte kosten jungen Beziehungen (genau so wie gegenseitige Vorwürfe) jede Chance auf Beständigkeit. Das richtige Verhalten wäre, eigene Wünsche nicht unbewusst auf den Partner zu projizieren und diesen für das eigene, persönliche Glück verantwortlich zu machen. Viele suchen daher nach Ablauf der Drei-Monatefrist das Weite und stürzen sich mit vollem Karacho gleich in die nächste Liaison.

Doch, auch mit einem neuen Partner ändert sich das persönliche Liebesverhalten nicht. Daher ist der nächste emotionale Crash bereits vorprogrammiert. Statt in nahtloser Fortsetzung gleich wieder auf Lustpfaden zu wandeln, wäre jetzt kritische Selbstreflexion angesagt. Schließlich sind Beziehungen hervorragend geeignet, um zu erkennen, wo persönliche Weiterentwicklung erforderlich ist. Dazu gehört aber der Mut, statt am Partner, verstärkt am eigenen Selbstbild zu arbeiten und das vorrangige Verbesserungsbestreben auf sich zu richten.

Erst wer sich selbst und seine eigenen Bedürfnisse wirklich kennt, kann auf einen anderen Menschen eingehen und für ihn Glück bewirken. Dazu muss man aber der inneren Stimme lauschen und seinen Körper als Radar für das eigene Wohlbefinden nutzen. Wer sein Liebes- und Lebensglück von sich selbst abhängig macht, hat gute Chancen, die verflixte Drei-Monatshürde elegant zu meistern und sich an einer Partnerschaft ohne Ablaufdatum zu erfreuen.

Tja, und was sonst noch alles so Mr. oder Mrs. Right ausmacht, möchten Sie gerne wissen? Im Idealfall fühlen wir uns körperlich angezogen, empfinden Verbundenheit und emotionale Nähe. Wir stimmen mit den Vorstellungen einer Partnerschaft, die wir anstreben, überein. Dennoch haben Menschen bei der Partnerwahl oft unterschiedliche Prioritäten. Entscheidend ist jedoch die Gewichtung der einzelnen Paarebenen: Liebesebene, Beziehungsebene, Körperebene und Ebene der Lebensumstände. Wenn zumindest in drei dieser Ebenen eine gewisse Verträglichkeit, Gewissenhaftigkeit, Offenheit und Ähnlichkeit vorherrschen, sind bereits recht gute Voraussetzungen für eine gemeinsame, glückliche Zukunft gegeben.

„Die Engel, die nennen es Himmelsfreud,
Die Teufel, die nennen es Höllenleid,
Die Menschen, die nennen es - Liebe.“
(Heinrich Heine, Junge Leiden 8.)

3. Kapitel:

LIEBESFALLE HARMONIE oder „Wie man richtig streitet“

Es ist keine bessere Harmonie,
als wenn Herz und Mund übereinstimmen.
(Zinkgref, Apophth 1)

Der Streit ist der Vater aller Dinge.
(Heraklit, 500 v. Chr.)

Jahrelanger Alltag und noch immer in Harmonie vereint? Auch wenn es Wissenschaftler ungern zugeben, so kommt es schon vor, dass sich Ehepartner mit der Zeit immer ähnlicher werden. Das ist spätestens dann der Fall, wenn er einen Satz beginnt und sie ihn beendet. Die Frage ist dabei bloß, ob es auch gut sein kann, wenn zwei Menschen so sehr miteinander verschmelzen? Paartherapeutin Doris Wolf aus Mannheim sieht darin mehr Nach- als Vorteile und führt als Beispiel das Naturgesetz „Reibung erzeugt Hitze“ an.

In einem sehr harmonischen Umfeld werden zwar vordergründig keine Kämpfe ausgefochten, wenn aber nur Harmonie herrscht, birgt das auch einige Gefahren: Zum Beispiel die drohende und nicht zu unterschätzende Langeweile. Noch dazu mag man alles, was man an sich selbst verachtet, mit der Zeit auch am anderen nicht. Und in einer (echten oder scheinbar) harmonischen Umgebung ist es meistens einer, der die Richtung der Beziehung vorgibt. Zwangsweise stellt der andere daraufhin seine Bedürfnisse zurück.

Doch Wünsche und Bedürfnisse lassen sich nicht für immer unterdrücken und kommen irgendwann zum Ausbruch. Ebenso ist ein kontinuierliches Ausbalancieren zwischen Autonomie und Bindung sowie zwischen Nähe und Distanz erforderlich. Schließlich teilen wir unser Leben mit einem anderen Menschen, weil wir uns von ihm das erwarten, was wir uns selber nicht geben können. Vielen Paaren ist jedoch nicht bewusst, dass es unter einer scheinbar harmonischen Oberfläche auch ganz schön brodeln kann. Nicht jeder hegt schließlich immer nur friedliche Absichten.

Dennoch tragen harmoniebezogene Paare ihre Konflikte nicht im Streit aus, sondern verbergen ihren Ärger und ihre Enttäuschung. Sie versuchen, solche Emotionen mit sich selbst auszumachen. Und zwar, anstatt Interessenskonflikte offen zu legen, auszuhandeln und eine für beide Seiten zufriedenstellende Lösung zu finden. Nur, wenn man dauernd für sich behält, was einem stört und ärgert, besteht die Gefahr, dass sich die vielen unausgesprochenen Nein's mit der Zeit anhäufen und irgendwann zum entscheidenden Nein zur Beziehung eskalieren.

Der stimulierende und reinigende Effekt sowie die gesunde Distanz, die Streiten in einer Beziehung bewirken können, dürfen nicht auf unnatürliche Weise unterdrückt werden. Ein solches Verhalten reduziert sogar die Lust auf Erotik. 45 Prozent der befragten Paare finden einen gelegentlichen Beziehungskrach für eine dauerhafte Partnerschaft wichtig - vorausgesetzt, dass beide kompromissbereit sind. Im Laufe der Zeit sammeln sich eben Dinge an, die nun einmal ausgesprochen werden müssen – selbst auf die Gefahr hin, einen Streit auszulösen. Besonders Harmoniebedürftige sollten dabei einsehen, dass ihre Partnerschaft mit jedem gelösten Problem auf eine höhere Entwicklungsstufe gestellt wird.

Schlecht wäre es allerdings, beim Streiten das eigentliche Streitthema (auch langfristig) nicht zu lösen. Dann kann sich eine Auseinandersetzung leicht selbständig machen und wichtiger werden, als der ursprüngliche, dahinter stehende Anlass. In 80 Prozent der Fälle sind bei den Paaren übrigens Geld und dessen Ausgaben das bewegende Thema. Danach folgen Fragen über die Familie bzw. Verwandtschaft. Der Rest sind oft nur banale Anlässe, wie am Boden herumliegende Kleidungsstücke, ein nicht gereinigtes Waschbecken oder der schon längst fällige Besuch bei Schwiegermamá. Wenn solche eskalierenden Streitepisoden allerdings häufig auftreten, ist es um die Qualität und Dauer einer Paarbeziehung nicht gut bestellt.

Aus falsch empfundener Harmoniesucht dürfen aber auch keine faulen Kompromisse eingegangen werden. Nur jemand, der ernsthaft versucht, seine wahren Bedürfnisse zu äußern, kann verstanden werden. Daher sollte man einsehen, dass es keine objektive Wahrheit, sondern nur eine Menge subjektiver Wahrheiten gibt. Auch wenn diese unterschiedlich sind, ist ohnehin die eine meistens nicht besser als die andere. Eine Statistik besagt, dass nur 10-20 Prozent der von uns gesendeten Informationen auch genau so beim Empfänger ankommen, wie sie von uns beabsichtigt waren. Wenn man das in einer Partnerschaft auf viele Jahre hochrechnet, ist es wahrlich kein Wunder, dass inzwischen praktisch jede zweite Ehe beim Scheidungsrichter endet.

Eine wahre Tragik wäre es allerdings, sich zu trennen, weil man es nicht mehr aushält, ohne die wahren Hintergründe der aktuellen Umstände jemals zu erfahren. Noch dazu wird sich diese Situation, bedingt durch das mitgenommene Unwissen, wahrscheinlich schon in der nächsten Partnerschaft wiederholen.

Die meisten Konflikte beruhen auf Kommunikations- und Verständnisproblemen. Und zwar deshalb, weil viele Paare nicht konstruktiv genug miteinander sprechen. Es wird zwar immer wieder über Arbeit, Haus, Garten und die Kinder geredet, aber die Beziehung bleibt als relevantes Thema (bei täglich rund fünf Minuten persönlicher Kommunikation eines Ehepaares) meistens auf der Strecke. Daher würde es schon Sinn machen, sich zumindest einmal wöchentlich etwas Zeit zu nehmen, sich zusammen zu setzen und ernsthaft die eigene Partnerschaft zu pflegen. Die gefürchteten seelischen Verletzungen folgen nämlich erst als nächste Stufe, nachdem die Kommunikation versagt hat.

Natürlich braucht man in einer guten Beziehung auch seine Freiräume. Es hat schließlich nichts mit Abwenden oder Lieblosigkeit zu tun, wenn jeder ein-(oder zwei)mal wöchentlich seinem Hobby nachgeht bzw. sich mit eigenen Freunden trifft.

Grundsätzlich haben tiefgreifende gesellschaftliche Veränderungen der letzten Jahrzehnte auch zu einer Krise der traditionellen Ehe geführt. Hinzu gekommen sind eine höhere Lebenserwartung, größere Mobilität, ein verschobenes Heiratsalter, demokratische und gleichberechtigte Wertvorstellungen und eine zunehmende sexuelle Freizügigkeit. Zusätzlich hat eine wesentlich selbstständigere Lebensweise der Frauen die alther bekannte Form der Ehe und Langzeitpartnerschaften maßgeblich verändert

Vor allem werden heute früher übliche Verhaltensformen, wie die Anpassung der Frau an den Mann unter Hintanstellung der eigenen Ambitionen, Rechte und Wünsche, nicht mehr akzeptiert. Das Gelingen einer Ehe und Partnerschaft hängt inzwischen immer stärker vom engagierten Zutun beider ab. Zugleich sind die Partnerschaften heute immer weniger in stabilen Halt bietende soziale Netze eingebettet, als dies früher der Fall war.

Das Fundament einer stabilen Beziehung bildet heute vor allem die partnerschaftliche Komponente. Und diese wird durch die Verbindung zweier selbstbestimmter, eigenständiger und vor allem gleichberechtigter Persönlichkeiten gestaltet. Das dazu erforderliche faire, partnerschaftliche Zusammenleben gab es früher in dieser Form nicht, da es vorrangig von alten Traditionen, Werten und Normen bestimmt wurde.

Ganz im Gegensatz zur traditionellen Ehe suchen moderne Paare verstärkt nach zeitgemäßen, besseren Lösungen, setzen neue Spielregeln fest und verändern auch öfters mal etwas, um den aktuellen Bedürfnissen beider zu entsprechen. Wenn jedoch der eine zur traditionellen Partnerschaftsform neigt und der andere die gleichberechtigte Variante leben möchte, prallen unterschiedliche Werte, Normen und Ideale aufeinander.

In der Praxis gehen die Menschen sehr unterschiedlich mit Konflikten in ihrer Beziehung um. Viele haben bereits resigniert und schweigen sich nur mehr an. Mit der Zeit sind sie auf diese Weise nach und nach zu zweit vereinsamt. Andere wiederum verlieren sich in stundenlangen, nervenaufreibenden Diskussionen, die letzten Endes nichts bringen, da beide aneinander vorbeireden. Und bei wieder anderen fliegen die Fetzen und es hagelt jede Menge Verletzungen und gegenseitige Vorwürfe. Anstatt einem verächtlichen Tonfall und Abwertungen wäre jedoch über den eigenen Schatten zu springen und seinen Stolz über Bord zu werfen, die weitaus bessere Lösung.

Viele Streitigkeiten sind blanke Machtspielchen. Es geht dabei nur mehr um die Frage: „Wer hat Recht und wer wahrt sein Gesicht?" Im Zustand aufgeschäumter Wut fällt klein beigeben sehr schwer. Manchmal kommt auch noch Unerledigtes aus früheren Krisenmomenten hoch und fließt wie Gift in den augenblicklichen Zwist ein. Dabei sind Unsachlichkeiten an der Tagesordnung, nur um die eigene Position als die richtige zu bestärken. Doch, Streit darf niemals unter die Gürtellinie gehen, denn Kampf mit unfairen Mitteln hilft niemanden weiter. Ansonsten würde der falsche Lösungsansatz zum eigentlichen Problem. Viel wichtiger ist es, dem anderen das Gefühl zu geben, dass seine Bedürfnisse ernst-

und wahrgenommen werden. Damit ist auch das so wichtige Gefühl der Wertschätzung und Anerkennung verbunden.

Verfügt eine Beziehung über emotionale Tiefe, so sind die Kontrahenten meistens auch fähig, richtig miteinander zu streiten. Auf diese Weise können Auseinandersetzungen unter Umständen sogar zu Vertrauensbeweisen und freundschaftlichen Begebenheiten aufgewertet werden. Auf jeden Fall führen sie aus einer ansonsten eventuell niemals endenden Streitspirale. Denn der Krach um alltägliche Kleinigkeiten darf nicht stellvertretend für unausgesprochene Beziehungsprobleme herhalten.

Die fruchtbaren Aspekte eines Streites sind häufig wertvolle Impulse (sowohl für den anderen als auch für sich selbst), um sich besser einschätzen zu lernen. Sie ermöglichen sogar eine Art inneren Dialog. Denn, die eigenen problematischen Charakterweisen werden von den meisten Betroffenen - wenn immer nur unnatürliche Harmonie gepflegt wird - nicht wirklich erkannt. Nur im Konfliktfall erfolgt die äußerst wichtige Aufdeckung kritischer Schwachstellen. Auch wenn das ziemlich schmerzhaft sein kann, da wir uns alle selbst in einem viel besseren Licht sehen als andere. Dadurch entsteht aber für die Beziehung wertvolles Wachstumspotenzial. Kluge Partner lernen dabei auch, Unterschiede zwischen den beiden zu erkennen und zu akzeptieren.

Uns muss klar werden, dass sich Beziehungsprobleme nicht grundsätzlich vermeiden, sehr wohl aber reduzieren lassen, wenn man nur einige Spielregeln bei der Kommunikation mit seinem Partner beachtet. Aufgrund unterschiedlicher Erwartungen und Bedürfnisse sind gelegentliche Streitpunkte durchaus normal. Dennoch soll Beziehungsstreit richtig ausgefochten werden. Dazu muss dieser aber zeitlich begrenzt sein. Man sollte sich auch auf ein konkretes Thema beschränken und einander ohne stichelnde Kommentare ausreden lassen. Bei Unklarheiten empfiehlt es sich, sofort nachzufragen. Und zu guter Letzt gilt es, von der ichbezogenen zur paarbezogenen Position zu finden, ohne dabei seine Individualität aufgeben zu müssen.

Richtig miteinander zu kommunizieren, vermeidet viele Schwierigkeiten und unterstützt auch eine bessere körperliche Gesundheit. Wer Beziehungsprobleme hat, ist immer größerem Stress und mitunter auch Bluthochdruck ausgesetzt. Eine kluge Vorgangsweise wäre es jedenfalls, statt Vorwürfe zu machen, Verantwortung für sein Denken, Fühlen und Handeln zu übernehmen und klare Wünsche zu äußern.

Natürlich ist auch stets der richtige Zeitpunkt zu wählen, um miteinander zu sprechen. Nämlich dann, wenn der andere mit genügend Zeit und Motivation bei der Sache ist. An uns liegt es, sich zu vergewissern, ob unsere Botschaft bei ihm auch angekommen ist. Genau so wichtig ist es, unser Gegenüber ausreden zu lassen, zuzuhören und als Zeichen der Achtung ehrliches Interesse für seine Anliegen aufzubringen. Auch sollte man sich nicht darauf konzentrieren, was die Partnerin/der Partner falsch macht, sondern was beide richtig machen.

Keine Scheu ist angesagt, um ein klares Nein auszusprechen, wenn wir „nein" meinen. Bei allem, womit wir nicht einverstanden sind, liegt es an uns, entsprechende Grenzen zu setzen. Und das am besten gleich und nicht irgendwann im Nachhinein. Nur wer die Stärke aufbringt, Kompromisse anzubieten, wird eine konstruktive Kommunikation erreichen. Dabei ist es auch kein Fehler, eine Schwäche oder manchen Fehler zuzugeben.

Wer fähig ist, konstruktiv zu streiten, wird die generelle Wertschätzung in der Beziehung nicht beeinflussen. Er hält die Achtung für sein Gegenüber aufrecht. Doch, es ist wichtig, während der Auseinandersetzung nicht davonzulaufen und vor allem auch seine non-verbalen Signale (schreien, drohen, Mimik) zu beherrschen. Auch verallgemeinernde Kritik und das Stöbern in der Vergangenheitskiste bringt einem nicht weiter. Leider fällt es halt schwer, konstruktiv zu streiten, wenn man vor Wut schäumt.

Wenn ein Streit total festgefahren ist und beide mit dem Rücken an die Wand stehen, ist es immer sinnvoll, eine Auszeit zu nehmen und das Thema (z.B. nach zwei Stunden, wenn die freigesetzten Stresshormone abgebaut sind) mit beruhigten Gemütern neuerlich zu besprechen. Diese „Waffenstillstandsphase" soll aber nicht genützt werden, um neue Kampfstrategien auszuhecken. Sonst ist man schneller als man denkt, in der gleichen Streitspirale wie zuvor gefangen.

Vielmehr sollte man versuchen, herauszufinden und zu begreifen, welche wahren Gründe und Bedürfnisse hinter der Eskalation stehen. Häufig scheinen sich die Positionen der beiden Streitpartner auf den ersten Blick auszuschließen. So haben sich schon manche bis aufs Blut um ein Säckchen Walnüsse gestritten. Dabei wollte der eine nur die Schalen zum Basteln verwenden und der andere einen Nussstrudel backen. Wie leicht wäre es gewesen, die Bedürfnisse beider zufriedenzustellen, hätte man das gleich gewusst?

Aus kriegsähnlichen Zuständen und emotionalen Achterbahnfahrten kann auf diese Weise eine gemeinsame Aufgabe werden. Um die eigene Haltung zu ändern, muss man aber verstehen, aus welchem Bedürfnis heraus der Partner seine

Position vertritt. Und sehr oft lassen sich die Bedürfnisse, die hinter den verschiedenen Positionen stecken, durchaus miteinander verbinden.

Notwendige Auseinandersetzungen dürfen nicht auf die lange Bank geschoben werden, da sie sich sonst aufstauen und irgendwann für den großen Knall sorgen. Die beste Vorgangsweise ist es daher, den Partner gleich in der jeweiligen Situation anzusprechen. Und zwar am besten in der Ich- oder Wir-Form, denn im „Du“ liegt schnell ein Vorwurf. Das „Ich“ hingegen beschreibt die eigenen Emotionen und bietet dem Partner die Chance, entsprechend darauf zu reagieren. Wenn ein Streitthema allerdings immer wiederkehrt und trotz beiderseitigem Bemühen keine Lösung zu erreichen ist, sollte man sich von einem professionellen Paartherapeuten helfen lassen.

Der Heidelberger Arzt und Buchautor, Arnold Retzer, meint: „Männer und Frauen passen eigentlich nicht zusammen.“ Er sieht diesen Umstand aber auch als Chance jeder Beziehung, wenn man akzeptiert, dass eine gute Ehe oder Partnerschaft nicht aus völliger Harmonie besteht, sondern durchaus auch aus Widersprüchen und Unterschieden.

So gibt es zum Beispiel Paare, die zwar völlig unterschiedlich sind, es aber dennoch schaffen, ein erfülltes Eheleben zu führen. „Wie soll denn das gehen?“, fragen Sie kopfschüttelnd? Ganz einfach: Weil sie sich nicht ständig gegenseitig ändern wollen, sondern sich respektieren wie sie sind und einander immer wieder zum Lachen bringen. Deshalb ist es in jeder Partnerschaft auch wichtig, sich stets von Neuem zu fragen, wann man das letzte Mal miteinander gelacht hat.

Gegenseitige Liebe und Respekt können bereits entstehen, wenn man die Informationen über Erlebtes, den Beruf oder das Privatleben engagiert miteinander teilt. Arnold Retzer meint: „Es kommt letzten Endes nicht darauf an, sich zu vertragen, sondern sich zu ertragen.“ Damit spricht er ein partnerschaftliches Arrangement an, das der Fachmann „resignative Reife“ nennt.

Daher sollten beim Streiten auch keine kleinen Gemeinheiten aus diversen Nebensätzen zurückbleiben, da diese später an einer anderen Stelle wieder zum Vorschein kommen, wie: „Du warst es, die neulich gesagt hat ...!“ Das ist ein zu vermeidender Teufelskreis. Nach jedem Streit hingegen gilt es, das Augenmerk erneut auf positive Dinge zu richten und gestärkt aus dem Streit hervorzugehen. Es versteht sich von selbst, dass dann auch Versöhnen und Verzeihen angesagt ist. Nicht von ungefähr meinte schon J.W. v. Goethe: „In der Ehe muss man sich manchmal streiten. Nur so erfährt man etwas voneinander.“

Ein umfassender Online-Test steht Ihnen auf einem deutschen Fachportal für Streit- und Konflikttraining zur Verfügung. Hier werden jedem Streittyp Empfehlungen geboten, um leichter Kompromisse schließen zu können. Dazu gibt es eine Menge professioneller Tipps rund um das Thema Streitkultur: www.streitseminar.de/streittypen.php.

4. Kapitel:

LUST OHNE ANGST VOR SCHWANGERSCHAFT

Vorsicht ist die Mutter der Weisheit.
(Sprichwort)

Auch wenn es manche gibt, die gelangweilt meinen, über Verhütung weiß doch heute schon jedes Kind Bescheid, möchte ich diesem Thema dennoch ein Kapitel widmen. Vor allem schon deshalb, weil die aktuelle Partnerschaftspraxis immer wieder zeigt, dass die einschlägigen Kenntnisse vieler Paare auf diesem Gebiet bei weitem nicht so profund sind, wie man leichtfertig meinen könnte.

Sexualität ist in unserer Gesellschaft zwar längst zum alltäglichen Ereignis geworden, dennoch herrscht in der Bevölkerung noch immer eine große Unsicherheit, wenn es um Fragen der Verhütung geht. Laut einer aktuellen Online-Umfrage von „Woman fit for business", fühlen sich 64 Prozent der Befragten nicht sehr gut über das Angebot an Verhütungsmitteln informiert. 18 Prozent bezeichnen sich sogar weniger bis gar nicht gut darüber aufgeklärt.

Aus Deutschland hört man (was sicher auch auf viele andere europäische Länder zutrifft), dass vor allem Jugendliche in Sachen Verhütung besonders schlecht informiert sind bzw. sich gar nicht darum kümmern. Im Jahr 2006 haben laut der „Dr. Sommer-Studie“ 14 Prozent der deutschen Teenager bereits einmal Sex ohne Verhütung riskiert. Im Jahr 2009 ist diese Zahl auf das Doppelte angestiegen.

Dabei ist die Verhütung von Schwangerschaften absolut keine Domäne unserer Zeit. Schon die alten Ägypter versuchten vor 4000 Jahren Geburten zu kontrollieren. Die Frauen führten damals Kräuter, Wurzeln und so manches andere suspekte Zeug in die Scheide ein, um männliche Spermien aufzuhalten oder abzutöten. Auch magische Amulette und Barrieren aus Wachs kamen dabei zum Einsatz.

In der Antike griffen dann die Griechinnen und Römerinnen zu Wollknäulen, die sie mit Alauntinktur, Zedernharz oder Olivenöl tränkten, um eine Befruchtung zu verhindern. Sogar halbierte Zitrusfrüchte wurden über den Gebärmutterhals gestülpt, um unerwünschten Nachwuchs zu verhindern.

Antike Liebhaber verwendeten bereits eine Art frühzeitiger Kondome, die aus Tierdärmen oder Fischblasen hergestellt wurden. Giacomo Casanova rüstete sich im 18. Jahrhundert mit Überziehern aus Leinen oder Seide aus. Kautschukkondome wurden bereits ab 1880 (neben Pessaren, Zäpfchen und vaginalen Schwämmen) in Apotheken angeboten. Als nächste Entwicklungsstufe erfolgte 1882 in Deutschland die Erfindung des Diaphragma.

In den 1930er Jahren verbesserte dann Latex den Tragekomfort der Präservative entscheidend. Die Antibabypille sorgte 1960 aus den USA kommend schließlich für den größten Fortschritt in der Schwangerschaftsverhütung. Erstmals in der Geschichte der Menschheit konnten Frauen ihre Sexualität ohne Angst vor einer ungewollten Schwangerschaft ausleben. Das stellte nicht nur eine medizinische Sensation dar, sondern war auch der Auslöser für die sexuelle Revolution. Die katholische Kirche billigte allerdings weiterhin nur den natürlichen Verhütungsschutz nach der Kalendermethode.

Alles beginnt mit dem Zyklus der Frau. Doch, was geschieht dabei eigentlich in ihrem Körper? Einmal im Monat reift darin eine Eizelle heran. Und ca. vierzehn Tage nach dem ersten Tag der Regelblutung erfolgt der Eisprung. Das heißt, das Ei löst sich aus einem der beiden Eierstöcke und wandert durch den Eileiter in die Gebärmutter. Etwa einen Tag lang ist die Eizelle dann befruchtungsfähig. Dennoch muss die fruchtbare Zeit mit rund neun Tagen festgelegt werden, da der Eisprung nicht immer regelmäßig erfolgt. Außerdem können männliche Spermien vier Tage im Körper der Frau überleben.

Wird das Ei nicht befruchtet, werden die Eizelle und die Gebärmutterschleimhaut bei der etwa vier bis fünf Tage andauernden Monatsblutung, der so genannten Regel, ausgestoßen. Der erste Tag der Blutung wird als Beginn des Zyklus bezeichnet. Dieser dauert dann durchschnittlich 28 Tage. Durch Stress, körperliche oder seelische Belastungen sowie Fernreisen kann es zu Schwankungen kommen. Der Zyklus wird durch Hormone gesteuert, die sich gegenseitig beeinflussen. Sowohl von der Hirnanhangdrüse als auch von den Eierstöcken.

Um die Schwangerschaftsverhütung und die weibliche Fruchtbarkeit ranken sich seit langem zahlreiche Mythen wie zum Beispiel: Jahrelange Pilleneinnahme kann unfruchtbar machen, Stillen genügt als natürliche Schwangerschaftsverhütung, die Spirale erhöht das Risiko einer Eileiterschwangerschaft, nach einer Abtreibung kann man meistens nicht mehr schwanger werden und nach einer Geburt (oder mehreren Geburten) ist die zuvor gute Figur für immer dahin.

Diese Meinungen bestätigen, dass auch in unserem aufgeklärten Zeitalter häufig Unklarheit herrscht. Ein Grund mehr, um mit all diesen Mythen endlich aufzuräumen. Eine vor der Geburt schlanke Figur kann auch danach wieder erreicht werden. Mitunter dauert es aber bis zu neun Monaten, bis das geschafft ist. Wassergymnastik wäre daher vor und nach der Geburt eine sinnvolle, unterstützende Fitnessaktivität.

Wenn man beim Verhüten auf der sicheren Seite sein will, ist die Pille nach wie vor Nummer eins. Sie liegt am Pearl-Index zwischen 0,1 und 0.9 und ist damit das sicherste Verhütungsmittel. Beim ungeschützten Geschlechtsverkehr liegt der Pearl-Index vergleichsweise bei 80. Daher ist die Pille auch die am häufigsten verwendete Methode zur Verhütung einer Schwangerschaft. Dennoch ist sie ein Medikament und kann nicht bedenkenlos eingenommen werden. Die hormonelle Zusammensetzung der Pille hat sich allerdings die letzten Jahrzehnte über grundlegend geändert, denn die Hormonbomber von damals gibt es heute nicht mehr.

Die Pharmazie hat diese Präparate schon so weit optimiert, dass sie inzwischen viel mehr können, als „bloß“ verhüten (z.B. auch Akne reduzieren). Dennoch ist die Pille nie frei von Nebenwirkungen und muss daher immer ärztlich verschrieben werden. Als gängigste Modelle unserer Breiten gelten Valette, Belara, Leios, aida, Cerazette, Triquilar und Enriqa. Übliche Packungsgrößen sind 3x28 und 6x28 Stück. Die Kosten liegen bei der größeren Packung etwa zwischen 30 und 70 Euro.

Inzwischen gibt es aber eine neue Generation an Verhütungsmitteln. Knapp fünfzig Jahre, nachdem die Antibabypille auf den Markt kam, können Frauen aus einer Vielzahl hormoneller Verhütungsmethoden wählen. Sie alle enthalten Hormone, die kontinuierlich an den Körper abgegeben werden und in den Hormonhaushalt der Frau eingreifen:

- **Der Verhütungsring (Vaginalring)**
  (Anwendung 1x im Monat, ist so einfach wie ein Tampon anzuwenden und stellt eine sichere Methode dar)

- **Die Hormonspirale**
  (bietet bis zu fünf Jahren effektiven Empfängnisschutz und ist auch bei Östrogenunverträglichkeit geeignet)

- **Das Hormonpflaster**
  (Anwendung über 21 Tage mit wöchentlichem Wechsel, ist sehr sicher und wird auf Bauch oder Gesäß geklebt.
  Dabei erfolgt eine Hormonabgabe über die Haut)

- **Das Hormonstäbchen**
  (wird vom Arzt im Oberarm eingelegt und bietet bis zu drei Jahren effektiven Empfängnisschutz, ist auch bei Östrogenunverträglichkeit geeignet)

- **Die Dreimonatsspritze**
  (wird alle drei Monate zwischen dem 1. und 5. Zyklustag als Depot in den Gesäß- oder Deltamuskel der Frau injiziert und gilt als Langzeitkontrazeptivum)

- **Die Minipille**
  (verändert mit künstlichem Östrogen die Konsistenz des Schleimpfropfes im Muttermund und verhindert damit, dass Spermien eindringen)

Viele Frauen bevorzugen allerdings eine hormonfreie Lösung. Verhütungsmitteln ohne Nebenwirkungen und gesundheitliche Risiken sind Diaphragma, Portiokappe und Kondom. Sie alle funktionieren nach der Barrieremethode, indem sie die Spermien wie eine Barriere daran hindern, in die Gebärmutter zu gelangen. Gelegentlich werden sie auch mit chemischen Verhütungsmitteln wie Cremen und/oder Gels kombiniert.

Beim Diaphragma zum Beispiel kommt eine Gummikappe mit spermizider Creme zur Anwendung und liegt als Barriere direkt vor dem Muttermund. Die

Handhabung erfordert allerdings einige Übung und die Einlage sollte möglichst schon zwei Stunden vor dem Verkehr erfolgen.

Eine relativ neue Verhütungsmethode sind „Monitor und Teststäbchen“ vom System PERSONA. Es erfasst Veränderungen von zwei wichtigen Fruchtbarkeitshormonen (Östrogen und luteinisiertes Hormon) im Urin und ermittelt die Tage, an denen ein erhöhtes Schwangerschaftsrisiko besteht. Die gemessenen Werte können gespeichert und an den individuellen Zyklus angepasst werden.

Das Ziel ist hier, die verhütungsfreien Tage zu optimieren. Wenn auf dem Monitor ein gelbes Licht erscheint, wird ein Stäbchen mit Urin benetzt und eingesetzt. Dann zeigt ein einfaches Ampelsystem, in welcher Zyklusphase sich die Frau befindet. Ein grünes Licht bedeutet, dass momentan auf Verhütungsmittel verzichtet werden kann. Ein rotes hingegen deutet auf ein erhöhtes Schwangerschaftsrisiko hin.

Wenn spontaner Sex aktuell wird, ist man mit chemischen Verhütungsmitteln wie Scheidenzäpfchen, Vaginaltabletten, Gels und dem Diaphragma nicht ideal versorgt. Diese Methoden erfordern eine gewisse Planung des Geschlechtsverkehrs, da sie idealer Weise bis zu zwei Stunden vorher eingeführt werden müssen.

Die Spirale aus Kunststoff und Kupferdraht wird vom Arzt bzw. der Ärztin in die Gebärmutter eingesetzt und kann dort (je nach Kupfergehalt) zwischen zwei und acht Jahren verbleiben. Gegen sexuell übertragbare Krankheiten schützen allerdings nur Kondome sowie Femidome (Kondome für die Frau). Die Nachteile sind auch bekannt: Und zwar mögliche Einschränkungen in der Empfindung.

Dann gibt es auch noch die natürlichen Methoden der Verhütung, die auf der Beobachtung weiblicher Körpervorgänge ohne sonstige Hilfsmittel beruhen. Wenn eine Frau auf diese Weise verhütet, muss sie allerdings mit ihrem Körper sehr vertraut sein und über ihren Zyklus gut Bescheid wissen. Dazu kommt, jeden Morgen die Temperatur zu messen und die Beschaffenheit von Muttermund und Zervixschleim zu überprüfen. Zur Anwendung dieser Methode ist allerdings ein geregelter Tagesablauf Voraussetzung.

Ferner gibt es mittlerweile auch Verhütungscomputer. Damit müssen die Daten nicht mehr aufgeschrieben und händisch ausgewertet werden. Und wenn die Familienplanung bereits abgeschlossen ist, können sowohl Männer als auch Frauen chirurgische Methoden mit einer dauerhaften Sterilisation in Anspruch nehmen. Beim Mann erfolgt dabei als kleiner Eingriff eine Durchtrennung der

Samenleiter (Vasektomie). Das Komplikationsrisiko ist dabei sehr gering und der Hormonhaushalt wird nicht beeinflusst.

Bei der Sterilisation der Frau wird der Eileiter durchtrennt. Dazu ist allerdings Vollnarkose erforderlich. Nachdem die Verantwortung für Empfängnisverhütung lange Zeit fast ausschließlich bei den Frauen lag, ist nun ein Trend erkennbar, der das Verhüten auch zur Männersache macht. Inzwischen ließ sich 2010 in Österreich nahezu die doppelte Menge an Männern sterilisieren als noch im Jahr davor. Zum jetzigen Zeitpunkt ist übrigens eine effektive medikamentöse Methode (Pille für den Mann) zur Unterdrückung der Samenzellbildung so bald nicht zu erwarten.

Mittlerweile ist das Recht auf sexuelle und reproduktive Gesundheit zu einem Menschenrecht geworden. Die Grundlage dazu bilden eine gute Aufklärung und der freie Zugang zu Verhütungsmitteln. Jede Frau bzw. jedes Paar muss allerdings selbst herausfinden, was individuell am besten passt. Dabei kommt es sowohl auf die jeweilige Lebensphase als auch auf die Art der Beziehung und die gemeinsamen Zukunftspläne an. Jede Verhütungsmethode hat ihre speziellen Vor- und Nachteile. Information ist jedenfalls die beste Voraussetzung für eine richtige Entscheidung - aber auch darüber, was man tun kann, wenn die Verhütung versagt hat.

Vor allem jede Frau hat eine individuelle Ansicht und Einstellung zur Sexualität und damit auch zur Empfängnisregelung. Viele Frauen wechseln im Laufe ihres Lebens die Verhütungsmethode immer wieder. Eine einfühlsame, individuelle Beratung sollte die Entscheidung für die passende Methode erleichtern. Intime Probleme in Sexualität und Partnerschaft erfordern immer ein vertrauensvolles Verhältnis und vor allem genügend Zeit, um alles zu besprechen.

Dazu gibt es auch Beratungsstellen für Jugendliche zwischen 12 und 18 Jahren. Vor allem eine neue Beziehung, „das erste Mal“, die verflixte Empfängnisverhütung, die erste Untersuchung bei der Frauenärztin, die Regel, sexuell übertragene Infektionen und viele Gefühle wie Freude, Angst, Lust, Spaß und Unsicherheit werfen eine Menge Fragen auf. Beratungsstellen sind in Österreich „FIRST LOVE“ , Langobardenstraße 122/Donauspital SMZ Ost, 1220 Wien und Juchgasse 25, 1030 Wien, Krankenanstalt Rudolfsstiftung.

Altbekannte Methoden der Schwangerschaftsverhütung sind dann auch noch Coitus reservatus, Coitus interruptus, Knaus-Ogino, Temperaturmessung, Billings-Methode, Stillperiode und Scheidenspülung. Allerdings sind sie aus Unsicherheitsgründen durchwegs abzulehnen.

Eines Tages kann also schon mal die nervöse Frage „schwanger oder nicht?" aufkommen. In einem solchen Fall gibt ein Schwangerschaftstest aus der Apotheke rasche Auskunft, ob bald schlaflose Nächte mit vollen Pampers drohen oder ob coole Entspannung angesagt ist. Ein Blick auf das Testfeld zeigt dann unter manchmal schicksalshaften Stoßgebeten, ob es ein Treffer war oder nicht.

Tja und was tun, wenn es nun mal ohne zu Verhüten doch passiert ist? Auch für diesen Fall gibt es schon eine Lösung. Und zwar die in den Apotheken rezeptfrei erhältliche „Pille danach". In Österreich ist dazu vom Gesundheitsministerium für ein bestimmtes Präparat (infolge eines aktuellen frauenpolitischen Anliegens) die Freigabe erfolgt. Und zwar für das Medikament„Vikela", das hierzulande in den Handel kam. Mit Nebenwirkungen wie Kopfschmerzen, Übelkeit und Bauchschmerzen muss bei der Anwendung allerdings gerechnet werden.

Hingewiesen wird auch darauf, dass ein solches Notfallkontrazeptivum keinesfalls eine reguläre Schwangerschaftsverhütung ersetzt. Auch eine Kontrolle durch den Facharzt/die Fachärztin wird dringend angeraten. Auf diese Weise soll nach einer Verhütungspanne den betroffenen Frauen in einer Notsituation die geeignete medizinische Hilfe ohne zeitliche Hürden zur Verfügung stehen. Dazu gehört ein binnen zwölf Stunden möglicher Zugang zu einem solchen Medikament. In den meisten Ländern Westeuropas ist diese Maßnahme bereits seit mehr als zehn Jahren Realität und hat sich sehr bewährt.

In Deutschland, Frankreich und Großbritannien kam Ende 2009 sogar die „Pille für noch länger danach" auf den Markt. Dabei handelte es sich um das von der französischen Firma HRA Pharma entwickelte Medikament, das im Gegensatz zur „Pille danach" bis zu fünf Tagen nach ungeschütztem Geschlechtsverkehr wirkt. Diese neue Pille wird unter dem Namen „EllaOne" verkauft. Die normale „Pille danach" muss vergleichsweise spätestens drei Tage nach einer möglichen unerwünschten Befruchtung eingenommen werden.

Drohender, ungewollter Nachwuchs ist ein ziemliches Dilemma. Schätzungen sprechen von 30.000–40.000 Abtreibungen pro Jahr in Österreich. Dabei handelt es sich um einen guten Einnahmenmarkt, wenn man von rund 400 Euro Kosten pro Fall ausgeht. Vernünftiger wäre es da schon, Frauen, diese prekäre Situation zu ersparen. Schließlich gibt es heute eine Vielzahl an Methoden zur Empfängnisverhütung. Und jede davon hat ihre Vor- und Nachteile. Ein Verhütungsmittel das alle Kriterien erfüllt, steht allerdings noch nicht zur Verfügung. Daher liegt es wohl an jeder Frau (bzw. jedem Paar), das für sie optimale Verhütungsmittel auszuwählen. Dabei spielen vor allem die Lebensumstände, das Alter, die Stabilität der Beziehung und die Zukunftsplanung eine entscheidende Rolle.

5. Kapitel:

DIE GRÖSSTEN BEZIEHUNGS-IRRTÜMER

Das sind die Weisen,
Die durch Irrtum zur Wahrheit reisen.
Die bei dem Irrtum verharren,
Das sind die Narren.
(Rückert, Vierzeilen 2. Hundert Nr. 51.)

Seit langem versuchen Wissenschaftler das größte aller Gefühle zu ergründen: „die Liebe.“ Und zwar in jeder Phase - von den anfänglichen Schmetterlingen im Bauch, über diverse Streitmuster, bis hin zum manchmal unerbittlichen Rosenkrieg. Daher ist die Liebe schon längst kein Buch mit sieben Siegeln mehr. Bereits in den 1970er Jahren begann sich die Forschung für Emotionen und Leidenschaft intensiv zu interessieren.

Im Zuge Tausender Studien wurde eine Reihe an Gesetzmäßigkeiten für gelungene Partnerschaften entdeckt. Den Schlüssel zum Glück hat allerdings noch keiner gefunden und wird es wohl auch kaum jemals schaffen. Vielleicht liegt das daran, dass die Menschen häufig zu anspruchsvoll sind und zu hohe Ideale haben. Zu hohe Ansprüche lassen sich allerdings mit der Realität nur selten vereinbaren. Die bedauerliche Folge ist, dass wir daran scheitern.

Wir alle haben die klassischen Bilder einer perfekten Beziehung im Kopf. Mit romantischen Abenden im Kerzenschein, inniger Nähe und leidenschaftlichem Sex. Aber auch mit gemeinsamen Hobbys und viel Zeit, die man auf harmonische Weise miteinander verbringt. Doch, Beziehungen sind bekanntlich auch ein fruchtbarer Boden für Missverständnisse, Irrglauben und Streitigkeiten. Die Ursachen dafür sind meistens nur einfache Beziehungsirrtümer, wie falsche Ideale, überholtes Denken und Vorurteile. Es hat sich herausgestellt, dass sogar freundliche und liebevolle Partner, die sich um ihre Beziehung ehrlich bemühten, verlassen wurden. Bei wahrlich miesen Typen hingegen harrten andere wiederum jahrzehntelang geduldig aus.

Beziehungen sind an sich schon ein schwieriges Unterfangen. Ist es deshalb eine Voraussetzung für die Liebe, dass er und sie sich sehr ähnlich sind? In der Tat hat Ähnlichkeit große Vorteile, doch worauf es in der Praxis wirklich ankommt, ist die richtige Kombination von Gemeinsamkeiten und Gegensätzen. Dabei spielen auch ein ähnliches Bildungsniveau, Intelligenz und eine vergleichbare Attraktivität ihre Rolle.

Übereinstimmende Wertvorstellungen und Lebensziele sind ebenfalls von Bedeutung. Mit gewissen Unterschieden auf anderen Gebieten hingegen kann so manches Manko des einen durch die Stärke des anderen kompensiert werden. Zu große Unterschiede sind allerdings auf Sicht gesehen ein Liebeskiller. Auf keinen Fall darf man sein Seelenheil von Beziehungsirrtümern abhängig machen und sich damit das Leben unnötig erschweren.

Wie bereits im Kapitel „Liebesfalle Harmonie oder Wie man richtig streitet" nachzulesen ist, muss es noch lange nicht Liebe bedeuten, wenn man sich nicht streitet. Zu einer harmonischen Partnerschaft gehört auch gelegentlich eine heftige Diskussion oder sogar ein befreiender, reinigender Streit. Konstruktive Auseinandersetzungen der Partner zeigen, dass man trotz eines Konfliktes die Anliegen des anderen ernst nimmt und ihn respektiert.

Liebe auf den ersten Blick wird von vielen als das klassische Signal für wahre Liebe bezeichnet. Wenn man jedoch wirklich wahre Liebe meint, so sollte sie auch die Stärke haben, vor dem zweiten Blick zu bestehen. Und dazu gehört auf jeden Fall mehr, als sich nur in das Äußere, den guten Duft oder die charmante Art eines Menschen beim ersten Zusammentreffen zu verlieben. Es wäre eine sträfliche Naivität, die charakterlichen und persönlichen Eigenschaften sowie Wertvorstellungen, die letztlich für eine langfristige Beziehung entscheidend sind, außer Acht zu lassen.

Ist es Liebe, wenn man immer treu ist? Bloß, was ist Treue eigentlich? Kann Untreue auch schon im Kopf beginnen, mit den Gedanken an eine/n andere/n? Oder, kann man erst von Untreue sprechen, wenn körperlicher Kontakt im Spiel ist? Da nicht alle die gleiche Vorstellung von Treue haben, ist es unbedingt erforderlich, mit seinem Partner darüber zu sprechen, was Treue für jeden ganz persönlich bedeutet.

Der eine oder andere Partner möchte sich mit einem Seitensprung auch beweisen, dass er noch attraktiv (und potent) ist. Ein Problem, das vor allem ihn selbst betrifft, aber nicht unbedingt eine schlechte Partnerschaft als Anlass braucht. Wenn es zur Untreue kam, hat das oft das Ende der Beziehung zur Folge. Es kann aber auch eine Chance sein, um herauszufinden, was nicht gestimmt hat und mithelfen, diesen Umstand zu beheben.

Die Aussage: „Aber, das hat ja nichts mit dir zu tun“ muss allerdings als klassischer Beziehungsirrtum disqualifiziert werden. Vor allem nach einem Seitensprung muss sie bei den Männern oft als Entschuldigung herhalten. Ähnlich kritisch ist die von den Herren oft verwendete typische Einleitung: „Ja, aber ...“ oder „ja, schon, aber ...“, da auch damit einige Gefahr für die Beziehung verbunden ist. Sich immer ein Hintertürchen offen zu halten, kann sich auf den anderen zermürbend auswirken.

Für manche ist wortloses Verstehen das Maß für wahre Liebe. Kann man von Liebe aber wirklich erwarten, dass uns der Partner die Gedanken, Wünsche und Befindlichkeiten immer von den Augen abliest? Ist Liebe nicht vielmehr vom aktiven Zutun beider abhängig, wie sich zum Beispiel regelmäßig miteinander auszusprechen? Scheuen Sie sich nicht, anstatt zu raten (und sich dabei womöglich zu irren) Ihren Partner nach seinen Gedanken zu fragen. Nur so finden Sie heraus, was den anderen wirklich beschäftigt.

Viele Frauen glauben auch, dass Männer zarte, hilflose, naive Weibchen bevorzugen. Nämlich solche, die sich in der großen, gefährlichen Welt alleine nicht durchsetzen können. Auf dieser irrigen Annahme basiert dann auch ihre Flirttaktik, die jedoch oft erfolglos ist. Aber auch mit dem unnötigen männlichen Stolz und veralteten Rollenverteilungen sollte endlich aufgeräumt werden. Zugleich kann man Frauen, denen an einer vernünftigen Beziehung gelegen ist, nur empfehlen, dem trügerischen Ideal des Märchenprinzen nicht länger nachzuhängen.

Wer sich sagt: „Ich brauche einen Partner, ich will nicht mehr alleine sein,“ sollte auch bedenken, dass Single-Phasen in seinem Leben eine wichtige Gelegenheit darstellen, um sich selbst zu finden. Wie in diesem Buch schon nachzulesen war, ist nur jemand, der auch eine Zeitspanne erfolgreich alleine verbringen kann, fähig, eine Beziehung ohne ständige Angst vor Verlust zu führen.

Die Sternzeichen bzw. das Horoskop in seine Partnerwahl mit einzubeziehen, kann für eine interessante und auch amüsante Note sorgen. Manche Rückschlüsse, die sich daraus gewinnen lassen, haben sogar eine erstaunliche Gültigkeit. Bloß, wer sich damit so sehr einengt, indem er glaubt, dass sich z.B. ein Löwe niemals in einen Wassermann verlieben darf, blockiert sich in seiner Partnerwahl entschieden zu sehr.

Die meisten Menschen erwarten sich, dass ihr Partner sie glücklich machen soll. Tatsächlich aber kann der Partner das gar nicht. Denn, jeder ist für sein Glück selbst verantwortlich. Daher ist auch die Erwartung, dass eine Beziehung „immer harmonisch“ sein muss, eine Illusion. Schließlich brauchen wir Konflikte, um uns näher zu kommen. Harmonie ist wichtig, doch Harmoniesucht wirkt sich auf jede Beziehung tödlich aus.

Romantische Gemüter sprechen immer wieder von „bedingungsloser Liebe" als höchstes Ziel. In Wirklichkeit aber stellen wir alle Bedingungen, die uns wichtig sind, wie zum Beispiel Treue. Auch, dass wahre Liebe „für immer hält", ist eine schöne Vorstellung. Die Wahrheit ist jedoch, dass jede Beziehung einem Finale unterliegt, um für etwas Neues zu enden.

Viele wünschen sich, dass Liebe sowohl leidenschaftlichen Sex als auch rosarote Verliebtheit und fürsorgliche Zweisamkeit enthalten soll. Vor allem Partnerschaft und Sex gehören untrennbar zusammen, meinen sie. Doch, an solchen Idealen kann man leicht scheitern. Denn Fakt ist, dass sich nach fünf Jahren die Sexfrequenz halbiert oder der Sex ganz vorbei ist. Nur Liebe hat die Kraft in sich, anzudauern.

Was Sex sonst noch anbelangt, so besteht der Mythos, dass er immer will, sie aber Kopfschmerzen hat. Das heißt, er hat Lust und sie ist müde oder unpässlich. Das soll ja tatsächlich vorkommen, doch unter glücklichen Paaren herrscht etwa bei der Hälfte ein gleich starkes Verlangen nach gemeinsamen Sex. Nur bei einem Viertel zeigt der Mann ein größeres Interesse und bei einem weiteren Viertel die Frau. Zugleich steht fest, dass Männer und Frauen, die mit ihrem restlichen Leben sehr zufrieden sind, auch in ihren Partnerschaften am zufriedensten sind. Und das schließt das Sexualleben ein.

Manche sind jedoch der Meinung, dass Sex mit nur *einem* Partner auf Dauer langweilig wird, weil das anfängliche Prickeln, die Verliebtheit, die den Körper mit Hormonen überschüttet, mit der Zeit verloren geht. Trotz aller wissenschaftlichen Untersuchungen gibt es jedoch kein Ergebnis, das diese Meinung schlüssig bestätigen kann, da Sex bei den Menschen mit dem Gefühlsleben untrennbar verbunden ist.

Fest steht nur, dass das Begehren mit der Zeit zurück geht. Doch, ist das wirklich ein Problem? Vor allem, wo doch die Intensität des körperlichen Zusammenseins bei Paaren, die Liebe verbindet, mit der Zeit sogar ansteigt und die Erotik viel intensiver empfunden werden kann. Das heißt also, auch wenn die Lust in Punkto Häufigkeit sinkt, kann die Zufriedenheit durchaus wachsen.

Damit ein Paar Zufriedenheit erlangt, müssen auch die gemeinsamen Aufgaben gerecht verteilt sein. Das beginnt bereits bei der Hausarbeit und reicht bis zu diversen anderen Verpflichtungen. Es kommt aber auch in hohem Maße auf die allgemeine Machtverteilung in der Beziehung an. Wenn zum Beispiel nur der Mann „das Sagen“ hat, ist es bloß eine Frage der Zeit, bis auch die Sexualität dieses Paares erlahmt. Ebenso sollten keine unrealistischen Erwartungen gehegt werden, da überhöhte Ansprüche auch die Häufigkeit von Sex reduzieren und Lustlosigkeit steigern können.

Und wie ist das mit den gemeinsamen Interessen und Hobbys in einer Beziehung? Schweißen Dinge, die man zu zweit unternimmt, tatsächlich so stark zusammen und entstehen dabei jene verbindenden Erfahrungen und Erinnerungen, wie man vielfach sagt? Ohne Frage ist es von großem Vorteil, wenn Partner gemeinsame Interessen haben. Allerdings ist das weder selbstverständlich, noch kann man solche Umstände erzwingen. Oft fällt es einem Menschen alleine schon schwer, ein passendes Hobby für sich selbst zu finden, das ihm Freude macht. Aber, eines zu finden, das für beide gleichermaßen Spaß bedeutet, ist noch viel schwieriger.

Wenn sich einer erst überwinden muss, um dem anderen mit seinem Mitmachen Freude zu bereiten bzw. seinen Erwartungen zu entsprechen, sind jegliche Lockerheit und Natürlichkeit dahin. Daher hat ein Paar nichts falsch gemacht, wenn es mit seinen Hobbys nicht zusammen kommt. Entweder hat man nun mal gemeinsame Interessen oder nicht. Und es steht schließlich jedem frei, weiterhin auch auf diesem Gebiet Gemeinsamkeiten zu finden. Der Möglichkeiten gibt es heutzutage ja genug.

Manche schwören darauf, dass zu einem Partner und einer Beziehung eine gewisse „Unberechenbarkeit“ gehört, da dieser Umstand für die wichtige Leidenschaft und Abwechslung sorgt. Wer diese Meinung vertritt, geht davon aus, dass sich Partner in Langzeitbeziehungen zu sehr annähern, sich also zu ähnlich und somit auch zu berechnend werden. Und das kommt Langeweile pur gleich.

Am Anfang findet man bei seinem Partner ja noch vieles interessant, vielleicht sogar aufregend. Mit den Jahren aber werden diese Anziehungspunkte immer schwächer und die Leidenschaft geht allmählich verloren. Daher ist es von großer Wichtigkeit, sich für seinen Partner immer wieder von Neuem interessant und spannend zu machen. Dabei sollte uns aber bewusst sein, dass wir unseren Charakter nicht grundsätzlich verändern können. Sich auf unnatürliche Weise zu verstellen und etwas anderes vorzugeben als wir sind, würde mit Sicherheit nicht für den gewünschten Effekt sorgen.

Können vielleicht die kleinen Geschenke eine Liebe am Leben erhalten? Drücken liebe Aufmerksamkeiten dem Partner gegenüber die eigene Zuneigung aus? Oder sollten es doch eher Gold und Diamanten sein, um die Tiefe der Gefühle auch eindrucksvoll zu beweisen? In der täglichen Partnerschaftspraxis ist nichts dagegen einzuwenden, seiner (seinem) Liebsten immer wieder hübsche Geschenke zu machen. Dazu ist allerdings bereits seine Lieblingsschokolade genau so gut geeignet wie ihr Lieblingsparfum.

Damit das Geschenk aber auch wirklich „ankommt", sollte es aus Liebe gegeben werden. Genau so wirken auch tolle Restaurantbesuche oder romantische Kuschelwochenenden im Wellnesshotel nur, wenn ehrliche Gefühle dabei sind. Und die meisten Partner verfügen über jenes feine Gespür, um zu erkennen, ob es bloß ein oberflächliches Geschenk war oder ob es tatsächlich von Herzen kam. Doch, das größte Geschenk, das wir uns machen können, ist wohl die Liebe selbst.

Wie wir schon gehört haben, werden sich manche Paare mit der Zeit immer ähnlicher. Das muss aber nicht automatisch bedeuten, dass man sich auch umso besser kennt, je länger man beisammen ist. Denn je länger Beziehungen dauern, umso weniger tauschen sich die Menschen dann noch aus. Oftmals widmen sie einander immer weniger Zeit und Interesse. Während sie der Alltag in den Klauen hält, laufen sie zugleich Gefahr, die Entwicklungen und Veränderungen des anderen zu übersehen. Meistens bemerken sie irgendwann nur mehr seine Schwächen und hacken ständig auf diesen herum.

Das sind gewichtige Gründe, weshalb man immer wieder eine Auszeit vom Alltag nehmen und ausspannen sollte. Dies kann bereits eine wöchentliche Aussprache, ein Waldspaziergang, ein Kurzurlaub oder auch nur zu Hause kuscheln sein. Hier geht es aber nicht darum, nur Schönwetterstimmung zu erzwingen, sondern durchaus auch über belastende Dinge zu sprechen.

Neben den vielen tollen Eigenschaften, stellen wir zu Beginn einer Beziehung am anderen auch meistens einige Züge fest, die uns nicht so gut gefallen. Zu diesem Zeitpunkt ist das für uns aber noch kein Problem. Denn in unserer anfänglichen Verliebtheit reden wir uns ein, dass wir ihn mit der Zeit schon ändern werden. Bloß, einen Menschen „umkrempeln" zu wollen, ist niemals ein guter Plan für die Partnerschaft und birgt auch einige Risiken in sich. Umgekehrt ist es ja auch nicht anders. Spüren wir, dass uns der Partner ändern will, sträuben wir uns genau so dagegen oder ziehen uns zurück, da wir nun einmal so geliebt und akzeptiert werden möchten, wie wir eben sind.

Daher ist es der weitaus bessere Weg, gleich einen Partner zu wählen, bei dem wir nicht das Verlangen haben, möglichst viel an ihm ändern zu müssen, da er bereits im Vorhinein unsere wichtigsten Bedürfnisse erfüllt. Na, und mit den Dingen, die er nicht erfüllt, sollten wir halt leben können. Wenn man jemanden auf wesentliche Art ändern will, wird es problematisch. Erregt es hingegen bloß unsere Freude, wenn sich der Partner in manchen seiner Verhaltensweisen ändert, ohne, dass es für uns zwingend notwendig ist, so liegen wir richtig.

Das Ziel vieler Partnersuchender ist allerdings der perfekte Partner. Dieser soll in der Regel attraktiv, intelligent, gebildet, charmant, verständnisvoll, humorvoll, fürsorglich und last but not least natürlich auch noch beruflich erfolgreich (sprich gut situiert) sein. Doch, diesen Traumprinzen (diese Traumprinzessin) gibt es nur im Märchen. Und wenn er (sie) sich doch irgendwo versteckt hält, ist er (sie) so schwer zu finden, wie die sprichwörtliche „Nadel im Heuhaufen." Wer sich solche unrealistisch hohen Ziele setzt, hat wenig Aussicht auf Erfolg. Wesentlich Erfolgs versprechender wäre da schon, vernünftige Kompromisse einzugehen und ein paar Zugeständnisse zu machen. Wer noch dazu seinen Persönlichkeitstyp wirklich kennt, weiß auch über seine Stärken und Schwächen Bescheid. Und das ist schon mal ein ganz wichtiger Erfolgsfaktor für die richtige Partner- und Beziehungswahl.

6. Kapitel:

MÄNNER, DIE HILFLOSEN HELDEN UNSERER ZEIT

O, es ist schön,
Von einem Helden sich geliebt zu sehen
Es ist noch schöner, ihn zu lieben!
(Sorel in Schiller, Die Jungfrau von Orleans 4, 2.)

Mann werden ist in der Tat nicht einfach. Wie die Buben- und Männerberatungen mitteilen, ist das „Starke Geschlecht“ einer Menge aktueller Probleme ausgesetzt. Das beginnt bereits im zarten Knabenalter. Die Mehrzahl auffälliger Kinder in unserer Gesellschaft ist nämlich männlich. In den ersten Lebensmonaten sind sie sogar zweifellos das „schwächere Geschlecht.“ Was die körperliche Reifung anbelangt, liegen Buben bei der Geburt oft hinter den Mädchen zurück. Noch dazu weinen männliche Säuglinge öfter und lassen sich auch schwerer trösten. Bis zum vierten oder fünften Lebensjahr bleiben sie sehr emotional, beschreibt sie Wissenschaftlerin Lise Eliot. In Familien, Kindergärten und Schulen bereiten sie deutlich mehr Probleme als Mädchen. Dieses Bild setzt sich bis hin zu Erziehungsberatungsstellen, Sonderschulen, Jugendgefängnissen und kinderpsychiatrischen Stationen fort.

Buben sind häufiger krank als Mädchen und auch sozial auffälliger. Bald beginnen sie, männliches Verhalten zu imitieren und Gefühle zu verbergen. Untersuchungen des Sozialverhaltens kleiner Kinder ergaben, dass Mädchen weit sozialer veranlagt sind als Knaben. Die Jungs hingegen fallen durch schlechtere schulische Leistungen auf und müssen Klassen auch öfter wiederholen. Nicht selten werden sie daher in der Schule als Störfaktor wahrgenommen. Ferner sind Hyperaktivität und psychosomatische Symptome eine Domäne der Buben. Während Mädchen mit ihrem Spielzeug sprechen, nehmen die Jungs ihres auseinander.

Mädchen lernen früher sprechen, lesen besser und mehr und können sich auch leichter konzentrieren. Selbst Legasthenie kommt bei ihnen seltener vor. Dennoch sind Buben natürlich keine Totalversager. Sie können schon als Zweijährige dreidimensionale Puzzles zusammenbauen und haben die bessere Hände-Augen-Koordination als Mädchen. Auch bei höheren mathematischen Aufgabenstellungen haben Jungs (dank ihrer visuelleren rechten Gehirnhälfte) die Nase vorne. Ebenso ist ihr Ortssinn deutlich besser ausgeprägt. Dafür merken sich Mädchen einen bereits zurückgelegten Weg leichter.

Während Mädchen eher psychische Aggressionen ausüben, neigen Buben zu offener, physischer Gewalt und sind auch insgesamt aggressiver. Dazu kommen dann noch Straftaten und Alkoholanfälligkeit. Sogar die Selbstmordrate ist bei männlichen Jugendlichen dreimal so hoch wie bei Mädchen.

Aber weshalb haben Buben eigentlich solche Probleme damit, ein Mann zu werden? Wie so oft im Leben nimmt auch hier alles mit der Erziehung in den ersten Lebensjahren seinen Anfang - einer Erziehung, die hauptsächlich von Frauen erfolgt. Trotz aller Emanzipation sind nämlich Männer auch heutzutage noch in der familiären Erziehung sowie in Kindergärten und Schulen hoffnungslos unterrepräsentiert. Den Anteil männlicher Erzieher in Kindergärten schätzen deutsche Bildungsforscher und Ministerien auf magere drei Prozent. An hessischen Grundschulen sind nach Angaben des Kultusministeriums von 100 Lehrern 92 Frauen. Noch dazu sind viele Mütter allein erziehend.

Diese Umstände sorgen dafür, dass Buben vorwiegend mit weiblichen Werten und weiblichem Gedankengut aufwachsen und sich weniger an realen männlichen Lebenslagen orientieren. Auf diese Weise erfährt die Suche nach Männlichkeit bereits beim Heranwachsen keine Förderung. Berufsbedingte Wochenend-Papas leisten dieser Entwicklung zusätzlichen Vorschub, obwohl grundsätzlich das Kind und nicht das Geschlecht im Vordergrund stehen sollte. Was bei den Buben dennoch häufig fehlt, ist ein erwachsenes männliches Vorbildverhalten, wertschätzende Zuwendung und die wichtige Orientierung für ihr Leben. Leider tauchen die Väter selbst bei Elternabenden in der Schule nicht allzu oft auf.

Somit kann sich die eigene Geschlechtsidentität schwer entwickeln, da Männlichkeit vorerst nur als Anderssein wie Mama empfunden wird. Daher verwundert es nicht, dass der Ruf nach einer geschlechtsneutralen Erziehung für Buben und Mädchen immer lauter wird. Das würde auch heißen, weg vom Dogma „Mädchen bekommen Puppen und Buben Autos zum Spielen." Auf diese Weise könnte den Kindern ein völliges Ausschöpfen ihrer Fähigkeiten ermöglicht werden. Allerdings wird das noch einige Zeit dauern, denn heute sind die traditionellen Bilder in unseren Köpfen, wie ein Junge oder ein Mädchen zu sein hat, noch ziemlich stark verankert.

Dadurch kommt es bei den Buben oft zu einer Abgrenzung gegenüber dem Weiblichen und ihren Werten. Wenn dann auch noch, wie so oft, die männlichen Vorbilder fehlen, lässt die Flucht in irreale Männlichkeitsphantasien nicht lange auf sich warten. Und diese hat mit dem wahren Leben herzlich wenig zu tun.

Besonders bei labilen männlichen Jugendlichen (oft mit schulischen Problemen) führt diese Flucht in die bedenklichen Traumwelten von Film, TV und Videospielen - also in Gefilde, wo ausgeprägte Männlichkeit eindrucksvoll dominiert. Zugleich wird im Leben vieles nicht mehr selber ausprobiert, sondern als virtuelles Abenteuer am Bildschirm erlebt.

Selbst im Kinderfernsehen sind Männer und männliche Figuren die wahren Protagonisten. Heldinnen wie Lara Croft sind auch in Kino und Fernsehen äußerst unterrepräsentiert. Was Kinder im TV erleben, integrieren sie gerne in den Alltag. Und die gesellschaftliche Konstruktion „Geschlecht" hat dabei eine große Bedeutung. Das wiederum fundamentiert die Vorstellungen und Maßstäbe von weiblich und männlich.

Für Kinder und Jugendliche gibt es in den speziell für sie geschaffenen Medien eine Menge Leitbilder, die zur Identifikation einladen. Diesen geschlechtsspezifisch ausgerichteten Figuren schenken Jugendliche eine große Bedeutung. Vor allem wenn die wahren Vorbilder (wie starke Väter) im realen Leben fehlen. Wenn sich Eltern keine Zeit für ihre Kinder nehmen und Jugendliche isoliert sind, verstärken sich diese Zustände drastisch.

Grundsätzlich haben Buben einen wettbewerbsorientierten, ausgeprägten Bewegungsdrang. Jeder will der Beste sein und immer gewinnen. Es geht darum, möglichst viel Macht an sich zu reißen und am liebsten stets im Mittelpunkt zu stehen. Kritik ist dabei unerwünscht. Hyperaktivität und Unruhe folgen als häufige Begleiterscheinungen. Sorgen, Probleme und Ängste werden hinter diesen Untugenden verborgen gehalten. Ruhe und Ausgeglichenheit verkommen zu Fremdwörtern. Mädchen hingegen geht es in ihrem Spiel eher um Ausgeglichenheit, Harmonie und Unterhaltung. Sie weinen nicht, wenn sie bei Gesellschaftsspielen verlieren, da hier nicht primär das Gewinnen, sondern die Unterhaltung in einem halbwegs friedfertigen Miteinander gefragt ist.

Während sich Mädchen als Freundinnen händchenhaltend, kichernd und schnatternd austauschen, rotten sich die Jungs zu Halbstarkenbanden zusammen, brüllen, spucken, pforzen, rennen und schwitzen. Fußball, PlayStation und Sex avancieren dabei zu ihren hauptsächlichen Gesprächsthemen.

Buben sind heutzutage fast ständig auf Achse, schlagen sich mit Gleichaltrigen herum und kommen nur selten zur Ruhe. Die Angst vor dem Versagen oder vor anderen das angesagte Image nicht zu erreichen (und somit verspottet und gehänselt zu werden) macht Angst und treibt sie immer weiter zu ihrem Ziel, ein richtiger, anerkannter Junge zu sein. Wer seine Männlichkeit auf diese Art beweisen muss, überschreitet bald alle Grenzen und setzt sich erhöhten Gefahren und einer großen Unfallneigung aus. Daher kommen auch doppelt so viele Jungs wie Mädchen bei Unfällen ums Leben.

Biologisch gesehen ist das Y-Chromosom der Schlüssel zur Männlichkeit: Es aktiviert die Produktion von Androgenen im männlichen Fötus. Im weiblichen Fötus ohne Y-Chromosom kommt es hingegen zu keiner Aktivierung der Androgene. Schon im Mutterbauch werden die Jungs im dritten Monat von achtmal größeren Mengen Testosteron überschüttet als Mädchen. Die Umwelt verstärkt und bestätigt diese Anlagen. Seelischer Schmerz, Leid und Kummer werden von Knaben regelmäßig verleugnet.

Vergleiche mit anderen (z.B. körperlich bereits weiter entwickelten) Jugendlichen sind an der Tagesordnung. Männlichkeitsgetue, Bartwuchs, Penisgrößen und Potenzgeschwafel werden nun zum verbalen Maß der Dinge. Wer nicht mithalten kann, mutiert zum verspotteten Außenseiter, sprich Weichei oder Warmduscher. Schon eine Freundin zu haben (oder noch allein zu sein) ist die nächste große Challenge.

Noch dazu sind die Herrn „Buam“ durch die Imagevorgabe „Mann“ von Gleichaltrigen dazu verdammt, alle akuten Anforderungen und Probleme selbst zu lösen. Hilfe, Rat und Unterstützung bei Eltern, Verwandten und sonstigen Erwachsenen einzuholen, wird als total uncool bewertet. Schließlich will man doch gerade in diesem Alter und Umfeld nicht als Softi oder Schwuchtel verspottet werden.

Bloß, wie soll man als noch halbes Kind, mit nahezu keiner Lebenserfahrung, diese mitunter großen Anforderungen bewältigen? Da das nicht möglich ist, flüchten sich die männlichen Kids mit ihren Unsicherheiten, Ängsten und ihrer Orientierungslosigkeit nur allzu oft in schlechte Gesellschaft, Alkohol, Drogen und Gewalt. Auch wenn dieses Verhalten noch so unvernünftig ist, bleibt „nur nicht unmännlich sein“ die große Devise.

Bestehenden Rollenbildern gemäß dürfen Buben auch aggressiver als Mädchen sein. Dieses Verhalten passt zum allgemeinen Buben- und Männerbild, das in unserer Gesellschaft vorherrscht. Frank Beuster, der deutsche Erziehungswissenschaftler und Grundschullehrer, veröffentlichte zu diesem Thema 2006 das Buch „Die Jungenkatastrophe.“

Kein Wunder, dass später auch viele (erwachsene) Männer der Meinung sind, sie müssen Helden sein und ihr Leben als eiserne Einzelkämpfer meistern. Stärke, Stehvermögen und Durchsetzungskraft werden zu unverzichtbaren Image-Vorgaben. Es beginnt ja schon beim morgendlichen Trip zum Arbeitsplatz. Jeder will einen größeren, komfortableren Wagen fahren als die Kollegen. Dazu muss man auch eine teure Markenuhr tragen, um seinen erreichten Status eindrucksvoll zu demonstrieren.

In der Firma angelangt geht das maskuline Brustklopfen dann weiter, indem gut hörbar darauf hingewiesen wird, dass der Kollege Meier diese Woche noch nichts verkauft hat, während man doch selber schon auf (zumindest einen Minimal-)Umsatz verweisen kann. Dieser unnatürliche Leistungsdruck aber ängstigt in Wirklichkeit die Herren der Schöpfung und lässt einen Großteil von ihnen zu Verlierern werden. Denn unter solchen Umständen können nur wenige auf Dauer erfolgreich sein. Der Glanz am Lack der alten Männlichkeit ist ohnehin längst ab. Oft ist das auch dann der Fall, wenn sie von ihren Frauen lange genug domestiziert wurden, denn einen auf soft getrimmten Frauenversteher will im Grunde keine richtige Frau.

Doch was wird aus den zahlreichen Losern? Welche Kompensation brauchen sie, um mit der traurigen Realität, sprich ihrem ausgeprägten Frust, fertig zu werden? Ganz einfach, sie reagieren sich an ihren Frauen, Kindern und/oder Untergebenen ab. Versteckte Ängste, Ratlosigkeit, Verzweiflung und die nicht erfüllten Erwartungen von Eltern, Frau, Verwandtschaft und Firma fördern Aggressionen und treiben die Kerle in die männliche Isolation. Wenn „Mann zu sein“ früher bedeutete, etwas erreichen zu können, so ist es heute vielfach zu einem Problem geworden, das es zu überwinden gilt.

Unter solchen Umständen wird es nahezu unmöglich, seiner inneren Stimme und seinen Gefühlen zu vertrauen. All die Sehnsucht nach Schutz und Geborgenheit bleibt unerfüllt und äußert sich im krassen Gegenteil: Härte, Gefühl- und scheinbare Furchtlosigkeit. Eigenschaften und Symbolik von Helden werden somit zu vielfach belächelten und geouteten Verhaltensweisen. Dieses männliche Unbehagen manifestiert sich bereits seit längerem in der Gründung von Männerzentren, Männergruppen, männertherapeutischen Veranstaltungen und emanzipatorischer Männerliteratur.

Auch wenn rollenkonformes Verhalten noch oft praktiziert wird, sind biedere Hausmütterchen und rechthaberische Machos in heutigen Jungfamilien doch eher die Ausnahme. Das Rollenbild von Mann und Frau hat sich in den letzten Jahrzehnten gegenüber Schillers einstigen Ausführungen deutlich verändert: „Und drinnen waltet die züchtige Hausfrau, die Mutter der Kinder, und herrschet weise im häuslichen Kreise.“ Von dieser fixen Rollenvorstellung ist im zweiten

Jahrzehnt des neuen Jahrtausends nur wenig übrig geblieben. Als bedenkliche Entwicklung werden Männer heutzutage sogar schon in der TV-Werbung als unfähige Trotteln dargestellt, die weder kochen, noch Geschirr spülen können. Und das Schlimmste ist, dass kein Mensch etwas dabei findet, obwohl man hier schon von Männerdiskriminierung sprechen könnte.

Früher besaßen die Männer eine klare Vormachtstellung, verdienten fast allein das Geld und galten politisch, wirtschaftlich, beruflich, gesundheitlich, sexuell und familiär als „das starke Geschlecht". Heute sind es nur mehr Hirngespinste weiblicher Teenager, dass Männer bemüht sind, zu innerer Reife zu gelangen, erwachsen und stark zu werden. Denn männlich und erwachsen sind die meisten, wie viele Frauen immer wieder enttäuscht feststellen müssen, leider nicht. Somit bleibt der gefragte multifunktionale Mann als Geldverdiener, liebevoller Vater, Draufgänger und Allesversteher vorerst nur eine zeitgemäße Utopie.

Bereits Schiller war bewusst: „In jedem Manne wohnt ein Kind." Ob er aber auch ahnte, dass dieser Umstand für die Frauen ein klarer Nachteil ist? Vor allem wenn sie sich eine Familie wünschen. Solche „Projekte" können schon längeren Aufschub erfordern, da sich der große Junge an ihrer Seite zuerst noch ein paar Jahre richtig ausleben muss. Gegen heiraten ist ja nichts einzuwenden, aber Kinder ..., für die ist doch später auch noch Zeit. Zuerst kommt jetzt mal der Paragleiterkurs oder vielleicht doch lieber das Motorrad?

Wie soll sich nunmehr realisieren lassen, was der Dichterfürst weiter schrieb: „Der Mann muss hinaus, ins feindliche Leben, muss wirken und streben und pflanzen und schaffen." Doch, die aktuelle Entwicklung hat eine sichtliche Veränderung des Männerbildes verursacht. Besonders sind von dieser heutigen Überforderung der Männer das Privatleben und die Beziehungen betroffen. Eine Entwicklung, die einstige „Leader" zu „Mitläufern" werden ließ.

Männern fällt es inzwischen schwer, verantwortungsbewusste Entscheidungen zu treffen und partnerschaftlich zu denken und zu leben. Von „verwöhnten Prinzen" ist deshalb oft die Rede. Manche Frauen finden diese charmanten Kerle mit dem lieben Dackelblick aber total süß und können ihnen nicht wirklich böse sein. Haben sie die Wahl, ihren Peter Pan vor die Türe zu setzen oder ihn lieber abzuküssen, entscheiden sie sich meistens für die zweite Variante.

Die US-Soziologin Kathleen Gerson hatte schon vor mehr als zehn Jahren festgestellt, dass gerade Frauen relativ blind gegenüber den beabsichtigten Veränderungsprozessen von Männern sind. Die große Herausforderung des Erwachsenwerdens wäre es allerdings, Verantwortung zu übernehmen und Reife zu erlangen. Und wenn man das richtig macht, sollte auch der Spaß am Leben, die angeborene Neugier und die erfrischende Spontaneität der Jugend nicht verloren gehen.

Männer, die aller Entwicklung zum Trotz, dennoch ein Leben lang nur einseitig auf Männlichkeit, Leistung und Arbeitswelt fixiert waren, fallen bei Krankheit und Pensionierung in ein tiefes, schwarzes Loch. Alles, woran sie sich bisher so krampfhaft festgehalten haben, geht ihnen plötzlich verloren. Da sie zu Arbeitstieren wurden, hatten sie ihre vielfältigen Bedürfnisse viel zu lange zurückgestellt. Daher ist eine rechtzeitige Auseinandersetzung mit der traditionellen und überholten, sowie der positiven, zeitgemäßen Männlichkeit, eine notwendige Voraussetzung zum gesunden und glücklichen Älterwerden.

Laborstudien belegen, dass Männer tatsächlich viel empfindsamer sind, als allgemein angenommen, da sie dabei auf emotionale Reize körperlich stärker reagierten als Frauen. Die jeweils individuelle soziale Situation entscheidet darüber, wie sie Gefühle ausdrücken. Was hilft das allerdings, werden sich so manche Frauen fragen, wenn ihr Klotz zu Hause kaum Emotionen zeigt. Lise Eliot empfiehlt in diesen Fällen auf die Methode „Action Love“: „Gemeinsame, vorzugsweise bewegungsintensive Aktivitäten helfen am ehesten, die Maske fallen zu lassen.“ Ganz egal, ob ein Spaziergang oder ein gemeinsames Hobby, alles ist laut Eliot besser als ein nichtssagendes „Schatz, wie war dein Tag?“

Der amerikanische sexy TV-Star, Christina Hendricks aus der preisgekrönten US-Serie „Mad Men“ wurde vom Magazin „Esquire“ zur schönsten Frau der USA gekürt. Nun hat sie sich auch zum Thema „Männer“ zu Wort gemeldet. In einem offenen Brief verrät sie, was die Herren der Schöpfung auf gar keinen Fall tun sollten (um ihren Heldenstatus nicht noch mehr abzubauen):

Und die Aussagen einer schönen, klugen und noch dazu erfolgreichen Frau darf man schließlich nicht ignorieren:

1) Er sollte nachdenken, bevor er über den Körper einer Frau etwas sagt, denn solche Aussagen vergessen Frauen mit Sicherheit nie.

2) Er sollte sich merken, was sie mag. Kluge Männer registrieren die Mitteilungen über Wünsche und Vorlieben genau, um ihre Liebe zum rechten Zeitpunkt damit zu überraschen.

3) Er sollte es sich verkneifen, über ihre Freundinnen zu meckern und zu lästern.

4) Als die hässlichsten Hosen der Welt werden von vielen Frauen wadenlange Shorts empfunden. Männer sehen für sie wie Idioten darin aus.

5) Wenn er sich in der Öffentlichkeit mit Unterleibchen (auch Tanktops genannt) zeigt, ist er bei vielen „Eva-Töchtern“ unten durch. Das war in unseren Breiten höchstens noch dem „Echten Wiener, Mundl Sackbauer“ erlaubt, ist aber heute völlig out.

6) Sich bei Facebook anzumelden, wird von manchen Frauen nicht gerne gesehen, da es sich dabei um einen unerwünschten Eingriff in die Privatsphäre handelt.

Compris, meine Herren? Soweit alles klar? Na, dann gutes Gelingen!

7. Kapitel:

DIE NEUE SEHNSUCHT NACH ROMANTIK

Bevor der Verstand sich entschließt, den ersten Schritt zu tun, hat die Liebe den siebenten Himmel erreicht.
(Unbekannt)

Liebe entsteht aus der Freude, sich gegenseitig anzuschauen, sie wächst aus dem Bedürfnis, sich sehen zu müssen und findet Erfüllung in der Unmöglichkeit, sich trennen zu können.
(José Marti Perez)

Die Romantik war eine kulturgeschichtliche Epoche, die vom Ende des 18. Jahrhunderts bis weit in das 19. Jahrhundert hinein dauerte und sich vor allem auf den Gebieten der bildenden Kunst, Literatur und Musik äußerte. Die großen Grundthemen der Romantik sind Gefühl, Leidenschaft, Individualität und vor allem ganz viel Seele. Als treibende Kraft der klassischen Romantik gilt eine ins Unendliche gerichtete Sehnsucht nach Heilung der Welt und Zusammenführung von Gegensätzen zu einem harmonischen Ganzen.

Jetzt aber gibt es einen neuen Trend, der rund um die Krisen- und Schlechtwetterstimmung für Herzklopfen sorgt: Die neue Sehnsucht nach Romantik - ein zauberhafter Trend, der Liebe noch schöner machen kann und der wie ein hauchzarter Sonnenstrahl tief in die Herzen trifft. An dieser Entwicklung ist allerdings auch Hollywood nicht ganz unbeteiligt. Die „Twilight"-Stars Kristen Stewart (21) und Robert Pattinson (25) haben immerhin ihr Schärflein dazu beigetragen.

Wer wie Robert Pattinson als Edward nachts durchs Fenster seiner Geliebten steigt und den Preis für den schönsten Filmkuss abräumt, bewegt nun mal die Herzen von Millionen Zusehern. Noch dazu wurden die beiden auf gossipcenter.com zum „Traumpaar 2009" gekürt.

Dieses Vampir-Epos, das eine Fortsetzung findet, war einer der Auslöser für Sehnsucht nach großen Gefühlen und hingebungsvoller Liebe. Vor allem junge Leute haben heutzutage wieder romantische Empfindungen. Und das nicht nur am Valentinstag. Udo Jürgens-Schlager sind erneut der große Renner. „Aber bitte mit Sahne" lässt auf den Tanzflächen so richtig die Post abgehen, und „Ich war noch niemals in New York", das Musical mit seinen besten Hits, avancierte zum internationalen Erfolg. Auch Zeitgeistforscher Peter Wippermann meint, dass die reine Fixierung auf Sexualität vorbei sei: „Heute ist Streben nach Bindung angesagt – vor allem bei Menschen um die 30." Das schlägt sich auch im „Neuen Wörterbuch der Szenesprachen" nieder, da hier plötzlich Begriffe auftauchen wie „knuscheln" (knutschen und kuscheln) oder „zweiseln" (etwas zu zweit tun).

Das sind immerhin zahlreiche Bestätigungen, dass sich die Welt im Romantikrausch befindet, denn gerade in wirtschaftlichen Krisenzeiten suchen wir Harmonie und Zweisamkeit. Und tatsächlich bereichert die Romantik auch die Liebe und hilft ihr, anzudauern. Helen Fischer, Buchautorin und Anthropologin der Rutgers-Universität in New Jersey meint, dass Geldsorgen und Angst vor Arbeitslosigkeit die Ausschüttung von Dopamin im Gehirn ankurbeln (jener Stoff, der mit Liebe und Glück in Verbindung gebracht wird). „Stress kann bewirken, dass man sich für andere Menschen öffnet und Nähe sucht", sagt die Forscherin. „Man ist empfänglicher für romantische Gefühle." Und dieser Trend ist tatsächlich unverkennbar. Laut einer Parship-Umfrage wollen 52 Prozent der Singles künftig mehr Zeit und Geld in die Partnersuche investieren.

Während sich seit langem die Meinung verankert hat, es sind fast nur Frauen, die Gefühle zeigen, steht inzwischen fest: „Männer sind ja doch auch romantisch!" Ein Foto oder ein Anruf – viel mehr braucht es nicht, um ihn nervös zu machen. In einem Experiment legten Wissenschaftler am Londoner University College ihre Probanden in einen Kernspintomografen und registrierten die Hirnaktivität, während die Versuchsteilnehmer auf das Bild ihrer Liebsten blickten. Fazit: Verliebte Männer befinden sich in einem Zustand völliger Euphorie, vergleichbar mit einem Kokainrausch. Und Forscher aus den USA setzten noch das Sahnehäubchen d'rauf: Sie fanden heraus, dass es entgegen der vorherrschenden Meinung eher die Männer sind, die ihre Karriere für die große Liebe opfern würden.

Romantische Gefühle schützen sogar vor Seitensprüngen. Wer sich in einer glücklichen Beziehung befindet und viele schöne Augenblicke mit dem Partner erlebt, wird tatsächlich blind vor Liebe. Die Folge ist, dass fremde Personen weniger attraktiv und charmant erscheinen. Zu diesem Ergebnis kam eine Untersuchung der Universität Los Angeles. Verrückte Liebesrituale in der ganzen Welt führen diesen Trend auf überaus kreative Weise fort:

FINNLAND
Ende Juni wird hier das Mittsommerfest gefeiert. Dabei springen Liebespaare Hand in Hand übers lodernde Feuer. Wenn sie sich dabei nicht loslassen, hat das die Bedeutung, dass sie lange Zeit zusammenbleiben werden.

ITALIEN
Im Land des Dolce Vita bringen Frischverliebte Vorhängeschlösser mit ihren Initialen an Brückengeländern an. Die Schlüssel werfen sie danach (zum Leidwesen der Stadtverwaltungen) als Zeichen ewiger Verbundenheit in den Fluss. Und in Sizilien halten Brautwerber mit romantischen Ständchen unter dem Fenster um ihre Angebetete an.

MEXICO
In Mexico hingegen singt man nicht selbst, sondern lässt vor dem Fenster der Dame seines Herzens die Stimmen und Instrumente von Meistern ihres Faches erklingen. Das ist eine traditionelle Mariachi-Band, die das Anliegen ihres Auftraggebers vorträgt. Wenn die Angebetete dann das Licht auslöscht und ans Fenster tritt, bedeutet das „Ja, ich will!“

PORTUGAL
Die Portugiesen treffen sich in der Nacht vom 12. auf den 13. Juni zum „Festa do Santo António, zu Ehren ihres Schutzpatrons. Verliebte Paare nützen diesen traditionellen Anlass für eine Liebeserklärung. Dabei überreichen sie dem/der Liebsten einen „Manjerico“ – ein Basilikumzweig, an dem ein romantisches Gedicht befestigt ist.

THAILAND
Beim populären Lichterfest „Loy Krathong“ in der Vollmondnacht des zwölften Monats im Mondkalender werden in Thailand kleine Boote aus Bananenblättern mit jeweils einer Kerze über Flüsse und Seen geschickt. Viele Paare vertrauen den reichhaltig geschmückten Schiffchen ihre geheimsten Wünsche an und schwören sich dabei ewige Liebe.

PERU
Ein Volk aus dem peruanischen Regenwald scheint akuten Frauenüberschuss zu haben. Hier müssen sich heiratswillige Frauen um den Bräutigam prügeln. Die Braut mit den „schlagkräftigsten Argumenten“ darf ihren Angebeteten als Siegerin heimführen.

USA
Die Traumfänger der Hopi-Indianer aus dem Bundesstaat Arizona wehren als kunstvolle Handarbeiten böse Träume ab und fangen schöne Träume für den/die Schlafende/n ein. Liebende senden ihre Gedanken an den/die Liebsten an seinen/ihren Traumfänger. Damit hoffen sie, in seinen/ihren Träumen zu erscheinen.

RUMÄNIEN
In Rumänien kommt es besonders auf die Fitness der heiratswilligen Lover an. Die Freunde der Angebeteten hängen den Brautkranz nämlich an einen möglichst hohen Baum. Dem Bräutigam bleibt es somit nicht erspart, diesen zu erklimmen, bevor er in aller Form um ihre Hand anhalten darf. Seine eigenen Freunde dürfen ihm allerdings dabei helfen, indem sie für den Aufstieg eine Pyramide bilden.

DEUTSCHLAND
In vielen Gegenden Deutschlands, wie zum Beispiel im Rheinland oder in der Eifel, stellen die Männer der Frau, die sie lieben, heimlich ihren eigenen Maibaum vor die Türe. Dabei handelt es sich nicht, wie üblich, um einen bemalten Baumstamm, sondern um ein junges Birkenbäumchen mit Ästen und Blättern. Oft wird dieses Bäumchen, das nicht nur Frühlings-, sondern vor allem Liebesbote ist, mit hübschen Bändern geschmückt. Dabei gilt: Je prächtiger, desto besser.

SCHWEIZ

Wenn ihr Liebster sich zu lange zierte, konnten heiratswillige Schweizerinnen früher selbst den Antrag machen. Allerdings nur alle vier Jahre, am 29. Februar, da dieser Tag rechtlich gesehen „ungültig“ war.

ÖSTERREICH
Eine uralte, aber immer noch originelle Tradition verliebter junger Männer in Österreich ist das Fensterln. Auch, wenn es heute schon etwas in Vergessenheit geraten ist, eignet sich das Fensterln hervorragend für einen romantischen Heiratsantrag. Wenn das Fenster von ihr geöffnet wird, ist er an der Reihe, der Angebeteten seine Liebe zu gestehen (und nach Möglichkeit einen Antrag zu machen). Wer jetzt ein hübsches Gedicht – nach Möglichkeit selbstgedichtet – aufsagen kann, hat bereits so gut wie gewonnen.

Überlegen auch Sie, was Sie Romantisches tun können, um Ihren Partner zu überraschen und ihm eine unvergessliche Freude zu machen. Einige Möglichkeiten wären zum Beispiel romantische Geschenksideen wie T-Shirts, mit denen Sie allen zeigen können, dass Sie zusammengehören: *Er* trägt den Aufdruck „Traum“ und *Sie* den Schriftzug „Paar“. Ein Beweis, dass Sie beide das perfekte Team sind (www.freakysilhouettes.com).

Wenn Sie am liebsten jeden Moment mit ihm festhalten möchten, eignet sich dafür die „Schönetagebox“, eine Mischung aus Kalender und Tagebuch. Sie sorgt dafür, dass Sie immer wieder nachlesen können, wie wunderschön zum Beispiel ihr erster gemeinsamer Abend oder Ihr Urlaub war (www.sperlingb.de).

Ein Stern, der deinen Namen trägt! Schenken Sie doch zur Abwechslung als äußerst ausgefallene und originelle Geschenksidee mal einen steinernen Liebesboten aus dem All (www.echt-wahnsinn.de).

Kraft und Zuversicht braucht es im (Liebes-)Leben. Mit speziellen Orakel-Karten finden Sie einen persönlichen Zugang zur Welt der Feen und Naturgeister, die neue Kraft spenden. Das Heilorakel der Feen mit 44 Karten + Anleitung im Doreen Virtue Ullstein Verlag 2005.

Wenn Sie als Mann Ihrer besseren Hälfte eine Freude machen wollen, wäre ein Sexy-Kleid aus Cashmereseide sicher eine gute Wahl. Dieses schmeichelt sowohl der Figur, als auch dem Auftritt Ihrer Liebsten. Äußerst bemerkenswert ist das Modell Rachel von Agent Provokateur (www.agentprovokateur.com). Übrigens, wussten Sie, dass Frauen in Frankreich und Italien zum Jahreswechsel rote Dessous tragen? Diese gelten als Glücksbringer für das neue Jahr und versprechen jedenfalls eine heiße Silvesternacht (Romance von Chantelle).

Die zauberhafte Märchenvase „Hänsel und Gretel“ ist auf 150 Stück limitiert und begeistert mit Sicherheit alle Ästheten. Hergestellt von der berühmten Schlossmanufaktur Ludwigsburg (www.schlossmanufaktur-ludwigsburg.de).

Und wenn Sie etwas mehr investieren wollen (bzw. können), wäre ein schwingendes Sofa als moderne Rückkehr zur guten alten Hollywoodschaukel der absolute Hit. Zum Entspannen, Träumen, Pläneschmieden oder auch nur einfach zum langsamen Hin- und Herschaukeln eignet sich besonders die Hollywoodschaukel „swing“ von Jochen Schmiddem, Loom Design (www.loom-living.de).

Eine etwa gleichpreisige Alternative wäre ein Himmelbett aus Massivholz, das in verschiedenen Holzarten erhältlich ist. Das Modell „In Heaven“ ist auf die Außenkonturen reduziert. Die filigrane Konstruktion definiert einen Raum im Raum (www.zeitraum-moebel.de).

Aber auch kleine, zärtliche Gesten sollten im stressigen Alltag eines Paares nicht in Vergessenheit geraten. Das Wandtattoo „Kiss me softly“ erinnert ihn jeden Abend, wenn er auf dem Sofa liegt, daran, dass Kuscheln und Küssen doch viel aufregender sein können, als der standardmäßige Fernsehkrimi (www.wandtattoo.de).

Laut dem britischen Marktforschungsinstitut OnePoll dauert es durchschnittlich zwei Jahre, sechs Monate und 25 Tage, bis sich die Romantik wieder verflüchtigt und der graue Alltag in die Beziehung einkehrt. An Ihnen liegt es, diese Routine mit Geschick und Kreativität auszutricksen. Immerhin können Sie - vor allem als Frau - mehr tun, als nur an Rosenblüten, Kerzen und Champagner zu denken. Zum Beispiel:

... einmal pro Woche:
ihn vor der Arbeit im Bett (oder Bad) verführen, mit ihm Hand in Hand gehen, seinen Arbeitstag mit handgeschöpfter Schokolade versüßen, ihm im Bademantel beim Heimkommen die Türe öffnen, ihn für etwas, das er gut gemacht hat loben, ihn mit etwas ganz Lieben überraschen ...Und für ihn: ihr nach dem Aufwachen sagen, wie schön er sie findet, ihr eine kleine handgeschriebene Liebesbotschaft hinterlassen ...

... einmal im Monat:
Gemeinsam ein mehrgängiges Menü kochen, ein Frühstück im Bett oder noch besser einen ganzen Wochenendtag zusammen im Bett verbringen, eine Botschaft hinterlassen, wie Sie mit ihm/ihr die Nacht verbringen wollen, sich einen

erotischen Wunsch erfüllen, etwas völlig Neues ausprobieren: eine neue Sportart, ein Hobby, in eine Ausstellung oder in die Oper gehen, bei einem Spaziergang in der Natur über Gott und die Welt quatschen, ihm/ihr ein hübsches Schmuckstück (z.B. mit seinen/ihren Initialen), etc. schenken, ihn/sie vom Büro abholen und zum Essen einladen …

... einmal im Jahr:
Gemeinsam einen glutroten Sonnenuntergang genießen (eventuell in Kombination mit einem herzhaften Picknick. Ein abgelegener Strand ist dazu genau so geeignet wie eine blühende Almwiese), während eines Sommerabends bei Sternenhimmel und Vollmond spazieren gehen, eine romantische Bootsfahrt unternehmen, eine Beziehungsbox mit Fotos und Erinnerungstücken füllen, ihm etwas Selbstgebasteltes oder Gedichtetes schenken, am 6. Juli den Internationalen Tag des Kusses feiern, den Soundtrack Ihrer Liebe zusammenstellen, an den Ort zurückkehren, an dem Sie sich kennengelernt haben (verabreden Sie sich nochmals dort, wo damals alles begann, und ein neuerliches Kribbeln ist Ihnen garantiert. Sollte dabei „Ihr Lied“ erklingen, wäre das eine tolle Draufgabe) …

...einmal im Leben:
Gemeinsam eine Auszeit nehmen und die Welt bereisen, sich eine Kreuzfahrt gönnen, ein erotisches Fotoshooting zu zweit – entweder beim Profi oder zu Hause, nachts nackt baden gehen, eine Nacht im Baumhaus oder im Schnee-Iglu verbringen, einen Oldtimer oder einen Trike mieten und eine tolle Ausfahrt über's Wochenende unternehmen, ja sagen, auf dem Standesamt, vorm Traualtar oder unter Palmen am Strand, … eine Familie gründen …

Machen Sie es sich zur Gewohnheit, all die kleinen und großen romantischen Momente Ihrer Liebe auch zu fotografieren. Bewahren Sie diese Bilder in einem besonders schönen Album auf und schreiben Sie immer dazu, wann die Aufnahmen gemacht wurden. PC Freaks können wundervolle elektronische PowerPoint-Alben mit tollen Effekten, Übergängen und Hintergrundmusik erstellen, diese auf CD abspeichern und automatisiert via Videobeamer oder TV-Gerät abspielen. Manche Paare führen auch eine Art „Wohlfühltagebuch“, in dem die gemeinsamen Sternstunden notiert werden. Auf diese Weise können Sie sich die schönsten Seiten Ihrer Beziehung immer wieder anschaulich in Erinnerung rufen.

63 Prozent der Frauen und 48 Prozent der Männer würden für eine Beziehung mit Mr./Mrs. Right jede Entfernung in Kauf nehmen, fand das Parship Institut heraus. 46 Prozent aller deutschen Singles träumen von einer Hochzeit. Ein Drittel davon würde am liebsten barfuß am Strand heiraten, lässt uns ElitePart-

ner wissen. Nicht nur jede zweite Frau (48,9 Prozent), sondern auch jeder zweite Mann (48,8 Prozent) glaubt an den Märchenprinzen bzw. die Märchenprinzessin. Über 52 Prozent der Frauen wünschen sich als Partner „einen Menschen für immer und alles“. Bei den Männern sind es sogar 57,6 Prozent. (Quelle: Elitepartner.de, Singlestudie 2010).

Süße SMS schicken wir unserem/unserer Liebsten schon längst. Der letzte Schrei sind allerdings Apps für's iPhone: Mit „love C@ards“ lassen sich Liebesgrüße versenden, mit „ILOVEYOU IN 50+ LANGUAGES“ fehlen Ihnen bestimmt nie mehr die Worte.

Eine weitere gute Möglichkeit sind Romantik- und Wellnesshotels, die vom Ambiente her als Oasen der Zweisamkeit, Erholung, Entspannung und Romantik pur ausgestattet sind. Viele interessante Anwendungen werden an diesen elitären Orten speziell Paaren angeboten. Dazu gehören Massagen, Starlight-Bäder und Ähnliches. Oft sind Wellness- und Romantikhotels miteinander kombiniert.

In der Berliner Liebesresidenz können sich Paare ganz auf das Eine konzentrieren. Ein gefüllter Kühlschrank, Bademäntel, Massageöle, ein Wasserbett sowie eine Liebesschaukel sorgen in diesem Hotel für sinnliche Stunden und Tage (www.sinnlichkeit-zu-zweit.de).

Das romantische Hotel Toalstock, Fiss, liegt in den Tiroler Bergen. Vom Himmelbett mit Rosenblüten, dem Glas Sekt im Whirlpool unter dem Sternenhimmel und luxuriösen Paradies- und Engelsuiten werden hier – neben erlesenen Gourmet Menüs - fast alle Wünsche erfüllt (www.toalstock.at)

Ein weiterer Wellness-Klassiker ist das historische Hotel Schwarzer Adler in Innsbruck. Von seinen Balkonzimmern aus haben Sie einen traumhaften Blick auf die Innsbrucker Bergwelt (www.deradler.at).

Das Burghotel Deutschlandsberg in der Steiermark bietet Mittelalterromantik pur. In diesem Haubenrestaurant mit Gault Millau-Auszeichnung werden köstliche regionale Spezialitäten geboten. Die charmante, im Grünen gelegene Location ist auch ein beliebtes Hochzeitshotel (www.burghotel-dl.at).

Das italienische Grand Hotel Convento di Amalfi liegt zwischen Capri und Salerno. Dieses ehemalige in einer Felswand gelegene Kloster mit sensationellem Blick aufs Meer wurde zu einem eleganten Luxushotel mit ganz besonderer Note umgebaut (www.nh-hotels.com).

Die zauberhafte deutsche Villa Contessa (www.villa-contessa.de) mit exponierter Seelage bietet interessante Romantikpakete - von einer Übernachtung bis zu sieben Nächten. Ausgezeichnet mit dem Gastronomie-Oscar in der Kategorie „Bestes Hotel".

Vier Sterne-First-Class-Romantik wird im deutschen Romantik Hotel Sim-Jü Verne mit 15 Hotelzimmern samt Himmelbetten, Whirlpoolwannen sowie einer Kaminbar geboten (www.villa-suplie.de).

Das Wellings Romantik Hotel zur Linde ist im idyllischen niederrheinischen Moers gelegen. Der denkmalgeschützte Bauernhof aus dem 18. Jahrhundert befindet sich neben dem historischen Dorfplatz und ist zum Teil modern und zum Teil historisch eingerichtet (www.romantikhotels.com/moers).

Im traumhaften Naturambiente des österreichischen Mostviertels, der „Wiege Österreichs" findet sich das romantische Hotel Kothmühle mit einem im Grünen gelegenen Badeteich. Ein Highlight sind hier unter anderem die stimmungsvollen Candle Light Dinner (www.kothmuehle.at).

Tage der genussvollen Entspannung sowie lustvolle Ferienfreuden und abwechslungsreiche Erlebnisse sind Ihnen im Werzer's Hotel Resort Pörtschach am Kärntner Wörthersee garantiert. Dort breitet sich das herrliche Panorama des Sees und der Berge vor Ihnen aus. Zudem verwöhnt Sie die mediterrane Leichtigkeit der Cucina Italiana mit den besten Produkten aus der Region. (www.resort.werzers.at)

Ein weiterer Geheimtipp ist der Kleinsasserhof in Spital an der Drau in Kärnten. Laut Gault Millau ist es das „kurioseste Lokal" in Kärnten. Dazu gibt es einen Bio-Schwimmteich und eine finnische Blockhüttensauna (www.kleinsasserhof.at).

Das Vital Resort Villa Seilern steht in Bad Ischl, jener verträumten Kleinstadt im Salzkammergut, wo Sisi Ihren Kaiser Franzl kennenlernte. Hier hatte das Kaiserpaar, wie nachzulesen ist, später seine schönsten Sommerurlaube verbracht. Heute können auch Sie sich in der Kaiserstadt von dieser historischen Romanze verzaubern lassen (www.villaseilern.at).

Nicht unerwähnt soll auch das außergewöhnliche Kuscheln im Iglu bleiben. Im Schneedorf Hochötz auf 2000m im Tiroler Ötztal können Sie inmitten von Schnee und Eis eingekuschelt in warme Schlafsäcke so richtig den Winter genießen. Noch dazu verwöhnen Sie eine traumhafte Stille und das einzigartige Panorama der Ötztaler Gletscherwelt.

Ihre ganz persönliche Wellness Oase können Sie sich aber auch ganz einfach zu Hause schaffen. Was Sie dazu brauchen, ist bloß eine Badewanne in Ihrer Wohnung. Lassen Sie das Wasser einlaufen, bevor Ihr Liebling nach Hause kommt und fügen Sie aphrodisierende Öle hinzu. Moschus oder Jasmin wären hervorragend geeignet. Kerzenlicht und eine romantische Musik tragen das Ihre dazu bei, damit es ein unvergesslicher Abend wird.

Es gibt sogar eine „Insel der Liebe", die über Google Earth vor Kroatien entdeckt wurde. Das kleine Eiland in Herzform namens Galesnjak liegt zwischen Zadar und der Insel Pasman (etwa 120 Kilometer nördlich von Split). Nun gilt es als „Lovers Island". Von Zadar aus werden Bootsausflüge zu den Stränden des 130.000 Quadratmeter großen, einsamen und unbewohnten Liebesnests im Mittelmeer geboten (Infos: www.kroatien-kurier.info).

Aber auch in heimatlichen Gefilden gibt es für verliebte Pärchen zahlreiche Möglichkeiten, um sich mit etwas Fantasie ein paar schöne Stunden zu zweit zu zaubern. Vor allem die Natur mit ihren herrlichen Wiesen und Wäldern bietet ein wunderbares Ambiente für ungestörte Zweisamkeit. Und das kann auf einer abgelegenen Lichtung, im dichten Tann oder auf einem Hochsitz sein. Tageslicht fördert übrigens die Produktion von Glückshormonen. Selbst bei bedecktem Himmel ist es mit einer Stärke von 2000 Lux noch deutlich heller als die normale Wohnungsbeleuchtung mit etwa 500 Lux.

Schließlich sollten wir verstehen, dass zu einer Beziehung nicht nur das Zusammenleben und der Alltag, sondern auch zärtliche, romantische Stunden gehören. Und zwar solche, in denen ein Pärchen ganz für sich allein sein und die Liebe in vollen Zügen genießen kann. Nur so bleibt sie auch über Jahre frisch und aufregend. Dazu müssen in diesen speziellen Stunden aber auch alle möglichen Störfaktoren, wie lästige Handys und sonstige Telefone, etc. konsequent ausgeschaltet sein. Kinder sollten von einem Babysitter betreut werden, denn nur ohne ständige Störungen kann sich die erwünschte Stimmung einstellen.

Genießen Sie doch ab und zu auch Filmhighlights bei kuscheligen Videoabenden zu Hause und legen Sie eventuell gleich eine DVD-Sammelbox an. Die schönsten und berührendsten Liebeserklärungen erleben Sie in folgenden Filmen:

- Harry und Sally mit Billy Cristal und Meg Ryan

- Pretty Woman mit Richard Gere und Julia Roberts

- Der seltsame Fall des Benjamin Button mit Brad Pitt und Cate Blanchett

- Titanic mit Kate Winslet und Leonardo DiCaprio

- Love Story mit Ryan O'Neal und Ali MacGraw

- Mitten ins Herz – Ein Song für dich mit Hugh Grant und Drew Barrymore

- Kate und Leopold mit Hugh Jackman und Meg Ryan

- French Kiss mit Meg Ryan und Kevin Kline

- Casablanca mit Humphrey Bogart und Ingrid Bergmann

- Dirty Dancing mit Patrick Swayze und Jennifer Gray

- Auf den ersten Blick mit Val Kilmer und Mira Sorvino

- Auf immer und ewig mit Drew Barrymore und DougRay Scott

- Dem Himmel so nah mit Keanu Reeves und Aitana Sánchez-Gijón

- Ein Chef zum Verlieben mit Sandra Bullock und Hugh Grant

- Ein Offizier und Gentleman mit Richard Gere und Debra Winger

- Eve & der letzte Gentleman mit Brendan Fraser und Alicia Silverstone

- Family Man mit Nicolas Cage und Téa Leoni

- Große Erwartungen mit Ethan Hawke und Gwyneth Paltrow

- Die Frau des Zeitreisenden mit Rachel McAdams und Eric Bana

- Wie ein einziger Tag (The Notebook) mit Rachel McAdams und Ryan Gosling (junge Darsteller) sowie Gena Rowlands und James Garner (ältere Darsteller)

- u.v.m.

Ein Heiratsantrag ist etwas ganz Besonderes im Leben und sollte daher, um eine entsprechende Stimmung und einen unvergesslichen Erinnerungswert zu schaffen, an einem ganz besonderen Ort erfolgen.

20 europäische Top-Adressen, Orte und Plätze für diesen denkwürdigen Anlass sind:

1) Der Eiffelturm in Paris

2) Das London Eye am Südufer der Themse (höchstes Riesenrad Europas)

3) Ia, der idyllischste Ort der griechischen Insel Santorin

4) Die märchenhafte Alhambra in Granada, Spanien

5) In einer Gondel auf den Kanälen Venedigs

6) Schloss Neuschwanstein, die frühere Residenz von Bayernkönig Ludwig II.

7) Der Berg Pilatus in der Nähe von Luzern

8) Der Trevi-Brunnen in Rom

9) Die Prager Karlsbrücke

10) Die Piazzale Michelangelo in Florenz

11) Die Panorama-Terrasse vom Restaurant M 32 am Mönchsberg in Salzburg mit einer herrlichen Aussicht auf die Mozartstadt

12) Die Gartenterrasse vom Hotel Schloss Dürnstein in der Wachau mit Blick auf die Donau

13) Die Insel der Franzensburg vom Schlosspark Laxenburg bei Wien

14) Die Gloriette im Wiener Schlosspark Schönbrunn

15) Die Fischerbastei im Burgviertel von Budapest

14) Schlosshotel Orth am Traunsee in Gmunden (oberösterreichisches Salzkammergut)

15) Eine Grachtenrundfahrt in Amsterdam

16) Eine Heißluftballonfahrt in Stubenberg in der Steiermark

17) Hotel Chateau Eza, Cote d'Azur, an den Felswänden von Eza, einem mittelalterlichen französischen Dorf mit Blick auf's Mittelmeer

18) Dinner for two auf dem Gupf im Schweizer Appenzell mit Blick auf den Bodensee (An- und Abreise mit dem Helikopter)

19) Das Lustschloss auf der Pfaueninsel in Berlin

20) Der Baumkronenweg in Hopfing/Oberösterreich mit seinem einzigartigen Baumhotel

Am 14. Februar findet in unseren Breiten traditionell der Valentinstag statt. Und auch er ist für viele Paare ein ganz besonderer Tag, da sie sich an ihm ihre Liebe durch Aufmerksamkeiten zeigen. Schließlich gehört es am Valentinstag zum guten Ton, sich gegenseitig kleine Geschenke zu machen. Auch wenn Sie solche kommerzialisierten Geschenksanlässe im Grunde ablehnen, sollten Sie diese Gelegenheit nützen, um Ihrem Partner (Ihrer Partnerin) mit einer kleinen Geste der Zuneigung Freude zu bereiten und zugleich für etwas Romantik zu sorgen.

Bereits eine Tafel seiner (ihrer) Lieblingsschokolade, ein hübscher Blumenstrauß oder ein Schmuckstück zeigen, dass Sie auf liebevolle Weise an ihn (sie) gedacht haben. Sehr beliebt sind auch kleine Geschenke in Herzform. Das kann ein herzförmiges Blumenbukett, eine herzförmige Pralinenschachtel oder ein anderes Präsent sein, das mit einem Herzen versehen ist.

Kreative können auch Kekse oder eine Torte in Herzform backen. Der letzte Schrei sind „Cookies for two“ (zwei Herz-Puzzle-Ausstechformen lassen aus zwei Hälften ein ganzes Herz-Kekserl werden. So bringen Sie Herzen zum Ver-Schmelzen, www.design3000.de). Sie können aber auch eine Lichterkette mit roten Herzen verschenken oder den Frühstückstisch mit roten Herzen dekorieren.

Verweilen wir doch noch kurz bei der romantischen Sprache der Blumen, denn nichts symbolisiert Schönheit und Vergänglichkeit so poetisch wie ein Blumenstrauß. Auch in der Kunst sind Stilleben mit Vasen und Bouquets seit Jahrhunderten ein beliebtes Motiv. Dabei stellt die „Blaue Blume“ ein zentrales Symbol der Romantik dar. Sie steht für Sehnsucht und Liebe sowie für das metaphysische Streben nach Unendlichkeit. In ihr verbinden sich Natur, Mensch und Geist. Dazu gehören in unseren Breiten vor allem die Kornblume, die Wegwarte, blaue Tulpen, das Vergissmeinnicht und der blaue Heliotrop.

Begleitet von den Worten berühmter Poeten erlebt heute die Tradition der Blumensprache eine neue Renaissance. Maiglöckchen zum Beispiel sollen Freude bringen, zartlila Flieder gilt als Zeichen aufkeimender Liebe, und Orchideen stehen für exquisite Schönheit. Rote Rosen sind seit jeher als klassischer Liebesbote bekannt und gelbe Rosen schenken Ehemänner ihrer Liebsten angeblich nach einem Seitensprung.

Bei Hochzeiten hat das Werfen des Hochzeitsstraußes eine lange Tradition. Der typische Biedermeierstrauß kam bei diesen Gelegenheiten bereits 1850 zum Einsatz. Heute werden oft sogar zwei Hochzeitssträuße verwendet. Einer bei der standesamtlichen Trauung und einer bei der kirchlichen. Viele kreative Floristen haben sich auf das Thema Hochzeit spezialisiert und im Laufe der Zeit zahlreiche klassische, extravagante und moderne Varianten entwickelt, um wundervolle Brautsträuße zu binden.

Einen duftigen Liebesbeweis stellen romantische Parfums dar – als Geschenk zum Valentinstag oder zu anderen erfreulichen Anlässen. Sie vermitteln auf wundersame Weise Stimmungen und Emotionen. In jeder Duftkomposition steckt eine verborgene Message. Lassen Sie doch Ihren Duft für sich sprechen. Von sinnlich betörend bis blumig frisch ist die Parfumauswahl heutzutage sehr groß.

Wer seiner (oder seinem) Liebsten einen tollen Duft schenken möchte, hat die Qual der Wahl. Vor allem geht es ja auch darum, möglichst den Geschmack des anderen treffen. Als absolute Top-Düfte unter den zahlreichen Damen- und Herrenparfums gelten folgende: Eau de Toilette „Wish Pink Diamond“ von Chopard im originellen Diamantenlook – ein Mix aus Mandarine, Birne, Rose, Ambra und Sandelholz. Die Ausstrahlung geballter Sinnlichkeit ist ihr damit garantiert.

Doch, auch er kann bei ihr einen nachhaltigen Eindruck erzielen. Und zwar mit „Le Male“, dem Eau de Toilette von Jean Paul Gaultier. Dieser Duft verströmt einen angenehmen Hauch von Frische und Zärtlichkeit und wirkt dennoch männlich. Der stilvolle Flakon ist in einer originellen Blechdose verpackt. Temperamentvollen Frauen hingegen ist mit „Ed Hardy Women“ eine Menge Sex-Appeal garantiert. Eine blumig-fruchtige Duftkomposition aus Mango, Waldbeere und Ruby Red Grapefruit, mit schwarzen Freesien und warmen Amber gemischt, wirkt auf viele Männer überaus betörend. Ein weiterer Duft voller Gefühl ist „Eternity Woman“, der für Frauen kreiert wurde, die zu ihrer Emotionalität stehen.

Die Herren wiederum schlagen mit „The Essence“ im Porsche-Design zurück. Der prominente Autohersteller hat darin seinen Designstil verpackt: Passion, Performance, Purism und Precision! Dafür sorgt der frische männliche Charakter aus schwarzem Pfeffer und sibirischer Pinie – vermischt mit Patchouli, Balsamtanne und Weihrauch. Diese Kombination gibt dem Duft eine sehr dynamische Note.

Weitere romantische Düfte für Sie sind: Chanel No 5, Emporio Armani Diamonds, DKNY Be Delicious, Jil Sander Style, Bvlgari Crystalline, Hugo Boss Hugo Deep Red, Burberry London for Women, Winter Flowers von Kenzo, Viktor & Rolfs Flowerbomb, Les Parfums Rosine, Magnifique von Lancome, Paris Nights von Celine Dion, Dolce Vita von Christian Dior, Desert-Pure Fumes: Aveda Dune Primrose, Aveda Sand Verbena und Aveda Joshua Tree und Velviona von Helmut Lang.

Neben all den internationalen, faszinierenden und verführerischen Parfumes sorgen auch Wachskerzen mit Aroma für romantische Stimmung und ansprechendem Duft im Raum. Wohlriechende Duftkerzen für das Wohnzimmer gibt es in allen erdenklichen Farben, Formen und Aromen. An Ihnen liegt es, Ihre ganz individuelle Duftnote auszuwählen.

Aber auch der Himmel hat als Ort transzendentaler Sehnsüchte im Laufe der Jahrtausende nichts von seiner immer währenden Faszination und Romantik eingebüßt. Seit Menschengedenken steht er unter Beobachtung. Einerseits wohl, weil der Mensch die Nähe zu Gott sucht, andererseits aber wird der Himmel als ein faszinierendes Panorama gesehen, das uns in den unendlichen Weltraum blicken lässt.

Man sagt auch, dass sich bis über beide Ohren Verliebte, weil sie so überglücklich sind, „im siebenten Himmel“ befinden. Ein Ausspruch, der übrigens aus der Bibel stammt. Dort besteht der Himmel aus mehreren Himmelssphären. Und die siebente wird als die höchste bezeichnet, weil in ihr, wie es heißt, Gott und die höchsten Engel wohnen. Eine davon abgeleitete Sphärenbezeichnung nennt man „auf Wolke sieben“ schweben.

Auch bei Sternschnuppen, den glühenden Lichtschweifen am nächtlichen Himmelszelt, handelt es sich um sehr romantische, vielleicht sogar göttliche Zeichen. Bei manchen Rendezvous werden sie gesichtet und versprechen die Erfüllung der geheimsten Wünsche.

Tatsächlich verbinden wir Menschen mit der Farbe Blau die Treue, aber auch die Sehnsucht, die Kühle und die Weite – auf jeden Fall unbegrenzte Dimensionen, wie zum Beispiel die Liebe. Bei einer Umfrage von knapp 2000 Männern und Frauen aller Altersgruppen gaben übrigens 40 Prozent der Männer und 36 Prozent der Frauen Blau als ihre Lieblingsfarbe an.

Doch, was wäre jegliche Romantik ohne dem wundervollen Zauber der Musik? Fast alle empfinden dasselbe, wenn sie bestimmte Klänge hören. Und das, obwohl die Menschen so unterschiedlich sind. Hören wir eine Melodie, wird sie von uns automatisch eingeordnet. Oft sehen wir auch einen Ort oder eine Gegend vor uns und empfinden dabei ein ganz spezielles Gefühl. Nicht umsonst ist Musik ein zweiter Kommunikationsweg, den wir zusätzlich zur Sprache haben. Und wenn man folgende unsterbliche Songs hört, ist man geneigt, manchen zu glauben, die da meinen: „Der Gesang war vor dem Sprechen da:“

- Die Bee Gees mit „Words“
- Bon Jovi mit “Always”
- Elton John mit „Sorry“ (seems to be the hardest words)
- Bryan Addams mit “Everything I do”
- Chris Norman mit “Midnight Lady”
- Die Bambis mit “Angelie”
- Elvis Presley mit “Love me tender”
- Elton John mit “Candle in the wind”
- Eros Ramazotti mit “Adesso tu”
- Frank Sinatra mit „Strangers in the night“
- Gilbert Beccaud mit „Natalie“
- Herbert Grönemeyer mit „Deine Liebe klebt“
- Jennifer Rush mit „The Power of Love“
- Jane Birkin & Serge Gainsbourgh mit „Le decandance“
- Joe Cocker mit “Up where we belong”
- Lara Fabian mit “Je t'aime”

Und wer klassische Romantik bevorzugt, ist bei folgenden Komponisten bestens aufgehoben: Frederic Chopin, Franz Liszt, Camillo Schumann, Felix Mendelssohn-Bartholdy, Edvard Grieg, Ludwig van Beethoven, Franz Schubert, Robert Schumann und Wolfgang Amadeus Mozart.

8. Kapitel

WARUM MÄNNER ANDERS TICKEN.
... *UND FRAUEN AUCH*

Hier ist es Zeit, durch Taten zu beweisen,
Dass Manneswürde nicht der Götterhöhe weicht.
(Faust in Goethe, Faust 712/13)

Denken Männer wirklich immer nur an Sex, können sie eigentlich treu sein, und weshalb laufen sie immer so schnell weg? Kann man Männer umerziehen, wann lügen sie, und wie ist das zu erkennen? Der Buchautor Hauke Brost schreibt in seinem Werk über die Adamsjünger: „Männer sind ganz leicht zu kapieren. Im Grunde denken sie nicht komplizierter als ein Hund: Sie wollen Spaß und ihren Frieden, sind anhänglich, lernfähig und dankbar für Belohnungen.“ Weiters meint der Autor: „Männer finden intelligente Frauen durchaus attraktiv. Vorausgesetzt, sie haben pralle Brüste und lange Beine.“

Grundsätzlich leben wir in einer Welt voller Missverständnisse, die uns im täglichen Leben umgeben. Erst wenn wir deren Ursachen und Gründe kennen, wird es uns möglich, sich auf das andere Geschlecht besser einzustellen und erfolgreichere Beziehungen zu führen. Dazu müssen wir in der Evolution der Menschheit weit zurückblicken. Simon-Baron Cohen, Autismusforscher und Professor für Psychologie und Psychiatrie am renommierten Trinity-College in Cambridge, ist überzeugt, das Frauenhirn, der „E-Type“, wird schon im Mutterleib auf Einfühlung programmiert, das Männerhirn, der „S-Type“, hingegen auf systematisches Denken.

Gesteuert wird diese Spezialisierung der Evolution sowohl genetisch, als auch durch die Testosteron-Produktion während und nach der Schwangerschaft. Je niedriger der Testosteronspiegel ist, desto einfühlsamer und sprachbegabter wird das Kind. Je mehr das Testosteron vorhanden ist, umso geringere Sozialkompetenzen, aber umso mehr spezialisierte Interessen wird es entwickeln. Das erklärt immerhin einiges über die unterschiedlichen Fähigkeiten, Beschäftigungen und Aggressivitäten von Männern und Frauen und deren zwischenmenschlichen Beziehungen.

Doch, wie sieht das in der Praxis aus? Schließlich fragen sich immer wieder viele Frauen verzweifelt, warum er bloß nicht anruft, nie Komplimente macht und alles liegen lässt. Das Mysterium Mann gibt ihnen viele Rätsel auf. Die Liste der partnerschaftlichen Streitauslöser ist lang und äußerst banal. Daher sollten sie wissen, dass sich Männer einfach nichts dabei denken, wenn sie zum Beispiel Sachen liegen lassen. Angefangen bei der offenen Zahnpastatube im Bad, den abgestreiften Socken vor dem Bett, schmutzigem Geschirr in der Küche, den leeren Zigarettenschachteln, über Gläser, Zeitungen, Hemden und Hosen, bis hin zu jeder Menge Kleinmüll. Mit den Herren der Schöpfung zu reden bzw. anzudrohen, auf ihre Kosten eine Putzfrau einzustellen, soll in manchen Fällen schon geholfen haben. Es gibt auch gewitzte Frauen, die in einer seiner Ecken eine „Große-Jungen-Box" aufstellen, in der sie dann alle seine „vergessenen Requisiten" zuverlässig deponieren.

Hinsichtlich der vermissten Komplimente - oft auch das so sehr ersehnte „Ich liebe dich!" - können sich die meisten Frauen aber entspannen. Immerhin ist er mit ihr zusammen, was wohl kaum der Fall wäre, wenn sie ihm egal ist. Darüber aber auch noch zu sprechen, ist für viele Männer müßig. Das gilt auch für „Ich liebe dich," das sie nur selten von ihm hört. Bitte akzeptieren Sie ganz einfach diesen Umstand. Ihn zu bedrängen würde absolut nichts bringen. Das sollte Sie aber nicht davon abhalten, ihm auch weiterhin Komplimente zu machen. Vielleicht versteht er ja eines Tages den positiven Wink.

Immer wieder drücken sich Männer auch gerne vor Familienfeiern. Vor allem, wenn es sich dabei um „ihre Familie" handelt. Warum dieses Phänomen so verbreitet ist? Na ja, seine Feierabenden und Wochenenden sind ihm eben heilig. Da möchte er sich doch lieber in jenen Gefilden entspannen, wo er sich wirklich wohl fühlt. Das ist nun einmal zu Hause, bei „seiner" unmittelbaren Familie oder beim geliebten Spiel, Sport und Hobby. Bei sehr jungen Beziehungen wäre auch denkbar, dass er sich (noch) nicht allzu sehr verpflichten und nicht binden möchte. Auch hier wird wohl nur reden helfen. Und dabei können Sie als Frau ruhig etwas deutlicher werden.

Ein weiteres Thema, das viele Frauen verstimmt, ist, dass er nie den ersten Schritt beim Sex macht. Ratlos fragen sie sich, was hier wohl dahinter steckt. Keine große Sache, bloß, Mann will bewundert werden und ist auch bequem. Nur, auf Dauer kann es für die Partnerin schon etwas mühsam sein, immer die begehrende Liebhaberin zu mimen. Schließlich möchte man als Frau auch selbst begehrt werden. Packen Sie die Sache daher am besten psychologisch an und geben ihm das Gefühl, ein toller Liebhaber zu sein und dass Sie nichts mehr anmacht, als ein initiativer Lover, der weiß, wie man eine Frau verführt.

Ein Mann entschuldigt sich nur im äußersten Notfall und gibt ungern Fehler zu. Fast immer findet er einen anderen Grund für erfolgtes Misslingen, auf das er „keinen Einfluss" hatte. Frauen hingegen ist es meistens gleich, ob sie gewinnen oder verlieren. Ihnen sind Harmonie und Einklang viel wichtiger, was mit Sicherheit auch das klügere Verhalten ist - selbst, wenn diese weibliche Vorgangsweise von Männern oft fälschlicher Weise als Unsicherheit und mangelnde Zielstrebigkeit interpretiert wird.

Umgekehrt verhalten sich Männer dem Verständnis der Frauen nach häufig rechthaberisch, großspurig, großmäulig, arrogant und kalt. Die wichtige Erkenntnis jedoch ist, dass der Mann nicht besser ist als die Frau und die Frau nicht besser ist als der Mann. Man könnte auch sagen, Männer und Frauen ticken eben anders, aber nicht besser oder schlechter. Unterschiedlich sind sie ohnehin genug. Deshalb gilt es, diesen Umstand zu erkennen und verstehen zu lernen sowie darauf einzugehen. Jeder hat eben seine individuellen Bedürfnisse, und diesen sollte auf eine Weise, mit der beide ganz gut leben können, Rechnung getragen werden.

Männer sind körperlich stärker als Frauen, da sie schon in grauer Vorzeit kämpfen, jagen und verteidigen mussten. Um dieser Rolle auch gerecht zu werden, war ein hohes Aggressionspotenzial die wichtige Voraussetzung. Ein ängstlicher Schwächling hätte sich gegen Mammut, Säbelzahntiger & Co wohl kaum durchgesetzt. Nur die stärksten Kämpfer mit der größten Durchsetzung konnten das und gaben ihre Gene weiter. Zur Arterhaltung war es daher, neben dem Beschützen der Horde, auch erforderlich, möglichst viele Frauen zu begatten.

Die Schwachen hingegen fielen der täglichen Auslese des unerbittlichen Überlebenskampfes zum Opfer. Bei den Frauen, die in der Gemeinschaft auf kluge Weise interagieren mussten, wäre ein hohes Aggressionspotenzial nur hinderlich gewesen. Für sie war schon damals Sozialempfinden erforderlich, um ihre Ziele zu erreichen. Wer diese Vorgeschichte, wo es darum ging, als Feinde unter Feinden zu überleben, berücksichtigt, kann auch heutige Verhaltensweisen besser verstehen. Schließlich wurden wir Menschen ursprünglich nicht als hoch zivilisierte, selbstbeherrschte Wesen geboren, sondern haben die Grundlagen von damals in unseren Genen über viele, viele Generationen bis in die heutige Zeit mit übernommen.

Und die Gegenwart hat uns - je nach Intelligenz des Einzelnen - gelehrt, manche archaischen Verhaltensweisen in uns zu unterdrücken und andere durch neu erlernte Strategien auf domestizierte Weise zu ersetzen. Das ist auch die Erklärung, weshalb Männer grundsätzlich mit jeder Frau Sex haben können, die nur einigermaßen ihrem Jagdmuster, sprich, ihren optischen Erwartungen, entspricht. Liebe und Zuneigung spielen für sie bei dieser Art an Fortpflanzungsdrang (im Gegensatz zu den meisten Frauen) fast keine Rolle.

Für Männer, die ihrer biologischen Grundausrichtung folgen, ist daher auch ein Seitensprung nichts wirklich Schlimmes. Sie erleben Sex vor allem über das Sehen, berühren und berührt werden. Eine emotionale Tiefe hingegen ist nur mit wirklich vertrauten und geliebten Partnerinnen möglich. Gut, dass die meisten Herren nicht wissen, was manche Frauen denken: Sex dient nur zur Stärkung des Immunsystems, denn aller Ursprung ist weiblich.

Jene Männer, die als unsere Ur-ur....ahnen die steinzeitlichen Wälder auf Nahrungssuche durchstreiften, mussten sich schweigend auf ihr Ziel konzentrieren. Fehler durch Unachtsamkeit durften sie sich nicht leisten, da von ihrem Erfolg die eigene Unversehrtheit und das Überleben der Sippe abhing. Daher wäre es undenkbar gewesen, dass sie wie ein Wasserfall palavernd durch das Unterholz stapfen. Ihre notwendige Kommunikation war auf die Vermittlung weniger kurzer und präziser Informationen beschränkt. Daher reden Männer auch heute (auf eine Sache konzentriert) vielfach nur, um Informationen weiterzugeben.

Frauen hingegen parlieren vorrangig (wie schon vor vielen Tausenden Jahren), um soziale Bindungen zu festigen. Der Informationsgehalt ist dabei eher sekundär. Daher können sie sich auch zur gleichen Zeit auf mehrere Dinge konzentrieren, wie z.B. auf Kinder aufpassen, Wäsche zusammenlegen und zugleich mit einer Freundin Neuigkeiten austauschen. Im Grunde sind wir alle Opfer unserer Gene. Mit ein Grund, weshalb die intergeschlechtliche Kommunikation immer wieder in heftigen Konflikten mündet. Nur allzu oft reden Frauen und Männer aneinander vorbei. Was übrig bleibt, sind Fragezeichen und ratlose Gesichter, denen man diese auch ansieht.

Als typische Reaktion unterstellen Frauen den Männern gerne, nicht richtig zuzuhören (z.B. weil sie immer nur Sport, Sex und Autos im Kopf haben). Männer hingegen verstehen oft die weit ausschweifenden Geschichten nicht, die ihnen Frauen so erzählen. Sie erwarten eher knappe Informationen, die rasch auf den Punkt gebracht werden.

Auch wenn Frauen und Männer die gleichen Worte benutzen, so sprechen sie doch unterschiedliche Sprachen. Der häufigste Fehler in der menschlichen Kommunikation ist das Missverständnis. Daher muss zuerst immer geklärt werden, ob beide von der gleichen Sache sprechen, also, ob beide auch wirklich das gleiche meinen und wollen. Männer ticken nämlich mehr sequentiell und fokussieren sich auf das Ergebnis. Für Frauen ist aber oft schon der Weg das Ziel. Man könnte auch sagen, Frauen wollen gerne reden und Männer sind lösungsorientiert. Natürlich gibt es auch überaus einfühlsame Männer und durchaus systematisch denkende Frauen.

Doch grundsätzlich gilt: Im Gegensatz zu Männern agieren Frauen simultan und erfreuen sich viel mehr am Prozess. Das zeigt sich auch besonders, wenn ein Paar einkaufen geht. Er sucht das benötigte Stück zielstrebig aus und trifft rasch seine finale Wahl. Sie hingegen ist - mitunter ziemlich lange - mit Prüfen, Vergleichen, Probieren und Überlegen beschäftigt. Eventuell wird sogar noch Mama oder eine Freundin angerufen, um zusätzlichen Rat einzuholen.

Nicht unwesentlich ist auch der Bereich „Kinder." Junge Mütter machen hier oft den großen Fehler, ihren Mann zu vernachlässigen und sich als engagierte Mutti fast nur noch um das Kleine zu kümmern. Doch, Vorsicht: Zur Seite geschobene Ehemänner driften leicht in die Untreue ab. Wesentlich klüger wäre es da schon, ihn in das Aufwachsen der Nachkommenschaft aktiv mit einzubinden, ohne ihn dabei zu vernachlässigen - und ohne seine Liebe zu verlieren. Geliebt wird, wer sich liebenswert verhält. Und glückliche Väter können auch viel zur späteren emotionalen Festigung der Kinder beitragen. Ihre bloße Anwesenheit ist bereits positiv.

Eine Frau, die ihrem Mann anstatt ihn ändern zu wollen, beständig das Gefühl vermittelt, der Größte, ihr Held und der Einzige zu sein, wird ihre Konkurrenz im Keim ersticken. Noch dazu, wenn sie für ihn alles stehen lassen würde, sich immer wieder für ihn hübsch macht und ihn mit subtiler Erotik verzaubert. Eine Frau ist klug, wenn sie Sex nicht als Pflicht oder Waffe versteht, sondern als Hingabe und ständige Erneuerung der Beziehung. Welcher Mann würde mit einer solchen Frau schon oft streiten oder sie gar betrügen? Würde er nicht viel eher für sie sterben? Eine kluge Frau genießt die Unterschiede, versteht und nützt die Andersartigkeit und erweitert durch ständiges Üben ihre Kompetenz und kommunikative Flexibilität.

Auch beim Essen zeigen sich mit Lust und Verzicht geschlechterspezifische Unterschiede. Wie Jana-Rückert John von der Universität Hohenheim in Stuttgart berichtet, haben Männer Lust auf „starke Lebensmittel." Dazu gehören in erster Linie Fleisch und Alkohol. Frauen hingegen üben sich beim Essen schon früh im Verzicht und greifen daher eher zu Obst und Gemüse. Während Männer täglich rund 112g vegetarischer Nahrung zu sich nehmen, sind es bei Frauen immerhin 129g. Satte 400g wären allerdings für uns Menschen pro Tag optimal. Dafür schlagen die Herren mit täglich 103g beim Fleisch ordentlich zu. Direkt bescheiden nehmen sich dagegen die 53g der Damen aus. Während Verzicht und Disziplin die weiblichen Domänen gesundheitsbewusster Ernährung sind, geben sich die Männer eher der kulinarischen Lust hin und verweisen auf ihren sportlichen Ausgleich.

Fleisch stellt grundsätzlich ein Symbol der Macht, Kraft und Stärke dar. Das zeigt sich beim Essen auch in der Mengenunterscheidung, da auf manchen Speisekarten ein „Lady-Steak“ und ein „Cowboy-Steak“ angeboten werden. Aber auch „Jägerschnitzel“ und „Bauernschmaus“ drücken maskuline Deftigkeit aus. „Forelle Müllerin“ „Birne Helene“ oder zart schmelzende Pralinés hingegen erweisen sich als typisch weibliche Kreationen. Frauen interessieren sich für Gewürze, Früchte und Rezepte aus aller Welt, Männer bevorzugen jedoch eher Mama‘s solide Hausmannskost. Selbst wenn es sich dabei nur um Einheitsbrei handelt. Wenn Frauen unter Stress stehen naschen sie gerne. Da das öfters als bei Männern der Fall ist, spricht man auch von Naschkatzen. Männer lernen allerdings schon in der Kindheit, dass Saufen zum richtigen Mann-Sein gehört. Daher vertragen sie auch andere Mengen Alkohol als Frauen. Mehr über dieses komplexe Thema ist im Buch von Jörg Zittlau: „Was Sexus und Essen miteinander verbindet“ zu erfahren.

Es gehört zu den großen Irrtümern der Männer, dass sie fast immer zu wissen glauben, was Frauen denken und meinen. In Wirklichkeit verstehen Männer nur ihre eigenen Gedanken, aber relativ selten, was die Frauen sagen, nicht sagen und wirklich empfinden. Vermutlich liegt das auch daran, dass Frauen und Männer unterschiedliche mentale Landkarten im Kopf haben und die verschiedenen Realitäten somit auch unterschiedlich wahrnehmen. Das hat zur Folge, dass verschiedene Denkmuster entstehen. Das Gute daran ist jedoch, dass die Gesellschaft beide Gehirntypen dringend braucht.

Sie meinen, da gibt es aber noch eine Reihe weiterer männlicher Verhaltensweisen, die Frauen zur Weißglut bringen, zumindest aber fassungslos erstaunen lassen? Da haben Sie völlig recht. Einige davon wären zum Beispiel:

Wenn er mit ihr nicht zusammenziehen will. „Was können bloß die Gründe dafür sein?“ fragt sie sich, ohne eine schlüssige Erklärung dafür zu finden. Vielleicht, dass er sich noch ein Weilchen seinen geschätzten Status des freien, unabhängigen Wolfes erhalten will - selbst wenn die beiden schon seit Jahren ein Paar sind. Mit einer gemeinsamen Wohnung beginnt immerhin das Offizielle, Verbindliche und schwerer Widerrufliche. In diesem Fall geben Sie Ihrem entscheidungsschwachen Liebling am besten noch etwas Zeit. Wichtig ist dabei allerdings, ihn zu überzeugen, dass Sie seine Freiheit auch in einer gemeinsamen Wohnung nicht wesentlich ;-) einschränken werden.

Wenn er immer vor dem Fernseher (oder seiner Zeitung) essen will. Es kann schon frustrieren, wenn man als Frau stundenlang in der Küche steht, um beispielsweise eine „Bretonische Seezunge mit Krebserlschaum und gefüllter Zucchiniblüte“ kulinarisch zu komponieren und der Freund oder Göttergatte möchte sich dann die Köstlichkeit so nebenbei auf der Couch, vor der Flimmerkiste einverleiben, weil dort soeben seine Lieblingssendung (z.B. eine Sportübertragung) läuft. Noch schlimmer ist's, wenn er sich zur Zeitung oder zum PC kauert und das Gourmetgericht lesend oder Internet-surfend en passent hinunterschlingt. Ein weiterer Beweis, dass für ihn eben andere Prioritäten gelten.

Während gemeinsames Essen für viele Frauen eine kulinarische Sinnesfreude im Kerzenschein bedeutet, ist sie für Männer schlichte Nahrungsaufnahme. Anstatt ihn einen Barbaren zu schimpfen, liegt es vielmehr an Ihnen, ihm zu sagen, wie viel es Ihnen bedeuten würde, gemeinsam, manierlich mit Messer und Gabel beim Tisch zu speisen. Zugleich ist das ja auch eine wunderbare Möglichkeit, sich entspannt und kultiviert zu unterhalten. Noch dazu, wo doch Paare ohnehin zu wenig miteinander sprechen.

Wenn er lieber Computer (oder Spielkonsole) spielt, anstatt mit Ihnen zu kuscheln. Auch dieses Phänomen, hinter dem der ausgeprägte Spieltrieb der Männer steckt, ist weit verbreitet. Viele Adamsjünger würden sich ja eine kumpelhafte Partnerin wünschen, die alle ihre Hobbys und Interessen auf smarte Art teilt. Da dies aber nur in den seltensten Fällen vorkommt, spielen sie eben alleine - und wundern sich sogar noch, dass *sie* inzwischen lieber lesen oder Maniküre machen möchte. Hier sind einem als Frau allerdings ziemlich die Hände gebunden. Schließlich muss auch er einsehen, dass es für Sie Tätigkeiten gibt, die frauenspezifisch sind, wie zum Beispiel Weihnachtskekse backen, sich zu schminken oder zu stricken. Nur wenn seine Ambitionen in Sucht ausarten (und das ist bei mehreren Stunden täglich bestimmt der Fall), sollten Sie ein ernstes Wort mit ihm sprechen.

Wenn er Ihnen das Gefühl gibt, nicht zuzuhören. Dabei ist es meistens gar nicht der Fall, dass ihn Ihre Erzählungen nicht interessieren. Er findet es nur ermüdend, dass die Kerninformation, die Sie ihm mitteilen möchten, hinter unzähligen Abschweifungen, Anekdoten und Umwegen verborgen ist. Ein Grund, weshalb er nur allzu leicht den Faden der Aufmerksamkeit verliert, bevor Sie zur Pointe kommen.

Wenn Sie Ihre Message hingegen schneller auf den Punkt bringen, ist er sicher mit größerem Interesse bei der Sache. Noch dazu wird den Männern die Fähigkeit des „selektiven Zuhörens“ zugestanden. Streuen Sie doch mal so beiläufig in Ihre Gespräche über Kinder, Kochen und Mode, etc. einzelne gezielte Termini wie Pamela Anderson, Brustvergrößerung, Fußball oder Traumautos ein, und Sie werden sehen, wie aufmerksam er plötzlich seine Ohren spitzt.

Wenn er immer wieder kepelt, weil Sie schon wieder die falsche Einbahnstraße oder Autobahnabfahrt erwischt haben. Informieren Sie ihn über jene britische Studie, die besagt, dass der räumliche Orientierungssinn bei Männern wesentlich ausgeprägter ist, als bei Frauen. Die Weiblichkeit orientiert sich nun mal lieber an markanten Landschaftsobjekten, wie hübschen Villen, Rosengärten oder Damen-Boutiquen, während Männer eher den Himmelsrichtungen oder geometrischen Eigenschaften in der Umgebung ihr Augenmerk schenken.

Wenn er wieder mal zu Hause rein gar nichts findet. Seine klassischen Fragen: „Schatz, wo ist denn mein blauer Pullover?" oder „Weißt du, wo die Butter ist?" können Frauen wahrlich nerven. Kein Wunder, dass manche dann mit leicht vibrierender Stimme meinen: „Na, da - daaaaa, vor deinen Augen ist doch eh' alles!" Sollte dann von ihm noch ein ratloses „Wooo?" folgen, kann sich das auf die Harmonie des Augenblicks durchaus negativ auswirken. Tja, wie soll sie auch wissen, dass ein deutsches Forscherteam herausfand, dass Männer stärker auf Bewegung und Frauen mehr auf Kanten und Kontraste reagieren?

Als „typisch Mann" werden auch noch folgende Verhaltensweisen bezeichnet: Männer befehlen gerne, sie zeigen ein stärkeres selbstbestimmtes und zielorientiertes Verhalten als Frauen, die mehr auf ihre Überzeugungskraft setzen * Männer haben ein ausgeprägtes räumliches Orientierungs- und Vorstellungsvermögen * Männer zeigen, durch das Hormon Testosteron bedingt, durchschnittlich mehr aggressives Verhalten als Frauen * Männer haben einen stärkeren Sexualtrieb als Frauen * Dass Männer weniger eloquent als Frauen sind, konnte sich als Einschätzung nicht bewahrheiten * Allerdings punkten die Herren mit einem besseren Wortschatz beim Benennen Männer-spezifischer Themen und Tätigkeiten - die Frauen hingegen siegen im emotionalen Bereich.

Was Frauen an Männern nervt, hat unter anderem auch das deutsche Magazin „Funkuhr" ermittelt. Demnach findet die Weiblichkeit Männer wehleidig (47 Prozent), hält die Adamsjünger für unfähig, über Gefühle und Probleme zu sprechen (47 Prozent) und Fehler zugeben zu können (33 Prozent). Ein weiterer Störfaktor ist die männliche Unordentlichkeit (33 Prozent) und die Unfähigkeit, zuhören zu können (32 Prozent). Dann zappen Männer ständig herum (30 Prozent), hängen an hässlichen Klamotten (22 Prozent), schauen Frauen hinterher (21 Prozent), lesen keine Gebrauchsanweisungen (21 Prozent) und hassen Shopping-Touren (20 Prozent). Die hochgeklappte Klobrille und die Weigerung, den

Müll freiwillig hinunter zu tragen wurden hier nicht erfasst. Erstaunlicher Weise birgt auch das Liebesleben nur wenig Konfliktpotenzial.

Sein Nervenkostüm hingegen kollabiert, wenn sie ständig mit Mutter oder ihren Freundinnen telefoniert, ununterbrochen putzt, nie zum gemeinsamen Weggehen rechtzeitig fertig ist, häufig die überfüllte Handtasche im Wohnzimmer parkt, lange Haare von ihr den Abfluss im Bad verstopfen und sie immer justament dann das Essen serviert, wenn er gerade mit etwas anderem beschäftigt ist. Obwohl das alles banale Kleinigkeiten sind, stellen sie ein bemerkenswertes Konfliktpotenzial dar. Wenn dann noch ein Wort das andere gibt, fliegen schnell die Fetzen, während der ursprüngliche Streitauslöser längst vergessen ist. Unter subjektiven Verallgemeinerungen erfolgt dann oft die Aufzählung längst vergangener Sünden.

Sie haben inzwischen sicher erkannt, dass viele Unterschiede zwischen Männern und Frauen nicht genetisch vererbt, sondern schlichtweg angelernt oder anerzogen sind. Daher muss man auch immer wieder sicherstellen, dass die große Liebe nicht dem täglichen Kleinkrieg zum Opfer fällt. Am besten nach dem Motto von Curzio Malaparte: „Jedes Mal, wenn ein Mensch lacht, fügt er seinem Leben ein paar Tage hinzu.“ Damit lassen sich selbst noch so spezielle Marotten des anderen ein Beziehungsleben lang leichter ertragen.

Verglichen mit unseren Vorfahren haben wir heute eine größere Lebenserwartung. Dennoch ist auch diese zu kurz, um alle unsere Ziele und Vorhaben zu verwirklichen. Dabei äußern sich Krankheiten bei den Geschlechtern unterschiedlich. Von der Gender Medicine (Forschung an Mann und Frau) wird dieser Umstand inzwischen sehr berücksichtigt. Schließlich werden Beschwerden oft anders wahrgenommen und auch Medikamente wirken bei Männern und Frauen unterschiedlich.

Das beste Beispiel, wo sich Mann und Frau bei Krankheiten unterscheiden, ist der Herzinfarkt. Dieser zeigt sich bei Frauen mit anderen Symptomen rund zehn Jahre später als bei Männern. Wenn dann noch Diabetes dazukommt, erhöht sich das Risiko deutlich und die Frauen haben mit den Männern wieder aufgeschlossen. Von Auto-Immunerkrankungen (z.B. Allergien) sind allerdings mehr Frauen betroffen, was mit ihrer hormonellen Situation zusammenhängen dürfte.

Bei Schlaganfällen erholen sich Frauen zwar schneller von Sprachstörungen, erreichen aber meistens schlechtere Ergebnisse in der Rehabilitation. Und Morphine wirken bei Frauen viel stärker als bei Männern. Bei den Ladys reicht bereits die halbe Dosis, um eine vergleichbare Wirkung als bei ihren männlichen Gegenstücken zu erreichen. Ob das auch wirklich alle Ärzte wissen?

Menschen von heute sind erfolgreich. Und falls sie sich mal erdreisten, es nicht zu sein, werden sie als Versager bezeichnet. Obwohl man auch früher mit großen Belastungen leben musste, spricht man heute vom Burn out-Syndrom, wenn wir uns völlig leer, ausgebrannt und ohne Lebensmut fühlen. Da weibliche Vorbilder immer über Disziplin, Fleiß und starken Willen verfügen, wird Frauen dieses Burn out jedoch nicht so leicht zugestanden. Männer hingegen entsprechen da schon viel besser dem Haifischbecken unserer Gesellschaft. Bei ihnen toleriert man, dass sie Hardliner sind und Opfer bringen müssen. Bloß wird ihr Totalzusammenbruch nicht als Erkrankung, sondern als Burn out bezeichnet. Das heißt, Männer „brennen" als Zeichen der körperlichen und emotionalen Erschöpfung wesentlich spektakulärer aus als Frauen.

Während es Frauen viel früher erkennen, wenn ihre Kraft nicht mehr ausreicht, ignorieren Männer alle warnenden Vorzeichen und schuften förmlich bis zum Umfallen.

Na, und was sich Frauen sonst noch so über Männer fragen, möchten Sie gerne wissen? Tja, zum Beispiel: „Warum Blondinenwitze so kurz sind? Damit Männer sie sich merken können," meinen die Ladys schadenfroh kichernd.

9. Kapitel:

WIE MAN SICH GEMEINSAM RICHTIG ENTSPANNT

Tue deinem Leib Gutes, damit die Seele Lust hat,
darin zu wohnen.
(Teresa von Ávila)

Langeweile holt eine Partnerschaft schneller ein, als den meisten lieb ist. Auf leisen Sohlen pirscht sie sich heran, ohne gleich bemerkt zu werden. Und wo sie sich erst einmal eingenistet hat, verweilt sie auch gerne. Wenn Ihnen Ihre Beziehung etwas bedeutet, sollten Sie gegen diese schleichende Gefahr ankämpfen. Dazu eignen sich am besten Auszeiten am Wochenende, ohne Kinder, nörgelnde Schwiegereltern, Termine, Verabredungen und nervende Handys. Planen Sie Verwöhntage, an denen jeweils einer den anderen nach allen Regeln der Kunst verwöhnt. Nützen Sie diese Gelegenheit auch gleich, um sich von beruflichem Stress, Ängsten und Sorgen zu verabschieden.

Stress ist ein natürlicher Bestandteil unseres Lebens. Er fordert uns nicht nur, sondern bringt uns auch dazu, Bestleistungen zu erreichen. Doch, zu viel Stress macht erwiesenermaßen krank. Auf Dauer kann er zu Bluthochdruck führen, den Stoffwechsel durcheinander bringen und das Herz belasten. Aufgerieben zwischen beruflichen und familiären Verpflichtungen finden heutzutage viele keine Ruhe mehr. Die besten Mittel gegen Stress sind daher ein liebevolles Umfeld, Freude an schönen Dingen und ein verlässlicher Lebensrhythmus.

Solange wir überzeugt sind, die meisten Situationen im Griff zu haben, hält sich auch der Stress in Grenzen. Dazu benötigen wir aber ein gesundes Selbstvertrauen, eine gute Organisation und auch Pünktlichkeit, weil wir sonst jeglichen Überblick durch den ständigen Zeitdruck verlieren. Mit geliebten Menschen und lieb gewordenen Gewohnheiten kann man Stress am besten entkommen. Wo Liebe und Fröhlichkeit zu Hause sind, hat Stress keine Chance mehr.

Gönnen Sie daher Ihrem Körper und Geist, was Ihnen Ihre innere Stimme ohnehin schon lange rät: „Ausruhen, regenerieren, nichts tun, negative Gedanken abschütteln, Spaß haben und gemeinsam neue Kräfte sammeln.“ Dazu können Sie moderne Thermen-Wellnesshotels mit jedem nur erdenklichen Komfort aufsuchen oder es sich zu Hause so richtig gemütlich machen. Wenn Sie sich für das Zweite entscheiden, sollten Sie allerdings nicht nur die Handys abschalten, sondern auch das Telefonkabel aus der Buchse ziehen und die Türklingel abstellen.

„Bewusstes Nichtstun ist auch Tun - nicht Faulheit oder Müßiggang!“ erläutert Viktor W. Ziegler in seinem Bestseller „Mit NICHTS zum Erfolg.“ Schöpfen Sie aus der Kraft des bewussten Innehaltens. Entdecken Sie ungeahnte Energiepotenziale in der Ruhe und Stille. Lassen Sie einfach los und machen Sie Pause. Auch wenn bewusstes Nichtstun oft weitaus schwieriger ist als impulsives Handeln.

Legen Sie eine romantische CD ein und bitten Sie Ihren Partner, es sich im Schlafzimmer bequem zu machen. Inzwischen bereiten Sie in der Küche ein paar leckere Häppchen vor, die Sie ins Schlafgemach mitbringen. Aber nichts Schweres und nicht zu viel Zeit dafür aufwenden. Im Grunde geht es hier nicht ums Essen, sondern nur um dessen Flair. Es genügen bereits etwas Schokolade, ev. Eiscreme oder ein paar Früchte und eine Flasche Sekt. Wer sich aus Alkohol nichts macht, kann mit einem vitaminreichen Smoothie oder einem anderen alkoholfreien Liebesdrink verwöhnt werden.

Dazu ist jedenfalls eine sinnliche Stimmung gefragt. Und diese erzeugen Sie am besten mit einer Duftlampe und selbst gemischten oder fertigen Ölen. Ein guter Tipp wäre: Die Relax-Räuchermischung aus Lavendel, Sandelholz, Sandarac und Patchouli (www.anshelot.com). In einem solchen Ambiente zu naschen hat seinen besonderen Reiz. Das können Erdbeeren oder Schokolade sein, aber auch Sekt, der aus dem Bauchnabel der Liebsten genossen wird ...

Zum „zweiten Akt“ begeben Sie sich am besten gemeinsam ins Badezimmer. Um auch hier für maximale Stimmung zu sorgen, sind zarte Rosenblätter bestens geeignet, das von aromatischen Essenzen duftende Badewasser zu veredeln. Vanille z.B. löst bei vielen Menschen Glücksgefühle aus, aber auch Zitrus- und Orangendüfte heben die Stimmung. Ein sanftes, romantisches Kerzenlicht bereichert dieses Ambiente zusätzlich.

Dem gegenseitigen Verwöhnen steht nun nichts mehr im Wege. Wichtig ist es jedenfalls, Spaß zu haben, sich Zeit zu nehmen und unbeschwerte Lebensfreude zu genießen. Die ideale Wassertemperatur liegt zwischen 36 und 38 Grad Celsius. Diese entspannte Wirkung auf Körper, Geist und Seele kann für völlig neue Lebensimpulse sorgen. Wenn das Wasser abgekühlt ist, duschen Sie (sich) beide und genießen es, sich in Ruhe gegenseitig abzutrocknen, die Haare zu fönen und sich mit Bodylotion einzucremen. Ideal sind Pflanzenöle, die schnell in die Haut einziehen.

Danach sollten Sie mit neuer Energie und optimiertem Wohlbefinden in Ihr Liebesgemach, sprich, das Schlafzimmer, zurückkehren. Achten Sie auf eine angenehme Raumtemperatur. Ein Gläschen guter Rotwein wäre jetzt gerade richtig. Sagen Sie allen Sorgen adé und nehmen Sie das Massageöl zur Hand. Aber, bitte nicht direkt auf den Partner träufeln, da es meistens kalt ist. Daher zuerst in den Händen warm reiben. Mandelöl wäre besonders gut geeignet.

Es ist unbeschreiblich schön, sich der Zärtlichkeit und Intimität eines vertrauten Menschen zu überlassen und rund 15 Minuten abschalten, genießen und träumen zu können. Dabei kommt es auf sanftes, gefühlvolles Kreisen, Kneten, Reiben, Vibrieren und Streichen an, um Verspannungen zu lösen, die erotische Spannung zu verstärken und neue Energien freizusetzen. Damit niemand zu kurz kommt, erfolgt danach ein gerechter Rollentausch. Aber auch die Füße lassen sich mit einer kleinen Massage gerne verwöhnen. Am besten, wenn Sie mit den Daumen die Sohle in gleichmäßigen, kreisenden Bewegungen massieren. Damit fördern Sie die Durchblutung und sorgen für ein wohlig-warmes Gefühl. Anschließend ziehen Sie sich wieder an und machen sich so richtig schick. Gehen Sie in ein gutes Restaurant und gönnen Sie sich zum Ausklang in entspannter Atmosphäre bei einem positiven Gespräch ein köstliches Essen zu zweit.

Ideal wäre es, gleich im Vorhinein einmal wöchentlich einen Tag einzuplanen, an dem Sie Ihren Partner oder Ihre Partnerin mit allen zur Verfügung stehenden Möglichkeiten verwöhnen. Wählen Sie für jeden von Ihnen einen anderen Tag oder Abend aus. Und dieses Verwöhnen sollte auch unabhängig davon erfolgen, wie sich Ihr Partner Ihnen gegenüber soeben verhält. Beweisen Sie ihm Ihre Zuneigung und volle Aufmerksamkeit. Damit fördern Sie sehr viel Nähe und verbindende Gefühle, wie sie jeder Beziehung gut tun.

Manche Pärchen genießen es neuerdings, sich gemeinsam eine Stunde in ein dunkles, mit 35°C Salzwasser gefülltes Doppelbecken zu legen - abgeschnitten von allen Reizen der Außenwelt. Dieser neue Entspannungstrend heißt „Floating“ und hat gewissermaßen ein „Schweben“ in der Salzlauge mit Tiefenrelaxion, Hautpflege sowie Linderung von Muskel-, Gelenk- und Rückenschmerzen zum Ziel. Die Grundidee ist hier der komplette Reizentzug. Die Dichte des Wassers ist jener im Toten Meer angepasst. Sogar Mönche und Eremiten im Altertum haben bereits auf ähnliche Weise meditiert und sich zugleich regeneriert. Gegenseitiges Entspannen und Relaxen heißt auch, sich gemeinsam Zeit für viele schöne Dinge zu nehmen. Das kann gemütlich zusammen essen sein, aber auch ein Spaziergang in der Natur, gemeinsam kuscheln u.s.w. Nützen Sie diese Gelegenheiten, um sich ehrlich alles zu sagen, was Sie stört, was Sie sich wünschen und welche Ängste, Hemmungen und Sorgen Sie haben - allerdings ohne gegenseitige Vorwürfe, da diese nichts verbessern würden. Wenn Sie liebevoll und entspannt aufeinander zugehen und gegenseitig Ihr Herz ausschütten, sind Sie mit Sicherheit am richtigen Weg.

Auch geistige Fantasiereisen in Form von Geschichten vorlesen eignen sich sehr gut zum gegenseitigen Entspannen". Durch konzentriertes Zuhören mit langsamer und ruhiger Stimme vorgelesener Fantasiegeschichten, Märchen (auch für Erwachsene) oder anderer Poesie, wird eine wohltuende Entspannung erreicht. Die poetische Sprache dieser Werke fördert die bildhafte Vorstellung des Gehörten und kann angenehme Erinnerungen hervorrufen - eine Voraussetzung, um einen Entspannungs- und Erholungszustand zu erreichen, der über die Dauer der Vorlesezeit hinaus auf angenehme Weise anhält.

Von Zeit zu Zeit sollten Sie aber auch zu zweit ein Wellness-Wochenende oder einen Wellness-Kurzurlaub einplanen. Die Behandlungen lassen sich ideal mit belebenden Sportaktivitäten kombinieren. Radtouren, Wanderausflüge oder Waldspaziergänge sind geeignete Ergänzungen zu Schlammpackungen, Aquajogging oder zur Entspannungstherapie. Nützen Sie diese Phasen des Relaxens, um gemeinsam zu träumen, Stress abzubauen, innere Ruhe zu finden und neue Kräfte zu sammeln. Und zwar mit dem Bewusstsein, dass wir langfristig für unser Wohlbefinden immer einen Wechsel von Entspannung und positiver Anspannung brauchen. Somit kann man Adlai Ewing Stephenson nur zustimmen, der meint: „Nicht die Jahre in unserem Leben zählen, sondern das Leben in unseren Jahren."

10. Kapitel:

DÜRFEN (SOLLEN) MÄNNER WEINEN?

Nichts verknüpft so sehr die Herzen als die Süßigkeit,
miteinander zu weinen.
(Rousseau, Bekenntnisse)

Lachen ist bekanntlich sehr gesund, da die Menschen durch Lachen erwiesenermaßen zufriedener, kreativer und spontaner werden. Der Ausdruck von Heiterkeit kann sogar von Schmerzen ablenken, die Stresshormone Adrenalin und Kortisol senken und sich somit auf Körper und Seele positiv auswirken. Das körpereigene Immunsystem wird durch Lachen aktiviert. Daher spricht man auch von einer „heilenden Kraft des Lachens." Noch dazu, wo sich dabei nicht nur die Gesichtsmuskeln, sondern auch die Gedankenmuster lockern und eine veränderte Sicht der Dinge bewirken.

Doch, wie verhält sich das mit dem Weinen, weshalb vergießen wir Tränen? Geschieht dies aus Trauer, Freude, Wut oder Verzweiflung? Wie der Mensch weint, lässt sich zwar physiologisch genau erklären. Auch, dass Frauen häufiger weinen als Männer ist allgemein bekannt. Doch die Gründe des Weinens sind vielfältig und die evolutionären Ursachen dazu noch weitgehend unerforscht. Wenn Tränen aus den Augen kullern, muss der Weinende nicht unbedingt traurig sein. Er kann sich auch freuen oder vor Wut schäumen. Ebenso sind Schmerzen und Mitleid häufige Ursachen. Genau sowie wie Rührung, Machtlosigkeit und Ungerechtigkeit. Grundsätzlich handelt es dabei aber immer eine Entladung unbeherrschter Gefühle oder Schmerzen.

Es gibt äußerst vielfältige und individuelle Gefühle, die das Weinen auslösen können. Von den Menschen wird es als archetypische Ausdrucksform verstanden, da es in Kombination mit der dazugehörigen Mimik eine eindeutige Zuordnung des Verhaltens ermöglicht. Welchen Sinn die Tränen dabei haben, hat man allerdings noch nicht wirklich herausgefunden. Daher kursieren eine ganze Reihe an Theorien, weshalb die Tränen kullern.

Manche Forscher gehen davon aus, dass Tränen die Aufgabe haben, chemische Substanzen, die durch Stress, Schmerz, Trauer oder Wut entstanden sind, aus dem Körper zu schwemmen. Dennoch geht es vielen nach dem Weinen nicht besser, es sei denn, die Probleme haben sich inzwischen erledigt. Das widerspricht auch der Theorie, dass Weinen eine entspannende Wirkung haben soll. Schließlich sind die Menschen während des Weinens - vom Anfang bis zum

Ende - ziemlich erregt. Und der Körper nimmt das Gros der Tränenflüssigkeit wieder auf. Dennoch ist auch immer wieder von einem wohltuenden Weinen die Rede, das befreit, Lösung schafft und als Teil der Trauer das wichtige Loslassen ermöglicht. Ganz im Gegensatz zum ohnmächtigen, depressiven in sich hinein Schluchzen, das Gefühle wie Wut, Verzweiflung und Zorn ersetzen soll.

Bei Babys wiederum liegt die Vermutung nahe, dass sie weinen, um ihre Umwelt auf Hunger, Schmerzen, Unwohlbefinden, schlechte Laune, den Wunsch, in den Arm genommen zu werden, etc. aufmerksam zu machen. Selbst kerngesunde Neugeborene weinen zwischen einer Stunde und drei Stunden pro Tag. Weinen ist somit ihr einziger Weg, um die eigenen Bedürfnisse mitzuteilen.

Untersuchungen haben auch gezeigt, dass Tränen beim Gegenüber eines weinenden Menschen das Mitgefühl deutlich verstärken. Wer bloß über seine Trauer erzählt, löst bei seinen Mitmenschen wesentlich weniger Emotionen aus, als wenn er zusätzlich weint. Damit könnte Weinen auch ein wichtiges kommunikatives Signal an die Umwelt sein, da Tränen Mitleid und Verständnis wecken sowie Helfer und Tröster auf den Plan rufen. Manche sprechen in Bezug auf Weinen auch von einem „angeborenen Selbstheilungsmechanismus."

Weinen kann aber auch dazu dienen, nahestehende Menschen stärker an sich zu binden. Zugleich wird vermutet, dass Tränen auf andere hemmend wirken, da jemand der weint, ein aggressives Verhalten bei Gesprächspartnern verhindert. Dennoch erfolgt nur selten ein kollektives Gruppenheulen, da, wie eine Studie belegt, zum Tränenvergießen statt der Öffentlichkeit oder dem Arbeitsplatz, doch eher die eigenen vier Wände vorgezogen werden.

Ein starker Mann lässt sich allerdings ungern beim Weinen ertappen. Wenn es doch mal passiert, dann löst das auch beim Gegenüber eine emotionale Reaktion aus. Ganz besonders dann, wenn es sich dabei um eine Frau handelt. Schließlich sind Tränen ein Zeichen der Verletzlichkeit. Und wenn diese fließen, kann auch schon mal das eiserne Monument eines strahlenden Helden Risse kriegen. Weinende Männer lösen bei Frauen das Bedürfnis aus, zu trösten. Wenn sich die Herren der Schöpfung schwach und verletzlich zeigen, wecken sie die Beschützerinstinkte vieler Frauen.

„Ein Junge weint nicht" war noch bis vor wenigen Jahren das strikte Erziehungsdogma unserer Gesellschaft. Die viel zitierten „neuen Männer" tun es auch nicht, außer zu bestimmten „erlaubten" Anlässen. Dabei hat sich gegenüber früher nicht allzu viel geändert. Denn, außer von tiefer Trauer und großen Katastrophen mal abgesehen, ist Weinen bei den Herren nur im Sport, insbesondere im Fußball, erlaubt. Schon in der Historie waren Tränen des Mitleids nur einfacheren Männern gestattet. Wahre Gentlemen von Stand und Bildung hingegen durften nur beim Tod eines nahen Angehörigen gerade mal ein paar Tränen vergießen.

In unserer heutigen Leistungsgesellschaft steht das Funktionieren im Vordergrund. Daher wird Weinen als Signal gewertet, dass bei einem Menschen etwas nicht stimmt, dass er überfordert ist und irgendetwas nicht auf die Reihe kriegt. Zugleich wird Weinen als Signal an den anderen empfunden, dass der Betroffene Hilfe braucht. Leider wird das in einer emotionsreduzierten Leistungsgesellschaft wie der unseren weder gerne gesehen, noch gehört.

Und wie verhält sich das bei Ihnen, meine Damen? Wollen Sie einen Mann, der seinen gedankenschweren Kopf gelegentlich auf Ihre Schultern legt und die Bluse mit Tränen durchtränkt? Dürfen oder sollen Männer weinen? Dazu gibt es klare Pro & Kontra-Meinungen.

NEIN sagen die einen, die es nun mal gar nicht männlich finden, dass er beim kleinsten Ungemach auf der Chanel-Bluse seiner Liebsten dauerparkt. Wer um Streicheleinheiten betteln muss, bekommt diese auch nur halbherzig verabreicht. Und das ist nicht nur unter der männlichen Würde, sondern schlichtweg peinlich. Auch, wenn gelegentlich so manche Krise zu bewältigen ist, bei der man auch Gefühle zeigen darf, so sollte das zumindest ohne Hochwassergefahr erfolgen. Denn männliche Tränen sind nur beim Zwiebelschneiden, mit einem Staubkorn im Auge oder als Allergiker erlaubt.

JA sagen die anderen, denn Sie, meine Damen, wollen doch sicher einen Mann, der Gefühle und Zuneigung empfindet. Und das nicht nur für Rapid Wien oder Bayern München. Wenn dem so ist, dann gehört es aber auch dazu, dass er ab und zu feuchte Augen kriegt. Er muss ja deshalb nicht gleich bei jedem Liebesfilm in ein Tränengewitter ausbrechen.

Zugleich würde er auch mit der überholten Rollenvorstellung des hartschaligen Alt-Machos aufräumen. Echte Männer dürfen (sollen) heutzutage zu ihren Gefühlen stehen und nicht nur aus Trauer, sondern auch aus Mitleid, Wut und Schmerz weinen. Dass sie sich dabei auch ohne schlechtem Gewissen von ihrer Partnerin trösten lassen, ist nur selbstverständlich. Denn, es stimmt ja doch, dass Männer außen hart und innen ganz weich sind. Damit wird auch das hartnäckige Klischee obsolet, dass Frauen nicht einparken und Männer nicht weinen können.

Statistisch konnte belegt werden, dass Frauen bis zu 64 Mal im Jahr weinen. Bei Männern hingegen sind es höchstens 17 Mal. Dieser Unterschied kristallisiert sich allerdings erst mit den Jahren heraus. Bis zum 13. Lebensjahr ist die Häufigkeit des Weinens bei Buben und Mädchen etwa gleich. Für die DOG, die medizinisch-wissenschaftliche Fachgesellschaft für Augenheilkunde in Deutschland, Grund genug, um davon auszugehen, dass Freude, Trauer und Zorn erlernt sind.

Frauen weinen nicht nur öfter, sondern auch länger, dramatischer und herzzerreißender als Männer. Während bei den Herren zwei bis vier Minuten lang die Tränen kullern, dauert diese Phase bei Frauen sechs Minuten. Weinen geht bei nur sechs Prozent der Männer in Schluchzen über, aber bei 65 Prozent der Frauen. Auch die Ursachen unterscheiden sich: Frauen weinen am ehesten aus Mitgefühl, wenn sie vor schwerwiegenden äußeren (oder inneren) Konflikten stehen, sich unzulänglich fühlen oder wenn die eigene Beziehung gescheitert ist. Natürlich können auch Liebesfilme (“Schau mir in die Augen, Kleines“), der Tod der Katze oder ganz einfach pures Glück mögliche Auslöser sein. In diesem Sinne sang Costa Cordalis: „Du hast ja Tränen in den Augen. Ich weiß, die gelten mir allein. Mir sagt das Lächeln deines Mundes, es müssen Freudentränen sein.“

Das Ende einer bedeutenden Beziehung ist auch für Männer häufig ein Grund, mittels „Tear drops“ Gefühle zu zeigen. So manchem wird ja erst wenn es vorbei ist, wirklich klar, was er eigentlich verloren hat. Die Herren neigen aber auch oft zu Tränen, wenn ihnen ihre geschiedenen Frauen die gemeinsamen Kinder vorenthalten. Das ist der Fall, wenn Mütter alles tun, um die vereinbarten Besuchswochenenden oder Ferien zu hintertreiben.

Wenn man mit betroffenen Vätern spricht, kommen diesen häufig die Tränen, denn man sollte nicht unterschätzen, wie sehr auch Väter ihre Kinder lieben. Geschiedene Mütter hingegen wollen die Kleinen meistens für sich. Manchmal planen sie eine neue Familie mit Stiefvater. Und da werden leibliche Väter eher wie Störfaktoren behandelt.

„Was es mit den viel zitierten Krokodilstränen auf sich hat“ fragen Sie? Diese Bezeichnung verweist tatsächlich auf einen Hintergrund, obwohl unsere heutige Bedeutung dieses Wortes wenig mit den eigentlichen Krokodilstränen zu tun hat. Diese Echsen „weinen“, wenn sie ihre Beute verschlingen. Doch ist dies kein Ausdruck vorgetäuschter Traurigkeit, sondern weil das Hinunterwürgen des Beutetieres sehr anstrengend ist. Dazu muss das Krokodil sein Maul sehr weit öffnen und zusammenpressen. Durch den Druck, der dabei auf die Tränendrüsen ausgelöst wird, laufen den Tieren (Krokodils-)Tränen hinunter.

Früher wurden diese Art an Tränen allerdings ganz anders interpretiert, indem man die Sage vom heimtückischen Krokodil schuf, das seine Opfer mit heuchlerischem Weinen anlockt. Daraus entwickelte sich später der Ausdruck „Krokodilstränen“. Von diesen ist die Rede, wenn man der Meinung ist, dass jemand keine wirkliche Trauer empfindet, sondern eine solche nur vorheuchelt. Im Tierreich sind übrigens nur Menschenaffen in der Lage, ihre Gefühle mit Tränen auszudrücken.

Auch in unseren Träumen ist Weinen manchmal ein Thema. Egal, ob es der Träumende selbst ist oder ob andere weinen, es handelt sich dabei immer um die Entladung aufgestauter Gefühle. Und das können Ereignisse in der Vergangenheit oder solche in der Zukunft sein. Spirituell gesehen steht Weinen im Traum für die Trauer über einen persönlichen Verlust.

Wer übrigens im Traum über einen Toten weint (das wussten schon die alten Assyrer), wird genesen, falls er gerade krank ist. Das heißt, er hat die Chance auf einen neuen Anfang, weil das Schlimmste bereits hinter ihm liegt. Weinen baut im Traum oft innere Spannungen ab. Vor allem dann, wenn man im Wachzustand nicht weinen kann.

Vielen von uns sind Tränen ein Dorn im Auge und dennoch haben sie auch ihre guten Seiten. Eine Psychologin sagte daher: „Weinen zuzulassen ist der beste Trost.“ Viele wehren sich allerdings dagegen, dass andere ihre sichtbare Betroffenheit sehen und wollen nicht als Heulsuse oder Memme bezeichnet werden.

Wenn wir sehr betroffen sind, werden Tränen durch einen Nervenreiz ausgelöst. Unser Gehirn gibt den Drüsen das Signal, Tränen zu produzieren. Dabei sind weibliche Tränen um ein halbes Grad wärmer als männliche, geschmeidiger und fließen schneller. Selbst die Zeit, in der hauptsächlich geweint wird, wurde schon erhoben. Sie liegt zwischen 19.00 und 22.00 Uhr.

Zugleich wird mehr in den Ländern des kalten Nordens als in jenen des warmen Südens geweint. Das ließe sich aber auch dadurch erklären, dass sich die Menschen im Süden mehr im Freien aufhalten, während man im Norden doch öfters zu Hause in der Stube sitzt. Die kulturellen Unterschiede beim Weinen sind allerdings gering.

Tränenfluss war schon bei den männlichen Größen der Geschichte angesagt. Was weinen doch die Helden bei Homer! Auch in den Liebesgedichten von Ovid weinen Männer, die von ihren Geliebten verlassen wurden. Das setzt sich bis zu den Romantikern im 18. Jahrhundert fort, bei denen ständig Hochwasseralarm herrschte. Selbst Indianer in Nord- und Südamerika sollen (wie Anthropologen herausfanden) bei Begrüßungen, die nach längerer Abwesenheit erfolgten, Tränen vergossen haben. Die Interpretation bezieht sich hier auf das soziale Bindungsverhalten.

Doch, selbst Weltklassesportler der Gegenwart sind (in der Öffentlichkeit) vor Tränen nicht gefeit. Roger Federer, der sonst eher stille Schweizer, weinte nach dem verlorenen Finale der Australien Open 2009 ganz bitterlich. Matthias Steiner sank nach dem Gewinn der Olympia Goldmedaille weinend zu Boden. Den Triumph widmete der Gewichtheber seiner verstorbenen Frau, deren Foto er bei der Siegerehrung in Händen hielt. Ausgerechnet das letzte Spiel seiner Karriere hat Andre Agassi bei den US Open 2006 in der dritten Runde gegen Boris Becker verloren. Als ihn seine Fans nach dem Match mit Standing Ovations feierten, ließ er seinen Tränen freien Lauf.

Der siebenfache Formel I-Weltmeister, Michael Schumacher gilt als besonnener Mann, der seine Gefühle gut im Griff hat. Auf der Pressekonferenz nach dem 41. Sieg seiner Karriere vergoss der Held des Vollgasbusiness nach dem Rennen bei der Pressekonferenz einige Tränen. Und Österreichs Skistar, Hermann Maier, gab unter bitterlichen Tränen vor laufender TV-Kamera seinen Rücktritt vom aktiven Schirennsport bekannt.

Selbst Größen der Weltpolitik sind vor öffentlichen Gefühlsausbrüchen nicht gefeit. Bill Clinton zum Beispiel weinte oft bei Trauerfeiern und drückte auf diese Weise seine Solidarität mit den Opfern von Kriegshandlungen aus. Dieses Verhalten wurde äußerst positiv empfunden, zeigte es doch ein empathisches Mitgehen mit dem Geschehen. Somit lässt sich zusammenfassend feststellen, dass Weinen als natürliche, menschliche Reaktion bei weitem nicht so unmännlich ist, wie manche überholte Meinungen besagen. „Den Abend lang währet das Weinen, aber des Morgens ist Freude.“

11. Kapitel:

WENN SEINE/IHRE PARTNERSCHAFTEN EIN LEBEN LANG SCHIEF GEHEN

Wir streben nach dem Unerreichbaren und verhindern so die Verwirklichung des Möglichen.
(Robert Ardrey)

Die ideale Basis für jegliches Lebensglück ist eine positive, optimistische Lebenseinstellung. Dahinter verbergen sich unsere Vorstellungen über all das, was uns im Leben wichtig ist und wie wir die Welt sehen. Sie hat den größten Einfluss auf unser seelisches und körperliches Wohlbefinden. Mit ihr werden unser biologisches Abwehrsystem, unsere Kreativität, unser Leistungsvermögen und auch unsere Liebesfähigkeit gestärkt.

Ganz im Gegensatz dazu schwächt eine negative, pessimistische Lebenseinstellung, quasi als Saboteur des Glücks, unsere Immunabwehr sowie unser geistiges und körperliches Wohlbefinden. Schlechte Stimmung, Selbstablehnung, Depressionen und problematische Partnerschaften sind die häufigen Folgen. Aber auch Gedächtnisprobleme und Demenz treten einer neuen Studie zufolge bei Menschen, die sich leicht stressen lassen und einer Menge negativer Gefühle und Gedanken nachhängen, viel eher auf, als bei jenen Zeitgenossen, die möglichst unbeschwert durchs Leben wandern.

Eine Lebenseinstellung wird jedoch nicht angeboren, sondern ist immer bloß erlernt. Sie basiert auf dem, was uns die Kindheit, die Eltern und die Gesellschaft vermitteln und welche Schlüsse und Erfahrungen wir daraus ziehen. Wer sich leicht Sorgen macht, sich oft angespannt und nervös fühlt und sich häufig über andere Menschen ärgert, neigt zu negativen Gefühlen. Ein solcher Mensch ist ohne Freude und Zuversicht. Ihm fehlt auch der nötige Schwung, da er unzufrieden, reizbar und leicht zu kränken ist. Und wie man mit solchen Gefühlen umgeht, bleibt im Allgemeinen ein Leben lang gleich. Doch ist unser Dasein nicht viel zu wertvoll, um die ganze Zeit hindurch Stressreaktionen zu verspüren? Wer hingegen zu seinem Leben, zu seinen Mitmenschen und allem damit Verbundenem, ja sagen kann, verfügt bereits über eine positive Lebenseinstellung. Und mit positiven Gedanken und Gefühlen können Sie nicht nur Ihre Gesundheit fördern, sondern Sie verfügen auch über die optimale, persönliche Voraussetzung für eine glückliche Beziehung.

Dazu muss man jedoch im Hier und Jetzt leben und darf keinen verpassten Chancen nachtrauern. Das heißt aber auch, sich sowohl um die Psyche, um den Körper und um die Seele, die allesamt miteinander verbunden sind, zu bemühen. Dabei sollte man seinen Stress erfolgreich managen, da im Laufe des Lebens die eigene Stresstoleranz kontinuierlich abnimmt. Obwohl wir mit dem Alter immer erfahrener und geistig abgebrühter werden, geht uns der Stress zunehmend schneller an die Substanz und kostet uns viel zu viel schädliche Energie.

Chronischer Stress lässt auch noch die Zellen schneller altern. Wer ständig unter Anspannung steht, sieht biologisch älter aus, als ein gelassener Zeitgenosse. Entspannungstechniken wie Yoga, Qi Gong, autogenes Training oder ganz persönliche Entspannungsrituale können hier entscheidend unterstützen. Trainieren wir doch unseren Geist, um positive Gedanken zu erzeugen. Denn diese brauchen wir dringend, um schöne Erlebnisse anzuziehen. Dabei hat positives Denken nichts mit Schönfärberei zu tun, aber es hilft, den Alltag wesentlich gelassener zu sehen und sich den Kopf nicht über unnötige Probleme zu zerbrechen.

Dazu muss man aber fähig sein, Menschen so zu akzeptieren und zu lieben, wie sie sind, da soziale Beziehungen für unser Wohlbefinden große Bedeutung haben. Neben einer glücklichen Ehe können gute Freundschaften nicht nur Spaß machen, sondern auch die Lebenserwartung entscheidend erhöhen. Eine ideale

Vorgangsweise ist es daher, nicht die Menschen, sondern sich selbst und seine Einstellungen zu ändern.

Wer ständig schwer- bis unerfüllbaren Wünschen nachjagt, vermiest sich mit Hektik und Dauerfrust das Leben. Wer sich hingegen mit weniger zufrieden gibt und alles was ihm darüber hinaus zuteil wird, in vollen Zügen dankbar genießt, handelt richtig. Dazu muss man aber auch sein Selbstbewusstsein regelmäßig pflegen und festigen. Und da sind wir schon bei der Frage, warum manche Menschen keine funktionierenden Beziehungen zustande bringen. Die Antwort darauf ist natürlich nicht einfach und kann auch nicht allgemein gültig sein.

Viele Menschen, die allein sind, fragen sich, wie sie jemanden finden können, der wirklich zu ihnen passt und auf ihre Bedürfnisse eingeht. Andere wiederum, die sich in einer Beziehung befinden, sagen sich: „Ich liebe meinen Partner ja, aber es gibt Wünsche in mir, die er einfach nicht erfüllen kann.“ Dazu sollte man wissen, dass es keinen Menschen gibt, der in der Lage ist, alle Bedürfnisse eines anderen zu erfüllen. Es wäre unrealistisch, solche Erwartungen zu hegen. Wenn sich jedoch zwei charakterlich gereifte, erwachsene Menschen lieben, ist auch genügend Raum für manche unerfüllten Bedürfnisse vorhanden. Dann nämlich ist die Liebe größer als alle anderen Wünsche und beide schaffen es, sich aneinander zu erfreuen.

Das kann aber nur funktionieren, wenn beide Partner den für diese Erkenntnis erforderlichen Entwicklungsstand erreichen. Um die Bedürfnisse des anderen zumindest annähernd erfüllen zu können, muss man gelegentlich auch an sich selbst etwas verändern. Grundsätzlich ist ja Zurückhaltung geboten, den Partner umkrempeln zu wollen. Aber man kann man ihn dennoch motivieren, sich in manchen Punkten zu seinem eigenen Vorteil zu verändern/bessern. Am allerbesten ist es aber, das gleich selber zu tun. Wenn sich zwei Menschen engagiert aufeinander einstellen, kann ihnen die Partnerschaft immerhin maßgeblich zum Wachstum ihrer Persönlichkeiten verhelfen.

Vielen Menschen fällt es heutzutage schwer, erfolgreiche Beziehungen zu führen. Nicht nur, weil dieses Vorhaben einige Mühe abverlangt, sondern weil es vermutlich auch schwieriger als früher geworden ist. Einst blieben Partner noch aus dem Gefühl der Verpflichtung und Verantwortung, aus Gewohnheit, der Kinder wegen sowie aus wirtschaftlichen oder gesellschaftlichen Zwängen beisammen. Dass eine Beziehung nicht funktionieren könnte, war damals kein großes Thema. Jene Strukturen, die als oberflächlicher Zusammenhalt in der Vergangenheit die Institution Ehe stützten, gehen heute allerdings immer mehr verloren.

Wenn man Gewohnheit und Kinder ausklammert, so ist es in unseren Zeiten großteils „nur mehr" die Liebe, die Menschen auf Dauer zusammenhält. Und glücklich ist eine Beziehung, wenn beide glücklich sind. Was sie trennt, ist das Problem, dauerhaft auf den anderen eingehen und ihn ehrlich lieben zu können. Die Folge ist Enttäuschung, weil unsere Erwartungen nicht erfüllt werden. Dann beginnt nämlich ein Machtkampf, den keiner gewinnen kann, und am Ende steigt immer einer aus. Sei es durch Trennung, Untreue oder innerem Rückzug. Zu einer Beziehung gehört allerdings auch die Kunst, loszulassen, wenn es vorbei ist. Und ein deutliches Zeichen für das tatsächliche Ende ist jenes große Schweigen, wenn man sich nichts mehr zu sagen hat.

Während der Glückspsychose und des Hormonrausches der ersten zwei Jahre finden wir ja die Macken des anderen noch total süß. Wenn diese Phase - gewissermaßen als Vorschuss des Lebens - aber vorbei ist, kommt es zwangsweise zu immer mehr Meinungsverschiedenheiten. Und wer es hier nicht schafft, rechtzeitig die erforderlichen Kompromisse zu finden, ist der Trennung ausgesetzt. Damit sind wir unseren Träumen aber schon wieder ein schönes Stück entrückt.

Wenn es soweit kommt, dass man seelisch oder körperlich stark unter seinem Partner leidet, während dieser keinen Willen zur Veränderung erkennen lässt, ist es in den meisten Fällen das Beste, die Beziehung zu beenden. Ebenso wenn man erkennt, dass die Liebe endgültig erloschen ist. Doch Vorsicht, Liebe kann manchmal auch bloß verschüttet sein und muss nur wieder an die Oberfläche gebracht werden. In solchen Fällen entwickelt sich oft eine Krise für beide zur neuen Chance.

Einen Menschen über lange Zeit hinweg, Tag für Tag zu lieben, ist tatsächlich eine große Herausforderung. Dazu ist in jedem Fall ein hohes Maß an Geduld gefragt, was leider so gar keine Eigenschaft unserer modernen, schnelllebigen Welt mehr ist. Nur wer sich selbst und den anderen so anerkennt, wie er ist, und dennoch den Willen hat, aufgeschlossen, flexibel und für Änderungen bereit zu sein, bringt die elementare Voraussetzung für eine funktionierende Partnerschaft mit.

Sich für eine Beziehung zu entscheiden, bedeutet auch, einen Teil von sich selbst aufzugeben. Dabei darf man sich aber weder gezwungen, noch bedroht fühlen. Oft befürchten Menschen aber schon in der Anfangsphase einer Beziehung, dass sie nicht funktionieren wird und geben ihr daher erst gar nicht die Chance dazu. „Jeder bekommt den Partner, den er verdient" heißt es. Das sollten wir als Anstoß sehen, mehr an uns selbst zu arbeiten, als ein Leben lang den Traumpartner zu suchen.

Leider haben heute auch die Medien eine enorme Macht erlangt, die sich sogar auf unsere Beziehungen auswirken kann. Kino, Fernsehen, Video, Magazine, etc. bringen tief verinnerlichte Bilder lustgesteuerter Affären, Romanzen und idealisierter Beziehungen hervor, die für viele Menschen zum Maßstab ihrer eigenen Wünsche werden. Dabei wäre es viel besser, diese vorgegaukelten Ideale, wie Beziehungen sein könnten oder sein sollten, zu ignorieren und den eigenen, ganz persönlichen Weg zu finden. Einen Weg, der besagt, dass Sie Ihr Leben und Ihre Liebe gerne mit jemanden, der zu Ihnen passt, teilen möchten. Verzichten Sie aber dabei auf die vielen hemmenden Einschränkungen, wie die gesuchte Person aussehen bzw. was sie sein, können, haben und nicht haben soll.

Verabschieden Sie sich zugleich von viel zu lange gehegten, unrealistischen Idealen, denn diese stehen Ihrem Glück nur im Weg. Geben Sie es auf, den Hollywood-verdächtigen Traumpartner zu suchen bzw. auf ihn zu warten. Auch wenn diese romantischen Fantasien durch so manches filmische und literarische Happy End massiv unterstützt werden. Von wegen „Sie lebten glücklich bis an das Ende ihrer Tage." In Wirklichkeit endet das Happy End dort, wo die eigentliche Beziehung anfängt.

Es gibt aber noch weitere, leider nicht gerade romantische Argumente, um sich vom Mythos „Traumpartner" zu verabschieden. Da sind einmal die puren Fakten, die besagen, dass rund 50 Prozent aller Ehen wieder geschieden werden. Jeder zweite Mann (und leider auch jede zweite Frau) geht fremd und die zuvor so erhoffte „ewige Liebe" ist nach zwei bis vier Jahren auch schon wieder vorbei. „Das ist traurig", meinen Sie? Stimmt, aber es ist leider wahr. Daher sollte jeder aufwachen, den Tatsachen ins Auge blicken und damit aufhören, den idealisierten Traumpartner zu suchen.

Doch, so schnell geben die meisten nicht auf. Viel zu schön klingt die Geschichte von den beiden Hälften, die ein Ganzes werden. In meinem Buch „Wie er und sie gemeinsam glücklich werden" habe ich daher ein Kapitel dem interessanten Thema „Dual bzw. Seelenpartner" gewidmet. Dabei handelt es sich esoterisch betrachtet um jeweils zwei Menschen, die sich als Seelengefährten über mehrere Leben hindurch gekannt haben bzw. zusammen waren. Sie kommen immer wieder zusammen, um Ungelöstes aufzuarbeiten, sich gegenseitig zu unterstützen, zu wachsen und um ganz - man könnte auch sagen „um wieder eins" zu werden.

Eine solche tiefe, seelische Verbindung sorgt aber nicht nur für Liebe, Freude, Harmonie und Beständigkeit. Auf der Persönlichkeitsebene werden meistens auch Schwierigkeiten, Zusammenstöße, Differenzen und Konflikte durchlebt. Diese außergewöhnliche Seelenbeziehung ermöglicht es, individuelle Dinge zu behandeln, wichtige Themen aufzuarbeiten und eine Menge an Selbsterkenntnissen zu erlangen. Wenn Ihnen eine solche Beziehung widerfahren sollte, nützen Sie sie, um die alten, negativen und hinderlichen Muster für immer aufzulösen. Doch, Vorsicht, wer zu sehr von Verschmelzung träumt, hat oft noch Probleme mit der Selbstliebe. Und wie wir wissen, erst wer sich selbst liebt, mit allen seinen Macken und Unzulänglichkeiten, kann auch einen anderen Menschen lieben und dessen Liebe uneingeschränkt annehmen.

Und gegen die Liebe ist ja nichts einzuwenden. Auch nicht gegen die ganz große. Die Frage ist nur, weshalb wir dabei so oft daneben greifen. Ist es etwa unsere Blindheit, die uns nicht erkennen lässt, was wir wirklich brauchen? Haben wir auch schon darüber nachgedacht, wie ein wahrer Traumpartner mit „unserer" Unperfektheit umgehen würde, wie (un)glücklich *er* darüber wäre? Tja, und wären wir dann nicht gezwungen, ebenfalls immer traumhaft und perfekt zu sein?

Dass ewig währende Harmonie in der Realität eher ein Problem, als einen wünschenswerten Umstand darstellt, war schon im 3. Kapitel dieses Buches (Liebesfalle Harmonie) nachzulesen. Partnerschaften erfordern auch eine gesunde Streitkultur, um langfristig zu funktionieren. Erst wenn wir nicht mehr jemanden brauchen, sondern „jemanden wollen", können unsere Erwartungen nicht mehr enttäuscht werden. Und wenn wir gelernt haben, uns selbst genug zu sein, kann der Partner zur schönsten Nebensache der Welt werden.

„Der Mensch ist ein Beziehungstier" besagt ein altes Sprichwort. Tatsächlich ist er nicht dazu geschaffen, alleine zu leben, sondern sein Dasein in Partnerschaft mit jemand zu teilen. Allerdings wird unsere Gesellschaft immer komplexer, und während der tägliche Stress zunimmt, steigen die Anforderungen an den Einzelnen. Damit wird allerdings ein Umfeld begünstigt, in dem viele Beziehungen schon früh scheitern und selbst langjährige Ehen immer häufiger geschieden werden. Ein Grund, weshalb Paartherapeuten und Scheidungsanwälte eine wahre Blüte ihres Berufsstandes erleben.

„Das nächste Mal wird alles anders, ganz bestimmt! Ich bin doch nicht blöd, das passiert mir nie mehr wieder!" Ein solches oder ähnlich emotionales Statement haben viele von uns bestimmt schon mal nahestehenden Menschen gegenüber geäußert. Und zwar nachdem ein unerfreuliches Beziehungsende seinen Lauf nahm. Allerdings wäre es interessant, zu hinterfragen, ob danach wirklich alles anders und womöglich besser wurde. Oder kam es doch nur wieder zum enttäuschenden Remake einer fatalen Beziehungskiste? Es könnte aber auch sein, dass sich bislang überhaupt kein neuer Partner blicken ließ. Daher verwundert es auch nicht, dass solche Umstände dafür sorgen können, dass man an sich selbst zu zweifeln beginnt.

Tatsächlich ist es für Partnersuchende nicht einfach, die Spreu vom Weizen zu trennen. Doch muss einem klar sein, dass man immer nur das anziehen wird, was man selber ausstrahlt. Auch wenn die Vorstellungen von einem neuen Partner zu genau ausgeprägt sind, läuft man Gefahr, andere Menschen bzw. Qualitäten zu übersehen. Wer sich hingegen in eine tolerante Beobachterrolle begibt, erhöht seine Chancen deutlich. Dennoch ist auf der Suche nach partnerschaftlicher Kompatibilität auch eine Übereinstimmung mit grundsätzlichen Anschauungen und Werten durchaus angebracht. Von alten, überholten Verhaltensmustern, die einem am Weg zur glücklichen Beziehung nur behindern, sollte man sich hingegen für immer verabschieden.

Im Gegensatz zu früher sind heute auch die beruflichen Anforderungen deutlich gestiegen. Wer in unseren Zeiten erfolgreich sein und seinen Job behalten oder sogar ausbauen möchte, muss äußerst leistungsbereit und multifunktionell sein. Dazu gehören auch eine hohe Mobilität und Flexibilität, vor allem was die Arbeitszeiten anbelangt. Nicht selten werden dabei die zumutbaren Belastungsgrenzen überschritten und die Menschen in das fatale Burn Out gejagt. Arbeitnehmer, die Probleme machen und nicht perfekt funktionieren, werden nur allzu rasch zum „Auslaufmodell“ degradiert. Zudem ist es heute normal, dass in vielen Partnerschaften bzw. Ehen beide Partner arbeiten müssen, um den notwendigen Lebensunterhalt zu erwirtschaften.

Durch die gestiegenen beruflichen Anforderungen wird allerdings eine lebendige Partnerschaft immer schwieriger bis ganz und gar unmöglich. Noch dazu sorgen unterschiedliche Arbeitszeiten und häufige Abwesenheiten der Partner dafür, dass sich diese immer weniger sehen und somit auch weniger Zeit für einander finden. Daher wird das Auseinanderleben mit der Zeit zu einer traurigen, aber logischen Konsequenz.

Noch dazu hat fast jeder Berufstätige am Arbeitsplatz täglich mit Schwierigkeiten und Problemen zu kämpfen, die sich auf die Lebensqualität negativ auswirken. Daher wäre es sehr wichtig, sich über diese Umstände auszusprechen und eventuell neue Sichtweisen zu finden. Wer sollte dazu besser geeignet sein als der eigene Partner? Leider hat der aber meistens schon genug eigene Probleme. Ein Grund, weshalb viele ihre Belastungen für sich behalten.

Doch, wer seine Sorgen in sich hineinfrisst, dem fehlt das wichtige Ventil für die damit verbundenen Emotionen. Auf diese Weise sind Spannungen in der Beziehung, schlechte Stimmung und Gereiztheit vorprogrammiert. Eine Partnerschaft kann nur gelingen, wenn jeder vom anderen möglichst viel weiß. Immer wieder ist Kommunikation der entscheidende Erfolgsfaktor. In nahezu 90 Prozent aller gescheiterten Beziehungen wird eine nicht mehr vorhandene Kommunikation zum finalen Trennungsgrund. Wenn man nicht weiß, was den anderen bewegt und belastet, hat man nur wenige Möglichkeiten, rechtzeitig darauf zu reagieren.

Auch scheinbar nebensächliche, ganz alltägliche Dinge sind es wert, gemeinsam darüber zu sprechen. Gefühle, Ängste und Sehnsüchte eingeschlossen. Die Vertrauensperson Nr. 1 ist nun einmal der Partner. Wer sich an seiner Stelle an gute Freunde, Verwandte oder Arbeitskollegen wendet, leitet damit meistens einen schleichenden Entfremdungsprozess ein. Das Glück des anderen sollte schließlich als wichtiger Teil des eigenen Glücks erkannt werden.

Jede Beziehung braucht aber auch ihre Freiräume. Wenn sich ein Partner eingeengt fühlt und sich nicht regelmäßig zurückziehen kann, sind Spannungen die unliebsame Folge. Um eine harmonische Beziehung zu ermöglichen und dabei seinem Partner die notwendigen Freiheiten zu gewähren, ist auch großes Vertrauen erforderlich. Leider beeinträchtigt aber Eifersucht oft die Freiheit des anderen. Und ein zwanghaftes Anpassen erzeugt Druck, der auf Dauer ziemlich unglücklich macht.

Ein weiterer Punkt, an dem Partnerschaften immer wieder zerbrechen, ist das Fehlen von Geborgenheit. Diese gehört jedoch zu den Grundpfeilern einer innigen und stabilen Beziehung. Neben den körperlichen Reizen spielt auch das Gefühl von Schutz und Sicherheit eine entscheidende Rolle. Meistens fühlen wir uns zu Menschen hingezogen, die eine gewisse Geborgenheit ausstrahlen. Auch diese Reaktion ist bereits seit Urzeiten in uns stark verwurzelt. Wenn dieses Gefühl in einer Beziehung vorhanden ist, trägt es ganz wesentlich zur Stabilität bei. Doch Vorsicht: Ein Übermaß an Sicherheit und Geborgenheit kann sich auch nachteilig auswirken. Daher sollte man sich vor zu viel des Guten hüten, da niemand ständig bemuttert, umsorgt, behütet und geschützt werden möchte. Und etwas wachsam kann man auch in einer noch so langjährigen Beziehung bleiben.

Noch ein Grund, weshalb Beziehungen oft schief gehen, ist die fehlende Ehrlichkeit in der Partnerschaft. Wer lügt, möchte bestimmte Tatsachen oder Absichten vertuschen. Dabei sind diplomatische Notlügen und kleinere Unwahrheiten nicht wirklich schlimm, ja, sogar normal. Verschiedene Umstände im Alltag verlangen uns diese geradezu ab. Ganz egal, ob es sich um eine Verspätung, ein Vergessen oder eine sonstige kleine Panne handelt. Wer hier ab und zu mal etwas flunkert, verhindert immerhin, dass weitere (vielleicht unangenehme) Fragen und Unstimmigkeiten aufkommen. Den Menschen gibt es nicht, der immer nur durch und durch ehrlich reagiert. Die Probleme beginnen allerdings dann, wenn wir unseren Partner gezielt und ernsthaft belügen. Und ... wenn das zur Gewohnheit wird.

Ohne Aufrichtigkeit und Ehrlichkeit kann eine Beziehung auf Dauer nicht bestehen, weil das so wichtige Vertrauen verloren geht. Das wiederum fördert Eifersucht und falsche Verdächtigungen, die bis zu fatalen Szenarien- Konstruktionen eines Partners führen können, da er sich oft mit viel Fantasie seine eigene, ganz persönliche Wahrheit zusammenreimt. Und wage Indizien haben mit der Realität oft nicht viel zu tun. Wenn man damit beginnt, seinen Partner zu belügen, wird man sich immer wieder in durchschaubare Widersprüche verwickeln.

Wer jedoch gleich von Beginn an auf Ehrlichkeit und Offenheit setzt, tut sich und seinem Partner Gutes, indem er Vertrauen schafft. Das wiederum reduziert auch etwaige Eifersuchtsneigungen. Lassen Sie sich nicht beirren, wenn Ehrlichkeit auch manchmal für unerwünschten Zoff sorgt. Auf diese Art wissen beide wenigstens, woran sie wirklich sind. Bei einem Partner, der Ehrlichkeit nicht vertragen kann, muss man sich ohnehin fragen, ob er die richtige Wahl ist. Und schon oft hat bereits nur *eine* Unehrlichkeit genügt, um wertvolles Vertrauen für immer zu zerstören.

Vertrauen ist neben Liebe und Geborgenheit auch die Grundlage für eine stabile Beziehung. Da allerdings jeder von uns schon eine Reihe schlechter Erfahrungen machen und Enttäuschungen einstecken musste, ist es nicht gerade einfach, einem Menschen ausreichend Vertrauen zu schenken. Wer allerdings selbst nicht ganz ehrlich ist, baut auch leichter Misstrauen gegenüber anderen auf. Das heißt, wir trauen anderen Dinge zu, die wir auch jederzeit selbst tun würden: „Sind wir zum Fremdgehen bereit, so können wir uns auch einen Seitensprung des Partners vorstellen." Verlustängste und Eifersucht sind immer wieder das Gift, das uns mit der Zeit den Glauben an die Ehrlichkeit verdirbt: ein triftiger Grund, um unser Selbstbewusstsein maßgeblich zu verbessern und mehr Lockerheit in die Partnerschaft zu bringen.

Neben Ehrlichkeit und Vertrauen kommt es auch ganz besonders auf Achtung und Respekt an. Ohne diesen elementaren Tugenden ist die innige Liebe zu einem anderen Menschen nicht möglich. Wenn wir keinen Respekt empfinden, verliert unser Partner jeglichen Wert. Daher ist Respekt auf einer kontinuierlichen und ausgeglichenen Basis unbedingt erforderlich. Den Level dabei langfristig aufrecht zu halten, gehört allerdings zu den schwierigsten Herausforderungen jeder Partnerschaft. Das kann auch nur gelingen, wenn gewisse Grenzen nicht überschritten werden. Hüten Sie sich daher vor eskalierendem Streit, maßloser Kritik, Vorwürfen, Schimpfworten oder gar unverzeihlichen Handgreiflichkeiten.

In einer erfolgreichen Beziehung zwischen Mann und Frau ist auch noch die wichtige Balance von Gleichberechtigung und Gleichbehandlung entscheidend. Vor allem im Haushaltsbereich gehört es zu den dringenden Anliegen der Frauen, nicht mehr nach längst überholten Rollenmustern alleine für Kochen, Putzen, Aufräumen und Waschen zuständig zu sein.

Infolge dieser gesellschaftlichen Veränderung sind die Herren nämlich zunehmend gefordert, sich umzustellen und zu Hause auch selbst Hand anzulegen, so ferne nicht regelmäßig eine engagierte Putzfrau zugegen ist. Darüber hinaus gehört zu jeder funktionierenden Partnerschaft auch ein ausgewogenes Geben und Nehmen. Unfaire Einseitigkeiten wirken sich hier immer negativ aus. Der wichtige Anreiz, für den anderen motiviert etwas zu tun, sollte von beiden Teilen aktiv gelebt werden.

Tja, und zu guter Letzt sollten Sie noch versuchen, dem grauen Beziehungsalltag und der Langeweile mit einer Menge Engagement, Fantasie und vor allem Kreativität immer wieder erfolgreich entgegenzuwirken. Wer nämlich stets aufs Neue positive Abwechslung und angenehme Überraschungen in seine Beziehung bringt, erzeugt jene gesunde Spannung, die erforderlich ist, um eine Partnerschaft langfristig am Leben zu erhalten. Mit der Umsetzung dieser Erkenntnisse und Maßnahmen sollten Sie das vermeintliche Schicksal, dass Ihre Beziehungen immer schief gehen, ein für alle Mal besiegt haben.

„Der Verstand kann uns sagen, was wir unterlassen sollen. Aber das Herz kann uns sagen, was wir tun müssen“ Joseph Joubert (1754-1824).

Eine Fortsetzung dieses wichtigen Themas finden Sie auch noch auf Seite 141, im Kapitel „Glauben Sie noch an den/die Richtige/n?“

12. Kapitel:

GLÜCKLICH MIT KINDERN - ODER LIEBER UNABHÄNGIG UND FREI?

Ein Kind ist wie ein Buch, aus dem wir lesen
und in das wir schreiben sollen.
(Peter Rosegger)

„Verliebt, verlobt, verheiratet und dann zwei bis drei Kinder" war noch bis vor wenigen Jahrzehnten eine selbstverständliche Lebensplanung. Heute hingegen ist die Entscheidung für oder gegen ein Kind zum Grund vieler Beziehungsprobleme geworden. Doch machen Kinder glücklich? Anerkannte Glücksforscher sagen nein, Eltern antworten ohne Zögern mit ja. Zwar geben sie zu, dass es im Alltag mit den kleinen Rackern nicht immer ein Vergnügen ist. Doch wenn diese dann abends friedlich in ihren Bettchen schlummern, spüren Mama und Papa eine wahre Welle des Glücks durch den Körper strömen. Und genau auf diese Momente kommt es ihnen an, denn Glück ist, wie man in Österreich sagt, ein Vogerl - mit und ohne Kinder. Tatsächlich aber möchte heutzutage nur mehr jeder Zweite sein Lebensglück von Kindern abhängig machen.

Bernd Hornung, der Leiter des Münchner Instituts für Glücksforschung, hat dazu eine klare Meinung: „Keiner traut sich zuzugeben, dass ihn die eigenen Kinder nicht glücklich machen. Elterliche Hochgefühle verfliegen schon in den ersten beiden Jahren." Danach zeigt die Glückskurve nach unten. Mit Töchtern gestaltet sich dieser Verlauf zwar etwas sanfter, doch in Zeiten der Pubertät folgt für alle Eltern die Ernüchterung. Doppelverdienern ohne Kindern bleibt dieser Tiefgang erspart", ist Hornung überzeugt. Denn, Kinder kriegen bzw. haben, bedeutet viel Organisation und Stress. Es wäre naiv, zu glauben, dass man dieses Glück wie aus der Schublade ziehen kann. Eine Portion Blauäugigkeit tut immer gut, wenn man sich für Kinder entscheidet, meinen im Nachhinein sogar viele idealistische Eltern.

Daher sind auch manche zur Auffassung gelangt, dass Kinder zwar nicht glücklicher machen, das Leben mit Kindern aber eine andere Art des Glücks bietet. Egal, ob Wunschkind oder ungeplant, ein Baby verändert das Leben jedes Paares entscheidend. Das Begleiten der Kinder in ihr Leben wird auch häufig als große Bereicherung des eigenen Daseins angesehen. Mit Kindern bietet sich die Chance, über den eigenen Tellerrand hinaus zu blicken, toleranter zu werden und die Gesellschaft kritischer zu hinterfragen. Schließlich kann man als Erwachsener mit und von den Kids eine Menge lernen. Angeblich wächst man auch mit dem Alter der Kinder. Für viele waren das naturgegebene Urvertrauen und die Liebe der Kinder gute Gründe, um sich für eigenen Nachwuchs zu entscheiden.

Später stellen sich für Eltern vor allem zwei Herausforderungen: Zu erreichen, dass ihr Kind glücklich ist und/oder selber glücklich zu sein. Das ist aber nicht so einfach auf die Reihe zu kriegen. Daher hat der namhafte Glücksforscher Csikszentmihalyi zahlreiche Studien erstellt, um herauszufinden, welche Familieneigenschaften die Grundlagen für glückliche Kinder und Eltern sind:

- Klare Ziele und Rückmeldungen
- Eine engagierte Widmung, anhand der die Kinder wahrnehmen, dass die Eltern an ihrem Tun, ihren Gefühlen und Erfahrungen interessiert sind
- Das Gefühl für die Kinder, eine Reihe an (Wahl-)Möglichkeiten zu haben
- Bindung und Vertrauen sowie Wohlbefinden zwischen den Kindern und den Eltern
- Herausforderungen, welche die Eltern den Kindern in Form von immer komplexeren Handlungsmöglichkeiten zur Verfügung stellen, damit die Kinder daran wachsen können.

Dabei sollte der Umgang zwischen Eltern und Kindern möglichst demokratisch geprägt sein. Für autokratisch erzogene Eltern ist das natürlich keine leichte Aufgabe. Die sich daraus ergebenden Konflikte müssen allerdings gemeinsam gelöst werden. Kinder können Erwachsene aber auch viel stressresistenter machen - selbst Beziehungsstress betreffend.

Dennoch lautet ein klassisches Zitat geprüfter Eltern: „Das haben wir uns alles viel leichter vorgestellt.“ Ein Baby wird zwar meistens als Geschenk, aber auch als viel Arbeit angesehen. Ohne partnerschaftlichen Zusammenhalt ist das kaum zu schaffen. Allein erziehenden Müttern kann man daher nur allergrößten Respekt zollen.

Seit den 1980er Jahren ist die Glücksforschung aktiv und sucht dabei immer wieder nach dem besten Weg zum Glück: Was ist Glück eigentlich, und gibt es das wahre Glück überhaupt, wie kann man es erreichen und vor allem, wie kann man es auf Dauer erhalten? Diese Fragen, die sich wohl auch jeder Mensch im Laufe seines Lebens stellt, sind mittlerweile zu Aufgaben der Wissenschaft geworden. An den Universitäten haben sich Wissenschaftler weltweit auf die Glücksforschung spezialisiert. In manchen Städten gibt es sogar spezielle Institute für Glücksforschung.

Ende der 1990er Jahre wurde vom Soziologieprofessor Ruut Veenhoven von der Erasmus Universität Rotterdam das Internetportal „World Database of Happiness“ gegründet. Hier werden die aktuellen Ergebnisse der Glücksforschung vereint und allen Interessierten zugänglich gemacht. Auf dieser Website erfährt man zum Beispiel auch, wo die glücklichsten Menschen der Welt leben. Derzeit liegt Dänemark mit 8,2 von 10 möglichen Punkten an der Spitze. Das Schlusslicht dieses Rankings bildet Tansania mit 3,2 Punkten. Deutschland rangiert mit 7,2 Punkten im guten Mittelfeld.

Kein Wunder, dass Professor Veenhoven meint, die erste Voraussetzung für ein glückliches Leben ist das richtige Land, in dem man lebt. Das sollte aber nicht in Einsamkeit erfolgen. In einem dazu erstellten Diagramm schnellt die Kurve nach der Hochzeit steil nach oben. Selbst in den Jahren danach fällt sie nur geringfügig ab, niemals aber in jene Tiefen wie bei Alleinlebenden. Eine Ausnahme ergibt sich nur dann, wenn Kinder im Spiel sind.

Entgegen der langläufigen Einschätzung lassen die Statistiken mit ihnen die Kurve ins Bodenlose fallen. „Kinder haben einen konstant negativen Einfluss auf das Glück der Menschen und die Qualität der Ehe“ resümiert Veenhoven anhand der aktuellen Forschungsergebnisse ganz nüchtern. Am meisten betroffen sind der Doppelbelastung Kinder und Beruf ausgesetzte Frauen. Erst im Alter steigt die Glückskurve wieder an. Wenn sich Kindererziehung und Berufslaufbahn dem Ende nähern, werden 50-60jährige mit ihrem Leben wieder zufriedener.

Oft sind Paare (meistens zwischen 30 und 45) schon ein paar Jahre glücklich beisammen. In dieser Zeit hat *er* in der Kinderfrage zwar immer etwas verhalten, aber nie ganz ablehnend reagiert. Doch, irgendwann kommt dann in vielen Beziehungen der Zeitpunkt, wo er ihr eröffnet, dass er sich in seinem Leben keine Kinder vorstellen kann. Diese Aussage wird dann von den Partnerinnen, die unbedingt ein Kind möchten, wie ein Faustschlag empfunden.

Während die biologische Uhr als klar definiertes Zeitfenster tickt, fragen sie sich verzweifelt: „Was soll ich nur tun?" Es kann natürlich auch vorkommen, dass er Kinder möchte und sie nicht. Obwohl nicht alle Frauen vom Kinderglück träumen, ist das aber wesentlich seltener der Fall als umgekehrt. Dennoch kommt es vor, dass manche Frauen einem eigenen Kind die Frustration, in einer ärmlichen Familie groß zu werden, wie es einst bei ihnen der Fall war, ersparen möchten. Belegt wurde die aktuelle Situation bereits in der deutschen Vorwerk-Familienstudie 2007. Ihr zufolge sind 35 Prozent der Männer kinderlos. Nur knapp die Hälfte kann sich ein Leben mit Kinderglück vorstellen, und die andere Hälfte der unter 45jährigen ist sich sicher, auch ohne Kinder genau so glücklich leben zu können.

Selbst Experten tun sich hier mit einer profunden Antwort für die betroffenen Frauen schwer, weil es einfach kein richtig oder falsch gibt. Für viele Menschen sind Kinder zweifellos ein erfüllender Lebensbestandteil, doch unsere Gesellschaft ist auch für die sozialen Ursachen verantwortlich, wegen der inzwischen immer öfter auf Kinder verzichtet wird. Aktuelle Schätzungen belaufen sich noch dazu auf rund 100.000 Euro, die ein Kind bis zur Volljährigkeit kostet. Je nach Lebensstandard kann das natürlich auch beträchtlich mehr sein.

Manchen persönlichen Lebenszielen und Karrierewünschen stehen Investitionen dieser Größenordnung durchaus im Wege. Auch Arbeitslosigkeit bzw. ein geringes Gehalt können Ausschließungsgründe sein. Daher empfiehlt es sich in solchen Situationen, keine voreiligen und weitreichenden Entscheidungen zu treffen. Betroffene Paare sollten sich am besten in einer sachlichen und rationalen Atmosphäre aussprechen und ganz genau prüfen, ob ihre Positionen wirklich unvereinbar sind. Zeit, die genützt werden soll, um in Ruhe Bilanz über die Partnerschaft und das Leben zu ziehen.

Solche klärenden Gespräche unter vier Augen machen allerdings nur Sinn, wenn man ehrlich agiert, ohne den Partner zu beleidigen. Das Hinzuziehen einer dritten Person hilft hingegen selten, da es ja doch nur um die ganz persönlichen Ansichten der beiden Betroffenen geht. Das trifft auch auf die Inanspruchnahme professioneller Hilfe zu. Man darf dem Partner nicht vorenthalten, ihn zu lieben (wenn dem so ist) und dass die eigene Entscheidung nichts mit der Beziehung als solche zu tun hat. Wenn auch in mehreren Gesprächen keine Einigung möglich ist, kann der Ausweg wohl nur eine freundschaftliche Trennung sein, da sonst bei einem Zusammenbleiben die Ressentiments gegenüber dem Partner immer größer werden.

In weiteren Studien versucht man derzeit die ablehnende Haltung der Männer gegenüber eigenen Kindern herauszufinden. Wie schon im 6. Kapitel „Männer, die hilflosen Helden unserer Zeit“ beschrieben, erleben Jungs ihr Heranwachsen heute so, dass Erziehung primär Frauensache ist. Zuhause betreut die Mutter die Buben, im Kindergarten ist es die dortige Tante, sprich Erzieherin und dann die Volksschullehrerin. Auf diese Weise durchleben die Knaben durchwegs männerfreie Erziehungs- und Bildungsphasen ihres jungen Lebens.

Und genau hier sind sich Experten sicher, gehört in Zukunft der Hebel angesetzt, damit den Jungen schon möglichst früh ein verändertes Rollenbild näher gebracht wird. Dann kommt auch noch die heute deutlich verlängerte Übergangsphase zwischen Kind und Mann-sein dazu, welche die mangelnde Bereitschaft, Vater zu werden, zusätzlich unterstützt. Ebenso der Umstand, nicht mehr die unbestrittene Rolle des Ernährers und Haushaltsvorstands einnehmen zu können.

Bevor man eine Partnerschaft wegen Uneinigkeit in der Kinderplanung aufgibt, sollte allerdings eindeutig geklärt werden, ob der ablehnende Partner grundsätzlich keine Kinder haben möchte oder ob er nur derzeit noch nicht dazu bereit ist. Beide müssen sich klar darüber werden, wie wichtig Kinder in ihrem ganz persönlichen Lebenskonzept sind. Schließlich gibt es eine Menge Paare, die auch ohne Kinder, „nur“ mit dem Umstand, sich zu haben, sehr glücklich sind.

Wenn sich eine Frau allerdings ganz sicher ist, nicht ohne Kinder bleiben zu wollen, wird eine Trennung unvermeidlich. Warten reduziert schließlich ihre Chancen, einen Mann kennen zu lernen, mit dem sie noch ein Kind (oder mehrere Kinder) bekommen kann.

Vor die Entscheidung „Kind oder Trennung“ gestellt, beharren aber nicht mehr alle Frauen konsequent auf ihren Kinderwunsch. Für‘s Erste ist die Forderung zwar oft vom Tisch, doch kann sie zu einem späteren Zeitpunkt durchaus wieder aktuell werden. Schließlich ist es keine ideale Lösung, dem Partner zuliebe seine Meinung zu ändern und damit die eigene Überzeugung langfristig zu verleugnen. Für die Liebesbeziehung wäre das in einem solchen Umfeld immer eine Belastung.

Es gibt aber auch karriereorientierte Frauen, die eine höhere Ausbildung absolviert und sich eine gute berufliche Position erarbeitet haben. Wenn ihnen dann ihr Partner, der vielleicht selbst Karriere gemacht hat, eines Tages ganz plötzlich eröffnet, ein Kind zu wollen, fallen sie aus allen Wolken. Sie wissen nämlich, dass damit ihr Karriere-Ende verbunden sein kann, noch bevor sie ihr eigentliches Berufsziel erreicht haben. Vor allem, wo es Unternehmen gibt, bei denen viele Mitarbeiter schon zögern, sich ein paar Urlaubstage zu genehmigen.

Außerdem ist sie jetzt etwa 30 und nicht 50, was so viel heißt, dass sie ihr Recht auf Freiheit (zumindest auf eine solche zu zweit) einfordert. Weitere Bedenken können auch noch die Geburtsschmerzen und die Gefahr eines behinderten Kindes sein. Wenn Frauen in die Mutterschaft gedrängt werden, werfen sie diesen Umstand später meistens dem Mann und manchmal auch dem Kind vor.

Während sie ihn für's Erste mal so gut es geht vertröstet, bahnt sich jedoch ein unaufhaltsamer Interessenskonflikt an, der nicht selten in heftigen Streitgesprächen endet. Berufsorientierten Frauen, die sich gegen Kinder entschieden haben, sind (vor allem in älteren Jahren) mit einem ziemlich negativen Image behaftet. Ihnen wird als Druck der Gesellschaft gerne vorgeworfen, herzlos, karrieregeil und egoistisch zu sein. Doch sollte man hier auch fairer Weise die Frage stellen, ob es nicht genau so egoistisch ist, ein Kind zu wollen, weil man sich von ihm ein erfüllteres Leben verspricht.

Wenn der Kinderwagen leer bleibt, sind Frauen auch immer wieder der Kritik ausgesetzt, nichts zur Gesellschaft beizutragen. Da ihre Beiträge aber auch auf zahlreiche andere (soziale) Weisen erfolgen können, sollte sich keine Frau rechtfertigen müssen, dass sie sich für oder gegen Kinder entschieden hat. Auch ist es oft so, dass Frauen zwar Kinder mögen, aber bereits ihre kleineren Schwestern und Brüder mit großgezogen haben und damit das eigene Mutter-Soll als erfüllt empfinden. Noch dazu, wo es meistens auch kleine Nichten und Neffen gibt, denen man Fläschchen geben und die Windeln wechseln kann.

Ferner ist es in der Praxis schwierig, engagierte Mutter und dennoch sexy zu sein. Zwischen Waschen, Putzen, Einkaufen, Küche und Kindern bleibt wenig Zeit, um sich immer hübsch und attraktiv zu machen. Dennoch wollen auch Mütter von ihren Männern begehrt werden. Augenringe, Hängebusen, Übergewicht und Schürzenkluft tragen dazu leider nicht gerade bei. Viele Frauen können sich auch nicht damit anfreunden, so wie ihre Schwiegermutter zu werden. Bloß, Eitelkeit hat bei einer Mutter keinen Platz. Schließlich haften Schwangerschaftspfunde noch zäher als die normalen. Und 25 kg plus sind keine Seltenheit. Bis auf ein paar Kilo kann man sie ja meistens wieder loswerden, aber der Rest zieht sich beharrlich.

Jede wichtige Entscheidung im Leben sollte man verantwortungsvoll abwägen und sich im Zweifelsfalle für ein Nein entscheiden. Wer vorrangig gesellschaftlichen Erwartungen entsprechen will, der Elternrolle aber später nicht gerecht wird, hat jedenfalls die falsche Entscheidung getroffen, wenn er sich Kinder anschafft.

Noch dazu wurde die Generation der heute 30-40 Jährigen gewissermaßen ihrer Jugend beraubt. Ständig hatte man diesen Jahrgängen geraten, auf alles Mögliche achtzugeben: als Kind besonders brav zu sein und fleißig zu lernen, dann die Arbeit nicht zu verlieren, sich vor Aids zu schützen, gesellschaftliche Faux Pax zu vermeiden u.s.w. Auf diese Weise wurden sie schon in sehr jungen Jahren mit einer Menge Probleme, Risiken und Verantwortung konfrontiert. Und jeder Generationswechsel führt zu Aufruhr. Sitten verändern sich ständig und mit immer größerer Geschwindigkeit.

Im Erwachsenenalter beobachten wir eine jüngere Generation, die mit unserer so gut wie nichts mehr gemeinsam hat. Zugleich blicken wir auf eine Elterngeneration zurück, die uns ebenfalls fremd ist. Die heute 30 bis 40-Jährigen scheinen ihre Bezugspunkte verloren zu haben. Sie sind weder Kinder des Milleniums, noch haben sie die 70er Jahre bewusst erlebt. Gute Gründe, weshalb auch neue Gesellschaftsmodelle dringend erforderlich wurden.

Wenn die heute 30 bis 40-Jährigen es dann geschafft und eine gute Position erreicht hatten, entflammte die Sehnsucht in ihnen, sich richtig zu amüsieren und endlich die zuvor so bieder eingehaltenen Grenzen zu überschreiten. Dieses Gefühl hatten sie in ihrer Jugend nicht wirklich kennen gelernt. Für viele stand daher schon als Teenager oder Mitte 20 fest, niemals eigene Kinder zu wollen.

Manche junge Frauen wiederum haben bereits ein Kind. Zum Beispiel aus erster Ehe oder einer Lebensgemeinschaft, die mit Trennung endete. Später lernen sie einen neuen Partner kennen und lieben, der das mitgebrachte Kind meistens positiv annimmt. Doch - und jetzt beginnen die Probleme - er möchte auch ein eigenes Kind mit seiner neuen Partnerin. Diese ist dazu aber oft nicht mehr bereit. Gründe dafür kann es viele geben. Manchmal bezweifeln Frauen in solchen

Situationen, einem zweiten Kind ebenso viel Liebe und Aufmerksamkeit wie dem ersten schenken zu können.

Das erste Kind ist auch häufig mit der großen Liebe ihres Lebens untrennbar verbunden. Wenn sie den Kinderwunsch des jetzigen Partners ablehnt, könnten bei diesem aber erste Zweifel an ihrer Liebe aufkommen. Die konkrete Rolle des ersten und die mögliche Rolle des zweiten Kindes in diesem Gefüge wird damit zur großen Schicksalsfrage. Wie wichtig ist ein weiteres Kind für die Liebe? Wenn er dann noch dazu mit seinem Wunsch nicht locker lässt, kann das zu erheblichen Problemen, wenn nicht sogar zur Trennung, führen: Ein Umstand, mit dem sich viele geschiedene Menschen konfrontiert sehen, die wieder heiraten.

Natürlich gibt es auch jene Menschen, für die Babys nur schreien, stinken und zu Mitternacht aufwachen, weil sie Hunger haben. Tagsüber schlafen sie ja. Und je größer die Kinder werden, umso mehr Dummheiten verursachen sie. Ganz zu schweigen von den vielen idiotischen Fragen, die beantwortet werden müssen. Im pubertären Alter lungern sie (vor allem die Jungs) herum, rauchen heimlich, masturbieren dauernd und bringen grauenhafte Freunde mit nach Hause. So richtige kleine Paschas eben, die sich nichts sagen lassen und alles besser wissen. Na, und Mama und Papa sind ohnehin so etwas von uncool und doof. Urpeinlich eben, diese ewig gestrigen Alten ...

Wer so denkt, gibt meistens auch ganz offen zu, keine Kinder zu mögen bzw. sich für sie zumindest nicht näher zu interessieren. Zugleich lehnt er den für ihn übertriebenen Kult ab, wie er in vielen Familien der lieben Kleinen wegen getrieben wird. Wenn hier der eigene Partner anders denkt, werden viele Überzeugungsgespräche in Verstimmung oder Streit enden. Dennoch muss man, wenn man sich gegen ein Kind entscheidet, nicht auf ein Leben in Partnerschaft verzichten. Jeder hat das Recht auf Zweisamkeit. Man sollte nur die Gefühle und den Lebensplan seines Partners sehr genau kennen, um zu wissen, ob die Liebe stark genug ist, um Kinderlosigkeit zu akzeptieren.

Manche Menschen wollen schon deshalb keine Kinder, weil sie ihr jetziges Leben sehr genießen und befürchten, dass sich dieser geschätzte Umstand durch ein neues Familienmitglied ändern könnte. Elternschaft hat im Leben der meisten Menschen eine spezielle Wertigkeit erlangt. Dabei werden Kinder in der allgemeinen Wahrnehmung eher als Belastung, als eine Bereicherung empfunden. Nur ein Viertel der befragten Männer und Frauen erwartet sich durch Kinder mehr Lebensfreude und Zufriedenheit. Ein interessanter Aspekt: Britische Forscher fanden die neurobiologische Bestätigung, dass bei mütterlicher Liebe (genau so wie bei partnerschaftlicher) weitgehend dieselben Gehirnregionen aktiv bzw. stillgelegt sind.

Vor allem der finanzielle Spielraum, die Beschäftigungschancen, Unabhängigkeit und die eingeschränkte persönliche Freiheit sprechen heute gegen Kinder. Öfters fehlt auch der passende Partner oder die Gesundheit schränkt mögliche Nachwuchsambitionen ein. Zugleich ist inzwischen das Ansehen von Familien gegenüber früher eindeutig im Sinken begriffen. Auch die Emanzipation der Frauen hat ihre Langzeitfolgen dazu beigetragen.

Dazu kommen noch diverse Umweltaspekte, die nicht gerade motivierend stimmen. Eine alarmierende US-Studie belegte 2010 die Forschungsergebnisse von Wiener Wissenschaftlern. Hochgiftige Schadstoffe in der Luft, die vor allem von Autoabgasen und Zigarettenqualm stammen, gefährden bereits im Mutterleib die Gesundheit unserer Babys erheblich. Die ernüchternden Auswirkungen sind ein geringeres Geburtsgewicht, ein kleinerer Kopf, ein erhöhtes Krebsrisiko und eine langsamere Entwicklung.

Noch dazu leben die Menschen global gesehen seit Mitte der 1970er Jahre über den Verhältnissen unseres Planeten. Das heißt, wir verbrauchen mehr Ressourcen, als die Erde nachhaltig zur Verfügung stellen kann. Dieses Missverhältnis ist der Grund, dass wir 2030 eigentlich zwei Planeten brauchen würden, wie der globale Umweltbericht „Living Planet Report" des WWF mitteilt. Zur Verschwendung der Ressourcen kommt leider auch noch die fortschreitende Zerstörung unserer Umwelt.

Wenn es Männer auf direkte (oder subtile) Weise ablehnen, eigene Kinder zu bekommen, können auch lebenslange Bindungsängste der Grund sein. Oft fehlt ihnen nicht nur die Lust, sondern auch der Mut zu diesem weit reichenden Schritt. Auch die Angst vor Trennung und Scheidung sowie ein Leben lang zahlen zu müssen, spielt eine Rolle. Wenn die Partnerin in diesem Umfeld Kinder will, sieht sie oft in der sexuellen Beziehung keinen Sinn mehr und verschließt sich zunehmend. Diese Entwicklung erfolgt meistens ganz unbewusst und erfordert es, konstruktiv darüber zu sprechen. Um weiteren Frust zu vermeiden, darf das Thema dabei aber nicht bagatellisiert werden.

Ein Vertrösten auf unbestimmte Zeit wäre allerdings keine faire Lösung. Es sollten schon konkrete Absprachen über den richtigen Zeitpunkt erfolgen. Manche Männer sind auch froh, wenn ihnen die Kinderentscheidung von der Partnerin abgenommen wird. Vor einer forcierten Schwangerschaft ohne Einverständnis des Partners ist allerdings dringend abzuraten.

Kinder strikt abzulehnen ist eine viel geläufigere Reaktion als man allgemein glauben würde. Damit ist gewissermaßen auch eine Ablehnung unseres Gesellschaftssystems als gültige soziale Norm verbunden. Und hier sind wir schon voll in unserer heutigen, sehr von Pessimismus geprägten Zeit, in der einstige Hoffnung einem neuen Zynismus weicht. Immer mehr Menschen lehnen es ganz einfach ab, ein Kind in diese problematische, unsichere und depressive Welt zu setzen.

Jeder will schließlich das Beste aus seinem Leben machen. Dabei schätzen viele Paare den überaus entspannenden Umstand, zu zweit auf Urlaub zu fahren und spontan ins Kino gehen zu können, wann immer sie wollen. Auch durchfeierte Wochenenden stellen kein Problem dar. Vom Heimgehen-müssen um 22.00 Uhr, weil der Babysitter auf seine Ablöse wartet, ganz abgesehen. Hier siegt immerhin der Spaß-Faktor gegenüber der Freude. Noch dazu, wenn die Freude viel Mühe und große Opfer kostet.

Gesellschaftlich betrachtet ist Kinderlosigkeit ein Trend, der von der Avantgarde der Gebildeten, und hier wiederum besonders von den Männern, ausgeht. 59 Prozent der männlichen Hochschulabsolventen sowie 52 Prozent der Akademikerinnen in Deutschland sind (noch) kinderlos. Jeder zweite Akademiker bis 45 hat somit keine Kinder. Man könnte aber auch sagen, je wohlhabender und karriereorientierter vor allem die Städter sind, desto weniger Lust haben sie auf Nachwuchs. Das ergab eine aktuelle Auswertung aller 23 Wiener Bezirke.

Die Bewohner mancher Stadtteile Wiens haben ihre Wurzeln eindeutig im Ausland. Zugleich sind diese Bezirke Schlusslichter, was die Kaufkraft anbelangt. Dennoch wurden in einem solchen Bereich im Vorjahr 179 Menschen mehr geboren als dort Einwohner verstarben. Eine wahre Babyflaute hingegen herrscht bei Österreichs Top-Verdienern. In ihren elitären Wohngegenden kann die Zahl der Geburten die Todesfälle nicht annähernd aufwiegen.

Es ist sogar immer wieder die Rede, dass sich Männer im Zeugungsstreik befinden. Gerade Absolventen mit Managergehältern gehören zu den engagierten Zeugungsverweigerern. Und das trotz Partnerschaft, in der sie leben. Bei Hauptschulabsolventen liegt die Quote der Kinderlosen deutlich darunter. Überall auf der Welt entwickelt sich jedoch die Geburtenrate antiproportional zum Wohlstand des jeweiligen Landes.

Gut verdienende Herren können heute alle Haushaltsarbeiten problemlos outsourcen, ohne eine Ehefrau zu brauchen. In unserer bereits vieler Traditionen beraubten Gesellschaft erlebt auch Sexualität ein befreites Dasein und ist überall und ohne Auflagen erhältlich. Dadurch sinkt auch der „Marktwert“ von Frauen mit striktem Kinderwunsch, da dieser für die Herren der Schöpfung oft zur Belastung wird.

Was aber ist, wenn beide für ein Baby bereit sind, der Storch aber keinerlei Anstalten macht, zu landen? Die biologische Uhr tickt schließlich unbarmherzig, und zwischen 30 und 40 Jahren sinkt die Wahrscheinlichkeit einer Schwangerschaft auf bescheidene zwei Prozent. Ein unerfüllter Kinderwunsch erfordert daher für viele Frauen den Weg zum Spezialisten für künstliche Befruchtung. Während sich der Zeitpunkt der ersten Schwangerschaft gegenüber früher stark nach hinten verschoben hat, trifft das aber nicht auf die Fruchtbarkeit der Frau zu.

Dr. Martin Imhof und Dr. Andrea Weghofer sind als namhafte Wiener Gynäkologen (www.imi.co.at) in erster Linie bemüht, die Ursachen für den unerfüllten Kinderwunsch zu finden, um so rasch wie möglich (24 Stunden nach der Diagnose) mit der richtigen Therapie beginnen zu können. Je später die Behandlung beginnt, desto unwahrscheinlicher ist nämlich der Erfolg. Durchschnittlich vergehen derzeit sieben Jahre vom ersten Versuch, auf natürlichem Weg schwanger zu werden, bis zur effizienten Therapie. Das primäre Ziel von Dr. Imhof und Dr. Weghofer ist eine natürliche Befruchtung. Mittels medikamentöser Behandlung, wird je nach Ursache versucht, mit Hormonen, oder mit Antibiotika bei Infektionen, erfolgsversprechende Voraussetzungen zu schaffen. Dazu muss man mit einer 2-3monatigen Behandlung rechnen. Als allerletzte Möglichkeit bleibt die IVF-Behandlung als künstliche Befruchtung der Eizelle im Reagenzglas. Teilweise werden die Kosten von hundert bis 1.150 Euro von der Krankenkassa getragen.

Dann gibt es auch noch jene Variante des Kinderglücks, bei der es nicht erforderlich ist, selber biologische Eltern zu werden. Unter anderem machen das Madonna, Brangelina, Tom Cruise und Nicole Kidman vor: Die Adoption von Kindern - und zwar hauptsächlich von einem anderen Kontinent. Bei vielen Hollywood-Stars gehört das förmlich schon zum guten Ton. Wenn Normalsterbliche eine in unseren Breiten eher übliche Inlandsadoption anstreben, benötigen sie die Zustimmung der leiblichen Eltern. Auch dann, wenn diese noch minderjährig sind. Frauen, die ihr Kind nach der Geburt zur Adoption freigeben möchten, stehen Behörden oder Adoptivvereine mit entsprechenden Informationen, Beratung und Begleitung zur Seite. Alternativ dazu gibt es auch die anonyme Geburt oder das Ablegen eines Babys in der „Babyklappe“ eines Krankenhauses. In diesem Fall übernimmt das Jugendamt automatisch die Fürsorge und sucht passende Adoptiveltern.

Ansonsten können Eltern (und die Kindesmutter) zwischen zwei Adoptionsvarianten wählen:

1) Die Inkognito-Adoption, für die sich etwa zwei Drittel entscheiden. Hier erhalten die Eltern, falls sie es wünschen, grobe Angaben über die ausgewählten Adoptiveltern (ohne Name und Adresse).
2) Die offene Adoption wird von rund einem Drittel gewählt. Dabei lernen sich die leiblichen und die adoptierenden Eltern persönlich kennen. Es kann auch zu regelmäßigen Besuchen kommen. Fachleute sind der Meinung, dass diese Form wissenschaftlich erwiesen die beste Adoptionsart ist, wenn sie von beiden Seiten gewünscht wird. Bei jeder Variante erfahren die Adoptiveltern den Namen der Mutter aus der Geburtsurkunde. Somit wird nur eine einseitige Anonymität gewährleistet.

Normaler Weise muss eine Adoptivmutter mindestens 28 Jahre und der Vater 30 Jahre alt sein. Eine gesetzliche Altersobergrenze besteht nicht. In der Praxis werden jedoch meistens Säuglinge adoptiert. Daher ist es empfehlenswert, wenn die Adoptiveltern nicht über 45 Jahre sind. Eine „Light-Variante“ wäre es noch, Pflege- statt Adoptiveltern zu werden, was z.B. in Wien jährlich 4 bis 5 mal so häufig wie die Adoptivelternschaft erfolgt. Pflegeeltern übernehmen im Allgemeinen nicht die volle Obsorge mit der Vermögensverwaltung, sondern „nur“ die Pflege und Erziehung des Kindes.

Wer einem Kind Gutes tun möchte, ohne dieses allerdings in seinen eigenen Lebensbereich integrieren zu können oder zu wollen, hat auch noch die Möglichkeit, eine Patenschaft, z.B. in Afrika, zu übernehmen. Mit nur einem Euro pro Tag kann man hier die Lebensumstände einer ganzen Region verbessern. Erfahrene Projektleiter finanzieren von den Partnerschaftsbeiträgen Schulgeld, Schuluniform und Lernmaterialien sowie die Kosten für Gesundheitsvorsorge und Berufsausbildung. Dabei erhält kein Kind direkt Geld ausbezahlt. Der Ausbildungspate wird ausführlich über sein Patenkind und über sein soziales Umfeld informiert und erhält jährlich einen individuellen Entwicklungsbericht mit den aktuellen Infos über die Situation seines Schützlings.

Für all jene, die allerdings grundsätzlich keine Kinder möchten, ist auch die Adoption, Pflegeeltern- oder Patenschaft keine reizvolle Option. Eventuell könnte eine gezieltere Familienpolitik, welche die sozialen, wirtschaftlichen und politischen Rahmenbedingungen unterstützt, zu mehr Geburten führen. Dazu wäre aber ein Umdenken wichtig, wie z.B. mehr Kindergeld, Elternzeit und Ganztagesplätze. Männer müssten auf breiter Basis zur aktiven Vaterschaft motiviert werden, um sich verstärkt für Kinder und Haushalt einzusetzen, ohne dabei einen hemmenden Machtverlust zu verspüren.

Um das zu erreichen, gilt es aber auch noch einige Traditionen zu durchbrechen. Bestehende Benachteiligungen der Frauen in der Arbeitswelt müssten behoben und der Wiedereinstieg in den Beruf erleichtert werden. Doch wenn der Kinderwunsch im Empfinden der Menschen nicht (mehr) vorhanden ist, können selbst die besten familienpolitischen Maßnahmen keine Wunder wirken.

„Um Kinder zu erziehen, muss man verstehen, Zeit zu verlieren, um Zeit zu gewinnen." Friedrich Schiller.

13. Kapitel:

LIEBES-KNIGGE, was tun, wenn ...

Eine Höflichkeit erfordert die andere.
(Sprichwort)

Stil und Etikette sind nicht nur in der noblen Welt des Golfs, sondern durchaus auch in Partnerschaft und Liebesleben angebracht. Gerade in einer Zeit, in der die Ehe weder als heilig, noch als ewige Institution erachtet wird, sind alte Werte wieder gefragt. Das beginnt bereits mit einem gepflegten Umgangston, der in jeder Partnerschaft selbstverständlich sein sollte. Dennoch besteht die Gefahr, dass uns der Partner oft vertrauter wird, als das vielleicht gut ist. Gerade belanglose Nachlässigkeiten können auch ursprünglich liebevolle Beziehungen mit der Zeit ganz schön zermürben.

Doch, beginnen wir beim initialen Schritt zum großen Glück: dem ersten Date. Dafür einen optimalen Ort vorzuschlagen, ist gar nicht so einfach. Grundsätzlich gilt jedoch, dieses Treffen unbedingt auf neutralem Boden stattfinden zu lassen. Ihn (sie) gleich zu sich nach Hause einzuladen, oder sich dorthin einladen zu lassen, wäre unpassend. Es muss auch kein stilvolles Candle Light-Dinner im Haubenrestaurant erfolgen, bei dem man sich die meiste Zeit über vielleicht nur unsicher anschweigt.

Für jene, die Small Talk nicht so gut beherrschen, haben sich auch Rollerbladen, Museums- oder Kinobesuche als leichter Einstieg schon bewährt. Ansonsten ist die entspannte Atmosphäre eines netten Cafés oder gediegenen Heurigenlokales- bzw. Gartens durchaus geeignet. Das eigene Stammlokal mit den unter Umständen schlüpfrigen Blicken des Kellners wäre aber zu vermeiden. Und wer keinen schlechten Eindruck hinterlassen will, sollte auch keine deftigen Speisen bestellen. Ist Essen angesagt, so sind anstelle von Schweinsbraten und Spare Ribs Salate, Spaghetti oder asiatische Küche leicht genug, um auch den Schmetterlingen im Bauch noch Platz zu lassen. Und noch ein wichtiger Tipp: Bitte vorher das Handy abschalten.

Wenn man sich dann gegenseitig auch noch anziehend findet, steht einem heftigen Flirt-Vergnügen nichts mehr im Wege. Da kann durchaus der Wunsch aufkommen, sich von seinem süßen Gegenüber mehr als nur die Telefonnummer geben zu lassen. Wem nach einem „One Night Stand“ verlangt, der sollte aber bedenken, dass er den anderen Menschen noch nicht wirklich kennt und man dabei auch unliebsame Überraschungen erleben kann.

Wenn die Lenden allerdings schon unaufhaltsam glühen, geht man mit seiner Errungenschaft besser in ein Hotel. Schließlich lässt sich ein Rausschmiss in den eigenen vier Wänden nicht immer ganz unproblematisch durchziehen. Selbstredend, dass die Verwendung eines Kondoms Pflicht ist. Und Problemgespräche sollte jeder, der das Abenteuer wirklich genießen will, tunlichst vermeiden. Ansonsten möchte ich an die im 2. Kapitel beschriebene Drei-Monats-Falle erinnern, in deren Phase aus gutem Grund zu sexueller Zurückhaltung geraten wird.

War die Lust jedoch beim besten Willen nicht mehr zu stoppen und wurde auch vorbildlich für Schutz und Verhütung gesorgt, kann jetzt bereits die erste Liebespanne passieren, und zwar ... wenn z.B. das Kondom platzt. Gründe gibt es dafür einige. Etwa, wenn das Verhüterli für die stolze Penisgröße zu klein ist oder wenn es nicht sachgerecht angelegt wurde. Manchmal wird es auch unbemerkt durch die Fingernägel beschädigt.

Wenn frau jetzt nicht schwanger werden möchte und vom Tagesverlauf der Regel her keine Unbedenklichkeit besteht, muss ein Gynäkologe aufgesucht werden. An den Wochenenden stehen auch Notfallambulanzen zur Verfügung. Nur ein Facharzt kann jetzt zuverlässig über die Risiken beraten und entsprechende Maßnahmen empfehlen. „Die Pille danach“ wäre als Hormonpräparat eine solche. Aber auch nur dann, wenn noch kein Eisprung erfolgt ist.

Allerdings kann sein „bestes Stück“ auch noch für einen weiteren Leidensdruck sorgen. Und zwar dann, wenn ihm sein Peniskomplex besagt, dass es zu klein ist. Auch wenn es Frauen vielleicht gar nicht so auf die Größe ankommt, sehen Männer das ganz anders. Und dabei handelt es sich nicht um die negative Selbsteinschätzung verschrobener Einzelner, sondern durchaus um ein Massenphänomen. Schließlich sind mehr als zwei Drittel der Herren der Meinung, dass ein großer Penis selbstbewusster macht. Wüssten sie allerdings über die weibliche Anatomie etwas besser Bescheid, würde vielen von ihnen der Umstand sichtlich entspannen, dass die Vagina nur etwa 9 cm lang ist. Dieser Leidens- und Leistungsdruck der Männer ist den meisten Frauen jedoch unbekannt.

Doch, selbst wenn der kleine Unterschied keine großen Probleme macht und man soeben richtig bei der Sache ist, kann sich der Körper plötzlich mit einem unerwarteten, aber umso peinlicherem Prrrrrop-Geräusch zu Wort melden und unüberhörbar Luft entweichen lassen. Mögliche Ursachen dieses flatulenten Intermezzos sind das Essen, die Position, das Körpergewicht oder bloß eine biologische Veranlagung. Jedenfalls handelt es sich dabei um eine verflixte Situation, durch die man einfach durch muss.

Manche Verursacher überspielen die Szene, indem sie mit einem unschuldigen Anflug von Humor meinen: „Ich war das aber nicht!“ Natürlich kann man auch dazu stehen und zugeben, dass es einem peinlich ist. Am besten in Verbindung mit einem Kompliment für den anderen. Nehmen Sie es jedenfalls mit Humor, denn es gibt Schlimmeres. Übrigens kann solche Geräusche auch die Vagina verursachen, wenn beim Sex zu viel Luft hineingepumpt wird. Schließlich muss sie ja auch wieder irgendwie hinaus. Ein Stellungswechsel sollte für Abhilfe sorgen.

Gelegentlich kann auch im just ungeeignetsten Moment ein verflixter Wadenkrampf dazwischenfunken. Dieser lässt die Lust auf Sex schlagartig abflauen, da man nur noch damit beschäftigt ist, den verdammten Schmerz loszuwerden. Wenn das dem anderen widerfährt und er das Liebesspiel abrupt beendet, sollte man sich jedoch nicht vor Lachen zerkugeln, sondern eher Mitgefühl und Diplomatie walten lassen.

Vermutlich waren manche von Ihnen auch schon unfreiwillige Lattenrost-Qualitätstester eines schwedischen Möbelhauses. Bei besonders wilden Sexorgien kann es dabei vorkommen, dass das Bett wegen Überbelastung mit lautem Getöse zusammenkracht. Und ein solches Ereignis killt jede romantische Stimmung in Sekundenschnelle. Doch, die Verblüffung weicht im Allgemeinen zwangloser Heiterkeit, den diese kollektive Sexpanne auslöst, da sich beide gleich darauf vor Lachen schütteln.

Eine weitere Panne der besonders peinlichen Art bringt das Schlafzimmer hervor, wenn Sie als Mann z.B. lustvoll „ohhh, Eva, äh, Mirjam, ich meine Claudia ..., etc.“ stöhnen. Beim Liebesakt seine Liebste (oder umgekehrt) mit falschem Namen anzusprechen, ist ein schlimmer Faux pax. Es lässt sich sogar darüber streiten, für wen er schlimmer ist. Da sich hier wahrlich niemand geschmeichelt fühlen kann, ist selbst eine sofortige Entschuldigung nur ein schwacher Trost.

Doch, selbst wenn man nicht gerade die Namen verwechselt, können auch die falschen Worte, um dem anderen so richtig einzuheizen, für ähnliche Peinlichkeit sorgen. Sie erkennen es daran, dass die/der Liebespartner/in nur milde lächelt und die Stimmung in den Keller fällt. Gelegentlich können solche Situationen aber auch regelrechte Lachorgien hervorrufen. Auch, wenn man die zwar gewollt, aber so gar nicht gekonnt über die Lippen gebrachten lüsternen Worte am liebsten sofort zurücknehmen bzw. im Erdboden versinken würde, lassen sie sich nicht mehr ungeschehen machen.

Ein eindeutiger Klassiker unter allen möglichen Sexpannen ist es ..., ja, richtig: während dem Liebesspiel einzuschlafen. Im Nachhinein kann man sich sogar die Frage stellen, ob die eigentliche Panne das Einschlafen oder nicht schon zuvor die Wahl des/der Sexpartners (der Sexpartnerin) war. Und wenn es schon nicht während dem Sex passiert, so ist es - vor allem bei Männern - nach dem Sex häufig der Fall, dass sie ganz rasch ins Träumeland hinübergleiten. Kein Wunder, dass sie sich dann fragt, ob das jetzt alles gewesen ist. Schuld daran sind wieder einmal die verflixten Hormone, weil nach dem Orgasmus der Prolaktinspiegel in die Höhe schießt.

Wenn wir schon beim Schlafen sind, ist auch die nächste Panne nicht mehr fern. Sie wollen schlafen und Ihr Partner schnarcht, dass sich die Balken biegen. Gerade Frauen leiden oft darunter, dass ihr Liebster nachts die Wälder Kanadas rodet. Einer Erhebung nach schnarchen 60-80 Prozent aller Männer über 50 Jahren. Von den Frauen sind es nur halb so viele. Aber auch jüngere Jahrgänge werden von dieser Peinlichkeit nicht verschont. Um einen wahren Liebeskiller handelt es sich dabei in jedem Fall, denn Schnarchen ist ein äußerst nervendes Geräusch, das an das Brummen eines Kühlschranks bis an einen vorbeifahrenden LKW herankommt.

Die Ursache für dieses nächtliche Lärmen ist die eingeatmete Luft, die auf einen Widerstand im Nasen-, Mund- oder Rachenraum trifft. Das ist vor allem dann der Fall, wenn die Nasenatmung zur Sauerstoffversorgung allein nicht ausreicht und durch Mundatmung unterstützt werden muss. Wie ein Blatt Papier, das im Sturm flattert, erzeugen die Schwingungen im Bereich des weichen Gaumens die unerwünschten Geräusche.

Übergewicht, Alkoholkonsum, Nasenprobleme oder eine Erkältung sind die häufigen Gründe für das nächtliche Sägen. Aber auch Nikotin, Koffein oder Schlafmittel können das Schnarchen verstärken. Angeblich haben Männer schon in der Urzeit geschnarcht, was das Zeug hielt. Und zwar um mit dieser imposanten Geräuschkulisse nächtens Feinde und wilde Tiere fern zu halten. Diverse Sprays, Mundspangen und Kräutertinkturen werden heutzutage als Abhilfe angeboten. Leider sind sie meistens wirkungslos, da nur eine gezielte medizinische Behandlung auf Dauer wirklich hilft.

Doch, selbst wenn niemand etwas falsch macht, ist man im Schlafzimmer auch vor jener legendären Peinlichkeit nicht gefeit: Und zwar, dass sein bestes Stück nicht mitspielt. Dabei würde er ja so gerne, bloß ..., er bringt ihn beim besten Willen nicht hoch. Solche Momente sind natürlich in erster Linie für ihn peinlich, doch auch die betroffene Dame fühlt sich meistens nicht geschmeichelt, wenn sie es nicht schafft, ihn auf Touren zu bringen. Dennoch kann das jedem einmal (oder auch öfters) passieren. Vor allem bei noch jungen Beziehungen sind solche Pannen durchaus keine Seltenheit.

Tja und wie verhält sich das mit dem Sex während „der Tage?“ Auch dieser ist grundsätzlich kein Problem, wenn man dabei auf die notwendige Hygiene achtet, denn während der Periode können Bakterien und Viren leichter in den Körper eindringen.Von Geschlechtsverkehr mit Tampon ist aus Verletzungsgründen allerdings abzuraten.

Zweifellos gibt es guten und schlechten Sex. Ein unerfahrener Liebhaber, dem noch dazu jeder Hang zur Diplomatie fehlt, ist meistens ein Garant für schlechten. Peinliches Dahergerede und ein ignoriertes oder minimiertes Vorspiel kann zwar vorkommen, sollte aber nicht zum Dauerzustand werden. In diesem Fall liegt es an Ihnen als Frau, ihn auf die richtigen Bahnen zu lenken und positiv zu bestärken. Das kann einerseits mit Lob geschehen, wenn er etwas richtig macht, aber auch indem Sie ihm sagen, was Sie wollen. Dazu können Sie ihn gerne an der Hand nehmen und ihm zeigen, worauf es Ihnen ankommt. Dinge, die Sie nicht erfüllen wollen, sollten Sie besser vorher absprechen.

Aber auch außerhalb des Schlafzimmers können sich in Beziehungen noch eine Reihe kniffliger Situationen ergeben. Sehr aufschlussreich ist im Allgemeinen der erste Besuch bei ihm zu Hause. Nach zahlreichen Verabredungen auf freier Wildbahn öffnet er endlich die Höhle des Löwen, sprich, die Pforten zu seiner geheiligten Wohnung. Auch wenn bisher alles bestens gelaufen ist, könnte jetzt der Schock folgen - vom Chaoten über den Kitsch-Liebhaber bis hin zum Ordnungsfanatiker. Alles ist möglich. Selbst wenn es überall blitzt und blinkt und alles an seinem Platz scheint, könnte es sein, dass er womöglich zwei Tage lang aufgeräumt hat, um die Wohnung so richtig auf Vordermann zu bringen. Das kann man immerhin als Zeichen werten, dass Sie ihm etwas wert sind. Ist er jedoch wirklich ein Ordnungs-Freak, liegt es an Ihnen als Frau, zu überdenken, ob ihr Ordnungssinn mit dem seinem kompatibel ist.

Er könnte aber auch dem kreativen Chaos frönen. Hier ein Stapel Zeitschriften, dort eine Kiste mit Bierflaschen, dann die leer gefutterte McDonalds-Tüte und ein Spannteppich mit unübersehbaren Trampelpfaden. In der Küche stapelt sich meistens noch turmhoch das schmutzige Geschirr, und die Leine mit der Wäsche zum Trocknen ist quer durch das Kabinett gespannt. Ordnung darf auch ihr nicht allzu wichtig sein, wenn sie dieses heillose Stilleben akzeptiert.

Dem Kitschliebhaber wiederum geht seine Plüschtiersammlung über alles. Oft reicht sie bis ins Bett. Aber auch Glasfiguren, Gummienten, gehäkelte Deckchen, Setzkästen und jede Menge sonstiger Ramsch zeichnen ihn aus. Solche Wohnungen gleichen oft einem Museum. Psychologen deuten einen Hang zu Kitsch gerne als Sehnsucht nach Geborgenheit. Aber auch Liebe, Leidenschaft und Fürsorglichkeit lassen sich aus diesem Verhalten herauslesen. Manche wollen damit auch ein bewusstes Signal ihrer Unangepasstheit setzen. Humor und eine unkonventionelle Ader ist ihnen jedenfalls nicht abzusprechen.

Auch die Bewirtung ist bei dieser „Special invitation“ einige Beachtung wert. Wenn Sie mit Konserven- oder Tiefkühlkost versorgt werden, wissen Sie gleich, was es geschlagen hat. Manche Gastgeber machen bei diesem Anlass als Partner in spe auch den Fehler, ihre eigene Lieblingsspeise zu kochen, die aber noch lange nicht dem Gaumen des neuen Lieblings entsprechen muss. Es lohnt sich daher, seine/ihre kulinarischen Präferenzen schon vorweg etwas zu erforschen.

Kritisch wird es auch, wenn er (sie) sich zu lange nicht meldet. Sie sollten allerdings sicherstellen, dass der/die Liebste wirklich über Ihre Nummer verfügt und die Hände vorübergehend nicht in Gips trägt. Sind diese Umstände jedoch auszuschließen, können Sie gerne selbst aktiv werden und ihn/sie anrufen. Erzählen Sie ruhig von Ihren Unternehmungen und all dem Spaß, den Sie in der Zwischenzeit hatten. Bleibt sie/er auch weiterhin verschollen, vaporisieren Sie am besten jeden Gedanken an diese Person, die Sie mit Sicherheit nicht verdient hat.

Weitere Pannen, Pleiten und Probleme sind auch in der nächsten Entwicklungsstufe einer Partnerschaft zu erwarten. Und zwar, wenn man es endgültig satt hat, um fünf Uhr Früh vom Bett seines (seiner) Liebsten aufzustehen, um sich vor Arbeitsbeginn von zu Hause frische Kleidung zu holen. Dann erwacht meistens der Wunsch nach einer gemeinsamen Wohnung und dem damit verbundenen Zusammenziehen. Oft fängt es allerdings damit an, dass er seine alte Liebeskiste, sprich, das über viele Jahre strapazierte Doppelbett oder die schmuddelige Couch und sie ihre geblümte Tischdeckensammlung und Urgroßmutters wacklige Kommode mitnehmen will. Eine gute Lösung wäre es daher, wenn jeder sein eigenes Zimmer bekommt, das er nach Belieben einrichten und gestalten kann. Und bei den gemeinsamen Räumen sind nun mal statt egoistischer Unnachgiebigkeit faire Kompromisse angesagt.

Heikle Themen sind auch seine Exfreundin/ihr Exfreund, denn sie können einige Unruhe und Diskussionsstoff in die aktuelle Beziehung bringen. Ohne physisch präsent zu sein, ist oft schon der Gedanke an sie und die gemeinsam verbrachte Zeit des jetzigen Partners Grund, um zu leiden. Viele sehen in ihnen noch imaginäre Konkurrenten/innen. Meistens sind diese Sorgen allerdings ganz und gar unnötig, denn man sollte von sich selbst ausgehen und bedenken, dass man vielleicht auch noch gelegentlich mit dem einen oder anderen seiner eigenen Exfreunde/-Freundinnen Kontakt hat. Und schon relativiert sich wieder alles. Hellhörigkeit ist hingegen dann angesagt, wenn sich der Partner ausgesprochen gut mit dem/der Ex versteht und sich sogar öfters mit ihm/ihr trifft. Dann ist es Ihr gutes Recht, das zu unterbinden, denn was ex ist, sollte auch ex bleiben.

Doch, zurück in die Gegenwart. Ein Kapitel für sich sind auch „sein bester Freund und ihre beste Freundin.“ Gegen diese Menschen ist, wenn sie nicht gerade auf der eigenen Sympathiewelle schwimmen, in der Regel wenig auszurichten. Daher ein heißer Tipp: Halten Sie sich mit Kritik an ihnen zurück. Dennoch kann man darauf bestehen, dass er (oder sie) nicht unbedingt jedes intime oder gar peinliche Detail Ihrer Beziehung erfahren muss.

Ein meistens unliebsamer Beziehungstest ist das erste Treffen mit den (eventuell) künftigen Schwiegereltern. Nur wenige Kandidaten erfreuen sich an dieser unumgänglichen Bewährungsprobe, die immer an ein Vorstellungsgespräch erinnert. Daher empfiehlt es sich, für diesen heiklen Anlass vom Partner bzw. der Partnerin möglichst viele Vorinformationen zu sammeln, um die Gefahr von Überraschungen und peinlichen Situationen zu minimieren. Vaters Passion für‘s Heimwerken sollte einem genau so geläufig sein, wie eventuell Mutters langjährige Gewichtsprobleme.

Auch auf eine passende Kleidung und Erscheinung ist zu achten. Aber bitte immer locker und bequem. Entspannte Eleganz ist sicher eine gute Wahl. Auch Blumen und Komplimente sind angebracht. Kritische Gesprächsthemen (wie bereits beim ersten Date) sind unbedingt zu vermeiden. Bedenken Sie allerdings, bevor Sie sich zu sehr verkrampfen, dass Sie mit Ihrer/m Liebste/n leben wollen und die Schwiegereltern „nur“ Teil ihres/seines Umfelds sind.

Tja, und manchmal im Leben kann man nur das Doppelpack bekommen. Zum Beispiel Mann mit Kind oder Kind mit Mann ;-) bzw. Frau mit Kind. Bevor man sich in solchen Situationen auf Machtkämpfe, die man ohnehin niemals gewinnen kann, einlässt, sollte man sich an dem Umstand erfreuen, eine Familie zu bekommen. Beziehungsglück und Beziehungsarbeit liegen hier ganz eng beisammen. Und eine Lösungskultur zu entwickeln, kann zum Erfolgsfaktor werden. Gute Manieren und kluges Handeln sind es dabei allemal wert, dass man sie an den Nachwuchs weitergibt.

Wer früher oder später einem Seitensprung erliegt, ohne in einer so genannten „offenen Beziehung" zu leben, begeht eindeutig Verrat an seiner Liebe. Ganz egal, ob es sich dabei um ihn oder um sie handelt. Als Betrogene/r hat man in einem solchen Fall alle Rechte, enttäuscht und verletzt zu sein. Dennoch haben, was die Schuldfrage anbelangt, meistens beide ihren Anteil daran. An einem verloren gegangenem Gleichgewicht in der Beziehung ist selten nur einer Schuld. Im Allgemeinen wird ein One Night Stand leichter verziehen als eine monatelange Affäre. Manchmal birgt eine solche Situation sogar die Chance in sich, Probleme zu erkennen und zu lösen, indem künftig ein besserer Partnerschaftsweg eingeschlagen wird. Ist die Verletzung allerdings zu groß, hilft nur mehr ein rigoroser Schlussstrich. Doch, auch eine Beziehung kann man als „Trennung mit Format" fair und stilvoll zu Ende bringen.

Wenn Frauen auf Gemeinsamkeit setzen, sind sie vor weiteren Peinlichkeiten, mit denen sie ihr Liebster konfrontieren kann, nicht gefeit. Eine davon ist zum Beispiel, wenn er sich mit barbarischen Tischsitten outet, indem er schlürft, schmatzt, rülpst und die meisten Speisen nur mit massiver Unterstützung der Finger bewältigt. Hier ist Abhilfe alles andere als einfach. Wenn diplomatische Hinweise - wie in vielen Fällen - nichts helfen, muss man als Partnerin wohl oder übel ganz direkt werden.

Dann gibt es auch noch jene Männer, die den Hang haben, sich wie kleine Jungs zu kleiden. Das heißt, sie liegen mit ihrem ganz persönlichen Dresscode regelmäßig voll daneben. Klassiker sind hier in der Öffentlichkeit getragene kurze Shorts (auch als Spielhöschen bezeichnet), Socken in Sandalen, Dreiviertelhosen, Hochwasserhosen, Anzüge mit am Rücken getragenen Rucksäcken sowie Unterleibchen als Hemdersatz. Für Abhilfe kann hier wohl nur die konsequent gute Beratung einer Frau mit Stil und Geschmack sorgen.

Mühsam wird es auch, wenn seinen speziellen Humor keiner versteht, selbst wenn er in illustrer Runde noch so gerne Witze zum Besten gibt. Wenn diesen aber jegliche Pointen fehlen, verstummen selbst die willigsten Lacher. Als Partnerin kann man auch hier diplomatisch unterstützen, indem man eventuell jeden Witz hinterfragt. Vielleicht kapiert er es ja doch irgendwann, dass er an seinem humoristischen Repertoire noch etwas feilen muss.

Manche Männer sind aber auch nur schlichtweg laut. Und das in allem, was sie tun - wie etwa beim Sprechen, Lachen, Nießen, Gähnen, Türen schließen und Gehen. Mir ist leider kein Fall bekannt, in dem man hier selbst mit noch so gutem Zureden etwas verbessern konnte. Daher muss ganz einfach die Frau entscheiden, ob sie einen solchen Poltergeist auf Dauer erträgt oder nicht.

Dann gibt es noch jene Adamsjünger, die es lieben, immer den Überlegenen zu spielen. Höflich und umgänglich benehmen sie sich nur ihresgleichen gegenüber. Wo sie als Kunden auftreten, fallen sie mit unerträglicher Arroganz auf. Vor allem Verkäufer, Taxilenker, Kellner, Handwerker und Hotelangestellte müssen sich vor ihnen in Acht nehmen. Die Frau an der Seite eines solchen Querulanten kann ihn zwar für sein konsequentes Auftreten loben, sollte ihn aber zugleich darauf hinweisen, dass es besser wäre, sich nicht so aufzuspielen. Ansonsten läuft er Gefahr, sich bald nirgends mehr blicken lassen zu können.

Leider sind viele Männer schlechte Verlierer. Ganz egal um welchen Wettbewerb es sich dabei auch handelt. Sie wollen halt immer gewinnen. Und wenn sie auch noch gegen eine Frau verlieren, verkraften sie das am allerwenigsten. Rasch ist dann von Schummeln die Rede. Manchmal überkommt sie auch scheinbare Langeweile und sie wollen plötzlich nicht mehr weiterspielen. In vielen Fällen schmollen sie sogar und sind beleidigt. Es soll schon geholfen haben, auf gleiche Weise zurückzuschlagen und ihnen damit einen Spiegel vorzuhalten. Auch kräftig in Ironie getauchtes Mitleid kann so manche Herren aus ihrer Subjektivität aufwecken.

Nicht zu vergessen sind die nervenden Besserwisser. Jene unliebsamen Zeitgenossen haben die hässliche Angewohnheit, andere immer jäh zu unterbrechen. Argumenten ihrer Diskutanten wird mit Schnauben, Augenrollen und Bemerkungen wie zB.: „Das ist ja völliger Schwachsinn!" begegnet. Ob man als Frau mit einem solchen Schulmeister auf Dauer leben kann, sollte man sich gut überlegen.

Und last but not least gibt es dann auch noch die unverbesserlichen Plappermäuler. Unter dem Einfluss von Alkohol, aber auch nüchtern, berichten sie interessierten Zuhörern bereitwillig die intimsten Dinge ihrer Partnerschaft. Egal, ob es sich darum handelt, was ihre Liebste am besten zum Höhepunkt bringt oder ob es um den aktuellen Kontostand, schleichende Familienkrankheiten oder Erbschaften geht, sie behalten keine Vertraulichkeit für sich. Auch hier schlagen manche Frauen mit den gleichen Waffen zurück und informieren gerne vor versammelter Gesellschaft, dass er schon den fünften Anlauf nimmt, um den Mut aufzubringen, seinen Chef nach einer Gehaltserhöhung zu fragen. Auch Auskünfte über seinen Kosenamen als Kind entbehren selten ihrer Wirkung.

Es ist auch gut zu wissen, welche Sätze der Frauen Männer als die nervigsten empfinden bzw. was die Herren besonders auf die Palme bringt. Mit diesen Fragen oder Aussagen kann sie die Liebe nämlich ganz schön auf die Probe stellen. Die Online-Partneragentur ElitePartner fand im LiebesMonitor die allgemein nervigsten Sprüche heraus. Dabei besagen die angeführten Prozentsätze, wie viele der befragten Personen auf diese Aussagen „allergisch“ reagierten.

1) Findest du mich zu dick? (51%)
2) Am Anfang warst du viel romantischer (32 %)
3) Du warst auch schon mal schlanker (31%)
4) Was denkst du gerade? (29%)
5) Wir müssen reden (27%)

Diese Sätze spiegeln typische partnerschaftliche Reizthemen wider. Schließlich kreisen viele Gedanken der Frauen immer wieder um ihre Figur. Und das, obwohl den meisten Männern kleine Rundungen ohnehin gefallen. Mit ihrer typischen Frauen-Standardfrage, was er gerade denkt, überfordert sie ihn meistens - obwohl das Ziel dieser Neugierde offenkundig ist: mehr über sein Gefühlsleben zu erfahren. Bloß, dieses wie auf Knopfdruck offen darzulegen fällt nun einmal vielen Männern sehr schwer.

ElitePartner befragte aber auch 2444 Frauen, um herauszufinden, was „die Herzdame“ nicht unbedingt aus seinem Mund hören möchte. Wahre Killersprüche, die er sich besser verkneifen sollte sind:

1) Ich bin eben nicht bereit für eine Beziehung (60%)
2) Du bist wie meine Mutter (48%)
3) Es liegt nicht an dir, es liegt an mir (43%)
4) Lass uns Freunde bleiben (39%)
5) Kannst Du nicht schneller fahren? (19%)

Als wahre Liebesverstärker bei ihm und ihr hingegen gelten Aufmerksamkeit, Fairness und Stil. Statt sich zu beklagen, was man nicht alles am Partner vermisst, bewährt es sich viel besser, dessen Vorzüge wahrzunehmen und die gemeinsame Liebe zu bestärken. Wer beim anderen auf kluge Weise so manchen Fehler „übersieht“, bietet ihm die Möglichkeit, über sich hinauszuwachsen. Wer dies missachtet, wird die Erfahrung machen, dass mit dem Alltag auch die Hemmschwelle zum Streit sinkt. Daher gilt für uns alle: „Währet den Anfängen!“

„Über den Umgang mit Menschen“ hieß übrigens Adolph Freiherr von Knigges berühmtes Werk aus dem Jahre 1788. Darin ging es weniger um den Umgang mit Gabel, Messer und der Kleiderordnung, als um das achtsame Verhalten miteinander (vor allem Verliebte und Eifersüchtige betreffend) sowie mit sich selbst. Dass man auch heute noch vom „Beziehungsknigge“ spricht, zeigt, welche ungebrochene Aktualität gute Manieren, Spiel- und Stilregeln (ohne steife Etikette) in der Partnerschaft haben.

In diesem Sinne meinte er: „Suche in der Welt weniger selbst zu glänzen, als anderen Gelegenheit zu geben, sich von ihrer vorteilhaftesten Seite zu zeigen, wenn du gefallen willst.“

14. Kapitel:

GLAUBEN SIE (NOCH) AN DEN/DIE RICHTIGE/N?

Wer's glaubt, wird selig.
(Sprichwort, nach Mark. 15, 16)

Bevor man im Leben manche Wünsche hegt, sollte man sich erst einmal fragen, ob diese auch wirklich mit der Realität und der eigenen Persönlichkeit übereinstimmen. Schließlich werden viele Sehnsüchte unbewusst von unserer Umgebung, wie Eltern, Freunde, Arbeitskollegen und den Medien geprägt. Und das birgt immerhin die Gefahr, sich mit den Träumen und Idealen anderer zu identifizieren. Daher müssen wir uns auch objektiv fragen, ob die Erfüllung dieser Erwartungen tatsächlich das Richtige für uns wäre und ob wir überhaupt schon bereit sind, sie anzunehmen. Anstatt uns mit überzogenen Zielen selbst unter Druck zu setzen und uns dabei maßlos zu überfordern, sollten wir daher bedenken, ob die Konsequenzen mancher Wünsche auch wirklich gut für uns sind.

Noch dazu lenken wir bei unseren Wünschen öfters einige Energie auf das genaue Gegenteil der Objekte unserer Begierde. Das haben wir unserem Verstand zu verdanken, der hier immer wieder unerwünscht dazwischenfunkt. Und das, obwohl die ganze Konzentration ausschließlich unserem Wunschbild gelten sollte. Daher müssen wir lernen, alle negativen Gedanken und Zweifel zu besiegen und ein solides Vertrauen in die erfolgreiche Realisierung der Wünsche aufzubauen. Da sich die Dinge im Leben meistens nicht so schnell entwickeln, wie wir uns das wünschen, ist hier schon eine Menge Geduld und Verständnis gefragt. Deshalb vergessen Sie nicht: „In der Ruhe liegt die Kraft“, und das Leben hält für uns immer wieder Wunder bereit.

Obwohl es heißt, dass der richtige Partner nicht vom Himmel fällt, kann er dennoch plötzlich da sein. Diesem millionenfach ersehnten Umstand muss allerdings Ihre innere Entscheidung vorangehen. Wenn dem so ist und Sie bereit sind, wird er plötzlich erscheinen - was immer Sie auch tun. Schon klar, manche werden etwas mehr unternehmen müssen, um erfolgreich zu sein, und andere finden ihn eben schneller. Wenn es schließlich soweit ist, gibt es jedoch einige Umstände, die gleich von Anfang an passen sollten, wie zum Beispiel: Keine unüberbrückbaren Sprachbarrieren, eine positive Kommunikation, keine zu großen kulturellen und sozialen Unterschiede, kein zu großer Intelligenzunterschied sowie eine möglichst ähnliche Lebenseinstellung.

Genetisch betrachtet wollen Männer gesunde Frauen, die gesunde Kinder zur Welt bringen können. Und Frauen wollen starke Männer, die in der Lage sind, ihr Überleben und das der Kinder zu sichern. Das heißt, dass Mann und Frau sehr gut erkennen können, ob jemand vom anderen Geschlecht gute Gene hat, denn das Erkennen guter Gene löst in uns immer positive Gefühle aus. Eine Frau überlegt im ersten Moment zwar nicht bewusst, ob der Mann ein guter Vater für ihre Kinder wäre. Genau so, wie ein Mann nicht verifiziert, ob die Frau gesund ist und dem aktuellen Body-Mass-Index entspricht. Dennoch wissen bzw. fühlen beide intuitiv, ob sie aneinander interessiert sind oder nicht.

Ob eine Partnerschaft das hält, was sie verspricht, lässt sich allerdings noch besser einschätzen, wenn man weiß, welche Anzeichen für echte Liebe sprechen. Wenn die „Wolke sieben"-Phase erst einmal vorbei ist und der graue Alltag in die Beziehung einzieht, sehen wir unseren Partner wesentlich realistischer. Nachdem wir zuerst die Drei-Monatshürde überwunden haben, ist das nach etwa 1-2 Jahren der Fall. Dann zeigt der Alltag rasch, ob das Fundament für eine langfristige Beziehung vorhanden ist. Ein erstes positives Anzeichen wäre es jedenfalls, wenn Sie seine/ihre Angewohnheiten und Schwächen tolerieren. Es heißt zwar „was sich liebt, das neckt sich", doch gilt das nur bis zu einem bestimmten Grad. Über konstruktives Streiten war bereits im 3. Kapitel, „Liebesfalle Harmonie", einiges nachzulesen.

Jeder von uns möchte von anderen Menschen, und das ganz besonders von seinem Partner, so angenommen werden, wie er ist. Das kann aber nur funktionieren, wenn man sich auch so gibt, wie man ist und keine unnatürliche Rolle spielt. Nur wer fähig ist, authentisch zu sein und wahre Gefühle zu zeigen, kann selbst der/die Richtige für jemand anderen sein.

Ein wesentlicher Beweis für wirkliche Liebe ist es, sich angenommen zu fühlen und zu spüren, dass einem sein Partner gut tut. Eine positive Beziehung wird das eigene Leben immer erleichtern, anstatt es zu erschweren, wie das in unglücklichen Partnerschaften leider der Fall ist. Ein Partner, der Sie liebt, denkt an Sie, sorgt sich um Sie und versucht, Sie immer wieder liebevoll zu überraschen und Ihnen Freude zu bereiten. Er begegnet Ihnen mit Achtung und Respekt und hat für Ihre Wünsche, Ziele und Ideen Verständnis.

Wahre Liebe ist auch sehr in Frage zu stellen, wenn es vieler materieller Mittel dazu bedarf. Pelzmäntel, Schmuck, teure Autos, Kreuzfahrten und regelmäßige Restaurantbesuche sind schließlich kein Indikator für echte Gefühle. Ein Paar sollte sich bereits mit dem Umstand glücklich fühlen, sich zu haben. Gemeinsam verbrachte Zeit und den Herzschlag des anderen zu spüren müsste mehr zählen, als immer gesteigertere Konsumations-Kicks. Allein der Umstand, dem anderen nahe zu sein, sorgt bei liebenden Menschen für liebevolle Gefühle und erfüllt sie mit Glück.

Obwohl in diesem Buch bereits einiges über ehrliche Kommunikation zu lesen war, kann nicht oft genug darauf hingewiesen werden. Schließlich soll man auch im Zuge eines Streites die eigene Position immer kritisch hinterfragen. Genau so wie sich der Partner bemühen sollte, auf einem einzugehen. Nur auf diese Weise kann eine größtmögliche Erfüllung beider Bedürfnisse erreicht werden.

Wenn einen eine Beziehung eher schwächt, anstatt Kraft zu geben, stimmt dabei etwas Grundlegendes nicht. Eine solche Gemeinsamkeit erfordert zu viel Energie, um die angestrebten Ziele zu erreichen. Ein deutliches Zeichen für wahre Liebe ist es hingegen, wenn Sie das Gefühl haben, zu zweit stärker als alleine zu sein. Wenn man frisch verliebt ist, fällt einem der objektive Durchblick allerdings schwer, und man kann meistens nicht wirklich erkennen, ob der andere ehrliche Gefühle für einen hegt. An den wichtigen Signalen der Liebe hingegen zeigt sich, ob der neue Partner der richtige sein kann und ob es sich lohnt, Zeit und Gefühle in ihn zu investieren.

Auf der (oft lebenslangen) Suche nach dem Richtigen scheinen viele Frauen immer wieder auf „den Falschen“ hereinzufallen und sind des Öfteren mit so genannten „bösen Jungs“ konfrontiert. Wissenschaftler der New Mexico University in Las Cruces schrieben darüber im „New Scientist“ über „The Dark Triad“, der dunklen Dreifaltigkeit. Diese besteht aus der Selbstbesessenheit eines Narzissten, dem impulsiven, Gefahr suchenden und gefühllosen Verhalten eines Psychopaten und der hinterlistigen und ausbeuterischen Natur eines Machiavelisten. Ist diese Mischung stark ausgeprägt, kann man sogar von einem gefährlichen und asozialen Charakter sprechen.

Auf den Punkt gebracht, könnte man auch sagen, hier handelt es sich um Männer, die Frauen ganz einfach schlecht behandeln. Sie tauchen bei Verabredungen nicht auf, ohne sich dafür zu entschuldigen, vergessen auf den Geburtstag ihrer Partnerin sowie auf andere wichtige Termine und flirten vor ihren Augen ungeniert mit anderen Frauen. Tugenden wie Treue, Ehrlichkeit und Zuverlässigkeit sind ihnen völlig fremd. Als egoistische Draufgängertypen nehmen sie auf die Gefühle ihrer Partnerinnen wenig Rücksicht und lieben vor allem nur sich selbst.

Dennoch gibt es etwas an diesen „bösen Jungs“, das die Weiblichkeit magisch anzieht, denn sie haben bei (vor allem jungen) Frauen häufig mehr Erfolg als weniger spektakuläre Männer - auch wenn der Verstand die Girls noch so sehr mit Folgetonhorn und blinkenden Ampeln davor warnt, die Finger von ihnen zu lassen. Schon eigenartig, aber was macht die unwiderstehliche Anziehungskraft dieser Bad Boys nun eigentlich aus? Schließlich sehen sie nicht besser aus, sind nicht intelligenter und auch beruflich nicht erfolgreicher als „normale“ Männer.

Um hier nähere Aufschlüsse zu erhalten, wurden Frauen befragt, die sich des Öfteren mit solchen Enfant terribles eingelassen hatten. Ziemlich einhellig meinen sie: Mit ihnen ist es nie langweilig, denn sie sind so herrlich unberechenbar und aufregend. Noch dazu strotzen sie vor Stärke, Maskulinität, Dynamik und Selbstsicherheit. Richtige Machos eben, die gute Gene ausstrahlen, zumindest aber mehr Lust auf Sex signalisieren. Andere Männer konnten diese Gefühle bei ihnen nicht hervorrufen, da sie nicht an Charme, Witz, Leidenschaft und Originalität der fiesen Kerle herankamen.

Dass die Bad Boys auf eine Frau wie sie stehen, hat die Faszination „der Bösen“ noch zusätzlich verstärkt. Konkret ist es jedoch so, dass diese Männer unfähig sind, Frauen das zu geben, was sie wirklich brauchen. In diesem Umfeld geben nur die Frauen, und die Männer nehmen bloß. Und das nicht zu knapp. Außerdem schaffen es diese Typen mühelos, die holde Weiblichkeit zu überzeugen, dass sie die besseren Liebhaber sind - zumindest für den Augenblick. Und der wahre Schurke wird von vielen Frauen hinter seinem charmanten Lächeln nicht erkannt. Für ein gemeinsames Leben im „sicheren Hafen“ der Ehe hingegen bevorzugen Frauen (laut diversen Studien) nicht einmal besonders maskuline Männer.

Was steckt aber noch dahinter, wenn sich Frauen auf die bösen Jungs einlassen? Egoistische, kaltschnäuzige, hinterlistige und intrigante Männer sind in der Männerwelt nicht allzu beliebt, haben aber Erfolg beim anderen Geschlecht. Die Psychologie bietet für dieses Verhalten folgende Erklärung an: Frauen, die auf diese Sorte an Männern abfahren, haben ein ziemlich niedriges Selbstwertgefühl, denn sie suchen sich Partner, die ihr negatives Selbstbild noch bestätigen. Solche Frauen sind unfähig, Nähe zuzulassen. Daher passt ein Partner ideal in ihr Schema, mit dem sie sich auf der Gefühlsebene nur schwer verbinden können, weil er emotional und physisch unerreichbar ist.

Das trifft z.B. bei ewigen Junggesellen oder verheirateten Zeitgenossen zu. Damit weichen sie der vermeintlichen Gefahr aus, einer vielleicht unerträglichen Nähe ausgesetzt zu werden. Wenn sich eine Frau zu lange in einer unnatürlichen Lebensrolle befand, wurde ihr Rollenverständnis gestört. Das kann sein, wenn sie etwa immer die Erretterin bzw. Beschützerin sein und für das Wohl anderer (z.B. Familienmitglieder) sorgen musste. Wer gewohnt ist Opfer zu bringen, wird dies auch weiterhin in seinen eigenen Beziehungen tun.

In einer Studie der schon erwähnten New Mexico State University wurden Hunderte Studenten zu ihrem Liebesleben befragt. Das Ergebnis war, dass diejenigen, die Narzissmus, etwas Psychopathie und Machiavellismus aufwiesen (d.h. selbstverliebt, gefühllos und manipulativ waren), wesentlich mehr - aber umso kürzere - sexuelle Beziehungen hatten als andere. Etwas böse zu sein, hilft anscheinend oftmals, das Liebesleben in Schwung zu bringen. Selbst, wenn diese Eigenschaften als Fortpflanzungsstrategie funktionieren, können sie aber auch ganz rasch zur gesellschaftlichen Ausgrenzung führen.

Dennoch oder gerade deswegen, sollte eine Frau erkennen, dass die wahren Probleme nicht an den Männern, sondern an ihr selbst liegen. Dann kann dieser Teufelskreis dauerhaft gebrochen werden. Dazu muss sie aber erst einmal das eigene, angelernte, negative Rollenverhalten aufgeben. Das erfordert natürlich einige Beschäftigung mit der eigenen Persönlichkeit. Als Belohnung winkt jedoch eine positive Partnerschaft mit einem Mann, der die Frau respektiert, auf ihre Bedürfnisse eingeht und eine ausgewogene, faire Beziehung anstrebt. Und dazu muss er mit Sicherheit kein Ober-Macho sein.

Neben den Bad Boys gibt es natürlich auch Frauen, vor denen man Männer warnen sollte. Das beginnt bereits bei der verbreiteten weiblichen Verhaltensweise, einen Mann schon bei der ersten Begegnung danach zu beurteilen, welche materiellen Vorteile er in eine Beziehung einbringen würde. Nicht aufkeimende Gefühle, sondern der Check nach dem größtmöglichen Nutzen für einen sozialen Aufstieg und zu finanzieller Sicherheit steht dabei im Vordergrund. Darüber hinaus kann Mann aber auch auf so richtig fiese, verdorbene und erschreckend emotionslose Evastöchter treffen. Lucrezia Borgia lässt grüßen. Dennoch gibt es nicht wenige Männer, die von einer gewissen Lust am Leiden geprägt sind. Sie stoßen sich lieber den Kopf an einer kalten Schulter, anstatt diesen in liebevollen weiblichen Rundungen zu versenken.

Und nicht zu vergessen sind auch noch jene Männer und Frauen, die lieber irgendeine/n Partner/in haben, als alleine zu sein. Auch sie dürfen sich nicht wundern, dass ihre Beziehungen schief gehen. Wer sich als Single nicht wohl fühlt und blindlings nach einem Partner sucht, zieht meistens auch andere Problematiker an. Und im Nu hat man schon wieder einen Partner am Hals, der einem mehr Probleme macht, als für das Leben eine Bereicherung darzustellen. Daher empfiehlt es sich, zuerst die eigenen Probleme zu lösen, Wohlbefinden und innere Ruhe zu erreichen, bevor man eine Beziehung eingeht.

Überschätzen Sie auch nicht die Attraktivität als sicheres Kennzeichen für den richtigen Partner. Sie verändert sich nämlich mit zunehmendem Alter. Aber auch unser Geschmack unterliegt Veränderungen. Gutes Aussehen ist daher bestimmt keine Garantie für eine erfolgreiche Partnerschaft. Viel besser wäre es, sich der wahren Wertvorstellungen seines Lebens zu besinnen.

Nur ein Mensch, der die wichtigsten eigenen Werte und Ziele teilt, bringt die partnerschaftlichen Voraussetzungen für ein gemeinsames, glückliches Leben mit. Dazu muss man aber auch begreifen, dass nicht der Partner alleine für die eigene Zufriedenheit sorgen kann. Diese erlangen Sie nämlich auf Dauer nur dann, wenn Sie auch wirklich miteinander Ihre gemeinsamen Ziele verwirklichen.

15. Kapitel:

WARUM HAT ER/SIE MICH VERLASSEN?

Trennung ist der Liebe Tod.
(Sprichwort)

Wir beginnen unsere Partnerschaften mit dem Wunsch, ja vielleicht sogar mit der Überzeugung, dass sie ein Leben lang halten werden. Selbst wenn heute nahezu jede zweite Ehe geschieden wird, glauben wir, dass Trennungen nur den anderen passieren. Dabei sind Verliebtsein, jede Menge Feuer und Leidenschaft zu Beginn einer Beziehung zwar positiv, aber noch lange keine Garantie für die Beständigkeit des gemeinsamen Weges. Wenn jemand mit der Zeit für seinen Partner keine Liebe mehr empfindet und sich in den wichtigsten Bedürfnissen nicht mehr wohl fühlt, wird eine Trennung früher oder später unvermeidlich.

„Ich verlasse dich" bzw. „Es ist vorbei" sind so bedeutungsschwere Worte, dass man sie fast immer als Schock empfindet, wenn sie der Partner ausspricht. Damit stürzt meistens eine Welt zusammen und es kommt zu einer Trennungskrise - ganz egal, ob einem diese Nachricht behutsam mitgeteilt oder während eines Streites ins Gesicht geschleudert wird. Manche verkünden sie auch in Form von Briefen, lieblosen Zetteln oder lapidaren SMS. Schließlich bedeutet diese Nachricht den Abschied von den Träumen einer lebenslangen Partnerschaft. Dann befindet man sich am Anfang einer Achterbahnfahrt der Gefühle, an deren weit entferntem Ende erst die Bewältigung der Krise und das Wiedererlangen der eigenen Freiheit steht.

Oft stellt man sich als Betroffener auch selbst in Frage und grübelt darüber nach, warum man seinen Partner nicht halten konnte. Alte Verlustängste und Minderwertigkeitsgefühle keimen dabei wieder auf. Diese Gedanken sind auch meistens mit einer gewissen Zukunftsangst verbunden. Und man glaubt, nie mehr glücklich werden zu können. In all dem Schmerz kann auch Wut entstehen, weil man dem Partner zuliebe im Laufe der Zeit auch Entbehrungen und Opfer auf sich genommen hat. Dem gehen oft Selbstvorwürfe über die Fehler, die einem passiert sind, einher. Und während man sich einsam, verlassen und hilflos fühlt, beginnt man auch noch an der eigenen Attraktivität zu zweifeln.

Eine Trennung geht oft nur von *einem* Partner aus. Der andere wird dabei meistens kalt erwischt. Dennoch steht fest, dass zur Ursache immer beide Beteiligten beitragen. Was einer braucht oder möchte kann der andere nicht (mehr) erfüllen.

Manchmal will der eine auch nicht mehr annehmen, was ihm der andere zu bieten hat. Anstatt jedoch nur Trauer zu empfinden, sollte man diese Phase als Chance nützen. Und zwar zum Nachdenken, Lernen und Handeln. Schließlich geht das Leben weiter, und die Fehler und Erkenntnisse des Scheiterns der jetzigen Beziehung sollten zur bewussten und erfolgreicheren Gestaltung der nächsten Partnerschaft genützt werden. Der beste Weg dorthin sind positive Gedanken und Vorstellungen an all das Schöne und Neue, das einem im Leben noch bevorsteht. Dabei sollte man sich unbedingt seiner Fähigkeiten, Stärken und Vorzüge bewusst werden.

Wenn aus dem Wir wieder ein Ich und Du wird, ist das für viele Paare eine schmerzhafte Erfahrung. Dennoch geschieht diese Entwicklung nicht über Nacht. Einer Beziehung, die zu bröckeln beginnt, gehen im Allgemeinen zahlreiche Warnsignale voraus. Leider werden diese meistens weder beachtet, noch erkannt. Selbst wenn es schon einige Zeit kriselte und die romantische Liebe längst dem Alltag zum Opfer fiel, rechnet kaum jemand mit einer spontanen Trennung. Der verlassene Partner fällt dann sehr leicht in ein tiefes seelisches Loch und sucht verzweifelt nach Antworten auf Tausende Fragen. Daher sollte, wer eine Trennung ernsthaft ins Auge fasst, seinem Partner eine faire Chance geben, darauf zu reagieren. Ihn mit seiner Entscheidung wie ein Blitz aus dem heiteren Himmel zu konfrontieren, ist nicht nur unfair, sondern auch einer längeren Beziehung unwürdig.

Leider neigen Männer dazu, Probleme zu verdrängen und wichtige Signale zu ignorieren. Selbst wenn die Partnerin schon einige Zeit versucht, darüber zu sprechen, erkennen sie oft den Ernst der Lage nicht. Somit ist es kein Wunder, wenn sie dann so reagieren, als hätte sie die Trennung völlig unerwartet getroffen. Frauen wiederum unterliegen dem Fehler, Konfrontationen zu scheuen und rechtzeitig, klärende Aussprachen zu vermeiden.

Dabei staut sich in ihnen oft über Jahre so viel Unzufriedenheit auf, dass sie ihrem Partner eines Tages ansatzlos verkünden: „Es ist aus, ich gehe!“ Wesentlich fairer wäre es allerdings, seiner „besseren Hälfte“ schon früher unmissverständlich klar zu machen: „Wenn sich nicht bald etwas ändert, dann gehe ich.“ Männer brauchen einfach diesen massiven Denkanstoß, damit sie den Ernst der Lage begreifen. Dann sind sie aber meistens auch bereit, engagiert an der Beziehung zu arbeiten. Denn wer diese Chance nicht nützt, für den ist wirklich der letzte Zug abgefahren.

Bevor man im Leben auf der Strecke bleibt, ist es meistens unvermeidlich, einen anderen zu verletzen. Das kann mitunter auch emotionale Reaktionen wie: „Du hast mein Leben zerstört!“ oder „Du bist an allem Schuld!“ bzw. „Wegen dir kann ich nie mehr glücklich werden!“ auslösen. Von solchen Übertreibungen darf man sich allerdings keine Schuldgefühle einreden lassen. Wenn einem die Beziehung langfristig mehr Energie kostet, als sie Kraft gibt, ohne dass eine konstruktive Verbesserung in Sicht ist, sollte man sie besser beenden.

Leider kommt es auch immer wieder vor, dass Männer im Zuge einer Trennung sich selbst oder anderen Gewalt antun. Zahlreiche Familientragödien haben bereits auf diese Art ihren Ausgang genommen. Von Selbstmord- bis Racheaktionen ist alles möglich. Im Gegensatz zu den sozialer orientierten Frauen sind Männer oft stärker auf die Beziehung angewiesen und wollen deren Ende nicht einfach so kampflos hinnehmen bzw. den Platz nicht freiwillig räumen. Wenn es tatsächlich die Befürchtung für Gewalt gibt, ist es für betroffene Frauen besser, vorübergehend bei Verwandten oder Freunden zu wohnen. Auch Frauenhäuser bieten ihren Schutz an. Anstatt sich jetzt von Phrasen wie „Ich weiß, dass du mich noch immer liebst“ erweichen zu lassen, ist es in den meisten Fällen der bessere Weg, einen rigorosen Schlussstrich zu ziehen.

Obwohl bei einer Trennung in erster Linie die Verlassenen Leidtragende sind, können auch „Verlasser“ unter der Situation ziemlich leiden. Bei den Verlassenen ist es oft so, dass sie die Umstände anfangs nicht wahrhaben wollen und sie daher verleugnen. Für sie ist alles wie ein böser Traum, aus dem sie glauben, wieder aufwachen zu können, um alles in Ordnung vorzufinden. Daher unternehmen sie mitunter unendliche Bemühungen, um den Partner umzustimmen. Manchmal verweigern sie auch die Realität und tun so, als wäre gar nichts geschehen.

Dennoch werden sie früher oder später von ihren Gefühlen überrollt und Selbstzweifel, Eifersucht, Wut oder Hass können aufkommen. Während das Grübeln kein Ende hat, gesellen sich auch noch oft körperliche Beschwerden hinzu. Depressionen, Rückzug oder gesteigerte Aktivitäten sind die Folge. Von hier aus ist es ein weiter und mühsamer Weg zu erlösender Neuorientierung mit frischem Selbstvertrauen. Unter ein bis zwei Jahren lässt er sich nach einer längeren Beziehung nur selten bewältigen. Daher nehmen Sie sich für Ihren emotionalen Heilungsprozess am besten ausreichend Zeit. Erst dann kann sich wieder eine neue, befreite und positive Zukunftsperspektive entwickeln.

Eine Trennung wird von Männern und Frauen unterschiedlich verarbeitet. Für die Frauen stellt sie immer eine persönliche Niederlage dar. Schließlich quälen sie sich von Selbstzweifeln geplagt mit der Frage, was sie falsch gemacht haben und analysieren die Situation noch lange Zeit über. Männer agieren zwar in der

Trennungsphase oft schwieriger und heftiger, verarbeiten die Trennung und den damit verbundenen Schmerz und ihre Selbstzweifel aber großteils schneller. Sie schaffen es auch früher, wieder nach vorne zu blicken und nach einer neuen Partnerin Ausschau zu halten. Mit ihrer pragmatischen Art stürzen sie sich meistens schon bald wieder in die nächste Beziehung. Eine Ausnahme stellt ihr Verhalten allerdings dar, wenn sie die wahre Liebe ihres Lebens verloren haben. Trauer ist schließlich ein ehrliches Zeichen, geliebt zu haben. So wie jede Beziehung Beziehungsarbeit ist, bedeutet auch jede Trauer Trauerarbeit.

Dennoch lässt sich Trennungsschmerz besser überwinden, als ihn nur durch die Zeit heilen zu lassen. Dazu muss man aber auch sich selbst gegenüber eine gewisse Gnade aufbringen. Wer jetzt mit der eigenen Person zu sehr ins Gericht geht, macht sich nur das Leben unnötig schwer. Da wäre es schon wesentlich besser, sich eine gewisse Schonzeit ohne große Lebensplanungen zu gönnen und sich vorübergehend etwas zurückzunehmen. Doch seien Sie gut und liebevoll zu sich selber und motivieren Sie sich mit Tätigkeiten, die Ihnen Freude machen. So lassen sich emotionale Wunden am besten heilen.

Auch Erinnerung kann sehr schmerzhaft sein. Daher sollte man möglichst alle Dinge, die einem an den verlorenen Partner erinnern, aus der Wohnung entfernen. Auch, die Wohnung neu auszumalen, die Möbel umzustellen oder (zumindest teilweise) neue anzuschaffen und andere Bilder aufzuhängen, bewährt sich in dieser Phase sehr. Manche Menschen ändern jetzt auch ihre Frisur, die Haarfarbe und den Kleidungsstil. Ein Fehler wäre es jedenfalls, den Kontakt zum Partner ohne triftigen Grund aufrecht zu halten. Vermeiden Sie das besser - auch, wenn es Ihnen noch so schwer fällt. Trennungen gehören zu den schwierigsten emotionalen Erfahrungen und sollten als solche auch entsprechend ernst genommen werden.

Dennoch müssen Sie negative Gefühle, wie Wut und Hass nicht unterdrücken. Das würde den Schmerz nur verlängern. Bloß, äußern Sie Ihre Emotionen auf unschädliche Weise. Gartenarbeit, Sport und lange Spaziergänge in der Natur sind dazu hervorragend geeignet. Man kann sich aber auch seinen Frust von der Seele schreiben, ohne ihn unbedingt als Briefe versenden zu müssen. Und wenn Ihnen danach zumute ist, erlauben Sie sich, zu weinen. Auch das ist in Ordnung, denn Ihr Weg führt bestimmt wieder aus dem Tal der Tränen. Was Sie aber nie vergessen dürfen, ist, dass Sie es auch ohne Ihren früheren Partner schaffen können, wieder glücklich zu werden.

Glauben Sie keinesfalls, „ohne ihn“ leben zu müssen, sondern werden Sie sich Ihres eigenständigen Lebens, über das Sie alleine entscheiden können, bewusst.

Auch wenn sich eine langjährige Partnerschaft nicht so ohne weiteres aus dem Speicher unserer Erinnerungen löschen lässt, sollten Sie neue Erfahrungen und Erlebnisse gewinnen und diese selbstbewusst daneben stellen. Dazu Jean de La Bruyére: „Entbehren zu müssen, den man liebt, ist noch ein Glück im Vergleich zu dem Zwang, mit dem leben zu müssen, den man hasst."

Loslassen heißt ja nicht vergessen, sondern bedeutet verarbeiten, abschließen und nach vorne schauen. Wohl jeder von uns musste zumindest schon eine Trennung erleben und weiß, wie schwierig diese Aufgabe ist. Manchmal hilft es auch, zu erfahren, was anderen Leuten geholfen hat, eine solche Herausforderung zu bewältigen. Um eine Trennung erfolgreich verarbeiten zu können, ist es zwar wichtig, Zeit für sich selbst zu haben, man sollte aber auch wieder aktiv werden und mit anderen Menschen regen Kontakt aufnehmen.

Vom Theologen Friedrich Christian Oetinger stammt das so genannte Gelassenheitsgebet: „Gott gebe mir die Gelassenheit, Dinge hinzunehmen, die ich nicht ändern kann, den Mut Dinge zu ändern, die ich ändern kann und die Weisheit, das eine vom anderen zu unterscheiden."

16. Kapitel:

WENN MAN NICHT MIT (UND NICHT OHNE) EINEN BESTIMMTEN MENSCHEN LEBEN KANN.

Hoffnung ist es, die den Menschen vergessen lässt,
was unerreichbar ist.
(C. Adolff)

Dieses Kapitel widmet sich den „On & Off-Beziehungen“, die das Hin und Her in der Liebe darstellen. „Der eine oder keiner!“ macht das Phänomen von On-Off aus: Wir lieben uns oder wir lieben uns nicht. In solchen Beziehungsphasen durchlebt man in einem ständigen Wechselspiel der Gefühle Himmel und Hölle, Hitze und Kälte, Wonne und Schmerz, Gut und Böse. Im Mittelpunkt stehen immer zwei Menschen bzw. ein Paar, bei dem Gefühl und Verstand auseinanderklaffen, weil es sich nach Lust und Laune ständig trennt und dann wieder zusammenkommt.

Hier spielen ganz unterschiedliche Einstellungen und Lebensweisen, Pole und Magnetfelder wichtige Rollen, die nicht miteinander, aber auch nicht ohne einander existieren können. Vielleicht kennen ja auch Sie ein Paar, bei dem Sie nicht so genau wissen, ob es gerade verliebt ist oder sich mal wieder getrennt hat. Für die fassungslosen Beobachter handelt es sich dabei um ein wahres Beziehungstheater. Sie empfinden dieses Szenario meistens als Abhängigkeit vom jeweils anderen, als psychische und emotionale Schwäche, verbunden mit grenzenloser Inkonsequenz. Daher kann man Außenstehenden nur raten, zwar positive Zuwendung zu zeigen, ansonsten aber eine klar abgegrenzte Haltung einzunehmen, da sie sonst schneller als ihnen lieb ist, auch Teil des illustren Spieles werden. Man wird zwar in Phasen großer Not engagiert, ist aber auch genau so schnell wieder abgemeldet, wenn mal (vorübergehend) wieder Harmonie herrscht.

Kein Wunder, dass viele Freunde bei diesem Teufelskreis mit Ritualcharakter eines Tages gar nicht mehr zuhören. Will man als Außenstehender aber dennoch helfen, sollte man den beiden empfehlen, ab und zu Bilanz zu ziehen. Überwiegen Freude und Glück oder sind Kummer und Unglück übermächtig?

Was aber bewirkt nun dieses seltsame Hin und Her, bei dem man in einem ständigen Zwischenzustand lebt und einem der andere so oft die Luft zum Atmen

nimmt? Mal bummeln beide einträchtig Hand in Hand durch die Straßen und schmieden Zukunftspläne, dann wieder erliegen sie nur Streit und Trennung. Und dieses eigenartige Ritual zieht sich häufig über Jahre hinweg. Die Gründe dazu sind vielschichtig, doch meistens stimmt das Nähe-Distanz-Management nicht und es fehlen die erforderlichen Freiräume. Häufige Ursachen sind auch eine intensive Anziehung, Liebe und Leidenschaft. Doch Achtung, Liebe und Hass können hier sehr eng beisammen liegen. Und eine Hassliebe steckt immer voller Adrenalin.
Vor allem ungelöste Konflikte sind emotional stark aufgeladen. Das schafft Probleme, die so schwerwiegend sind, um sich zu trennen.

Während für die meisten Paare vergangene Beziehungen für immer vorbei sind, hält die beiden Protagonisten des On-Off-Modells aber die Hoffnung auf ein noch immer erfolgendes Happy End davon ab. Und wenn das beide so empfinden, fängt eben alles wieder von neuem an - bis zur nächsten Trennung. Und die folgt ganz bestimmt, da Streitigkeiten, Unstimmigkeiten und Missverständnisse wegen einer Reihe ungelöster Probleme mit Sicherheit auf sie hereinbrechen. Jeder kämpft offensichtlich um etwas Unverzichtbares. Es geht nicht mit der Partnerin oder dem Partner, aber es geht halt auch nicht ohne. Und so kann der Teufelskreis dieses Liebesmechanismus schwer durchbrochen werden. Wenn man allerdings an jemand hängt, der einem schadet, ist es klug, in der Vergangenheit zu forschen. Denn, nur allzu leicht kann man sich in einer alten Lebensgeschichte wiederfinden, die man jetzt neu schreiben möchte.

Zugleich ist vielen On-Off-Paaren eine normale Beziehung mit weniger Höhen und Tiefen zu langweilig. Da sie statt einem lauen Dahinplätschern ständige neue emotionale Kicks brauchen, kann ihnen ein gewisser Hang zum Drama nicht abgesprochen werden. Heftige Auseinandersetzungen, Geschrei, Heulen und Türenschlagen gehören genau so dazu wie zärtliche, stilvolle Versöhnungsszenen im Kerzenlicht. Dadurch wird ihre Liebe scheinbar von neuem gestärkt und findet eine Fortsetzung, obwohl das Damoklesschwert der endgültigen Trennung immer über ihnen schwebt. Tja, und das ist nicht gerade eine gute Voraussetzung für ein stabiles Seelenleben.

Dennoch bestätigen diese Momente des Glücks und der Harmonie beide in ihrem Gefühl, für einander geschaffen zu sein. Dabei ist es schon erstaunlich, was Menschen in einer Beziehung alles so aushalten. Noch dazu, wo Psychologen der Meinung sind, dass Paare in einer On-Off-Beziehung nicht mal intensiver lieben. Oft handelt es sich hier auch nur um eine große Mauer aus Lügen und Selbsttäuschung. Und das ist ein krankhafter Aspekt, den die Betroffenen erst bemerken, wenn es zu spät ist - nämlich dann, wenn sie sich innerhalb ihres

Beziehungsdesasters fast völlig zu Tode gespielt haben. Daher sollte sich jeder Betroffene rechtzeitig überlegen, weshalb er die Beziehung in Wirklichkeit will und welche Konsequenzen ein Loslösen vom anderen hätte.

Natürlich gibt es auch tiefschürfende Konflikte, bei denen es um wichtige Prinzipien, grundlegende Lebenseinstellungen, Erwartungen und Ziele geht, die als zentrale Gegensätze großteils auseinander führen. Dabei dreht sich alles um Vertrauen, Respekt, Ehrlichkeit und (wenn vorhanden) Kinder als die Säulen der Liebe. Bekommt eine davon Risse, geht die Sicherheit verloren. Fortgesetztes Hick-Hack kostet dabei immer eine Menge Substanz, und am Weg zum Nervenbündel eskaliert schon bald die Trennung zum alles bestimmenden Thema. Das geht dann so weit, dass der eine dem anderen (oder beide sich gegenseitig) eine Menge an Kraft und Energie absaugen. Als Leidtragende/r solcher Spielchen fühlt man sich auf Sicht gesehen ziemlich verunsichert, müde und kraftlos.

Kein Wunder, dass man unter diesen Umständen zur Erkenntnis gelangt: „Wir passen nicht zusammen!“ und die On-Stellung der Beziehung switched zur Off-Position, wobei diese Tatsache in der Praxis oft nicht rational akzeptiert wird. Schließlich fällt es bei noch immer vorhandenen Gefühlen nicht leicht, sich zu trennen. Noch dazu, wenn ihn und sie wichtige Lebenszeit verbindet. Bloß sorgen die anhaltenden Differenzen und die damit verbundene Erschöpfung und Verzweiflung dafür, dass man sich früher oder später von der Gemeinsamkeit verabschiedet. Und zwar mit den Gedanken: „Dieses Mal ist er/sie wirklich zu weit gegangen.“ Das einst große Glück hat sich sukzessive zum Unglück entwickelt. Daher möchte man die unlösbar scheinenden Sorgen endlich zurücklassen und sich irgendwann wieder befreit einer neuen Liebe und Beziehung widmen. Manchmal geht der Mann, weil er in der Beziehung zu ersticken droht, manchmal ist es aber auch die Frau.

Der Abschied von einem meistens bedeutenden Lebensabschnitt ist jedoch schwierig durchzuziehen, da das Herz in vielen Fällen die Oberhand gegenüber dem Kopf behält. Daher wird die erfolgte Trennung oft wieder rückgängig gemacht, weil die Sehnsucht nach dem/der Geliebten bereits nach kurzer Zeit unerträglich groß ist - auch wenn der Kopf von einem Rückschritt aus Vernunftsgründen dringend abrät. Genau so wie die deutlichen Stimmen der Freunde und Verwandten, die einen vor neuerlichem Schmerz bewahren wollen. Während rationale Überlegungen, Intuition und Gefühle aneinander prallen, soll der Partnerschaft noch eine Chance gegeben werden.

Nach ein paar Tagen, Wochen oder Monaten ohne den Partner musste man feststellen, dass doch nicht alles so schlecht war, wie zuerst angenommen. Und schließlich vermisst man inzwischen den anderen sehr. Unter dem Motto „Diesmal schaffen wir es aber, diesmal raufen wir uns endgültig zusammen!“ erfolgt oft ein Neuversuch, das gemeinsame Nähe-Distanz-Management endgültig in den Griff zu bekommen und gemeinsam auf Dauer doch noch glücklich zu werden.

Es gibt auch Frauen, die sich im Laufe ihrer Ehe immer mehr selbst aufgeben und dabei nur noch an die Beziehung klammern. Das geht allerdings stets auf Kosten ihres Ego‘s, wenn nicht ihrer gesamten Persönlichkeit. Ein Grund, weshalb sie für ihren Partner zunehmend uninteressant werden. Und wenn es diesem zu eng wird, ergreift er nicht selten die Flucht. Im günstigsten Fall kann es in ein harmloses Hobby sein, es drohen aber auch Schweigsamkeit oder Affären.

Mit dem Gefühl, in seiner festgefahrenen Ehe etwas zu versäumen, möchte er auch das Leben außerhalb der eigenen vier Wände auskosten. Nach einer ausgiebigen Testphase kehren diese Herren dann oft wieder reumütig und geläutert zu ihrer Liebsten zurück, um dieser ihre Liebe zu beweisen. Schließlich ist sie im Vergleich zu so manchen anderen ja immer noch doch die Beste. Und in vielen Fällen nehmen sie die Frauen auch wieder auf, womit eine weitere klassische Variante der On-Off-Beziehungen ihren Lauf nimmt.

Betroffenen Frauen kann man hier nur empfehlen, sich selbst und damit ihren eigenen Weg zu finden. Damit können sie, ohne sich abzuwenden für ihren Partner, wenn er es wert ist, wieder interessant werden. Auch wenn sie ihre Liebe zeigen, dürfen sie nicht völlige Abhängigkeit signalisieren, sondern sollen auch ihr eigenes Leben leben. Auf diese Art kann man eine Trennung dazu nützen, um sich selbst zu finden und ein neues, stärkeres Selbstbewusstsein zu entwickeln. Schließlich bedeutet Leben auch Entwicklung. Und die wichtigsten Impulse dazu können wir uns aus besonders tief berührenden Beziehungen holen.

Manchmal wollen Partner aber auch nur ihr Nähe-Distanz-Vermögen auf extreme Weise austesten. Der Wechsel zwischen Beziehungs- und Trennungsphasen wirkt dabei wie ein paradoxer Versuch, die Beziehung mit belebenden Kicks aufrecht zu halten. Mit Trennung und Wiedervereinigung und neuerlicher Trennung und Wiedervereinigung praktizieren Paare seltsame Rituale, um die Wichtigkeit ihrer Beziehung zu bestätigen. Obwohl es sich dabei um eine ungewöhnliche Art handelt, seine Liebe zu beweisen, kann sie auch einen erfolgreichen Ausgang nehmen.

Im Strudel der On-Off-Phasen wird das Ende der Beziehung nicht akzeptiert, denn man sucht noch nach einer neuen Chance, die man ihr geben möchte. Damit ist im Allgemeinen auch die Bereitschaft verbunden, Fehler, Streit, Enttäuschungen und Vertrauensbrüche zu verzeihen, um einen Neustart zu ermöglichen. Und die Chance auf einen zweiten Versuch sollte niemanden verwehrt werden. Wenn es sein muss, auch auf einen dritten und vierten nicht.

Sinn macht das Ganze natürlich nur dann, wenn man auch Licht am Ende des Tunnels sieht, um das Ziel seiner Liebe zu erreichen. Ansonsten würde es sich nur um vergebene Liebesmüh', sinnlose Strapazen und verlorene Lebenszeit handeln. Denn, auch wenn On-Off-Beziehungen noch so aufregend erlebt werden, anstrengend sind sie in jedem Fall. Und das nicht nur für die beiden Hauptdarsteller, sondern auch für ihre Freunde, Bekannten und Verwandten, die häufig als gestresste Beziehungsberater herhalten müssen. Als Außenstehender kann man da sehr bald die Übersicht über den aktuellen Status der Beziehung verlieren. Grund genug, um mit seinen Äußerungen Vorsicht walten zu lassen. Von Feindschaft zu Vergötterung ist es bei den Betroffenen nur ein kleiner Schritt. Wer gestern noch den Stempel „Vollidiot" trug, kann heute schon wieder als „Herzkönig" gelten.

Da die Beziehung allerdings in diesem Stadium nicht mehr unbelastet ist, wird sie auch nicht einfacher - selbst wenn den Neubeginn eine frische Toleranz prägt und sich beide Partner außerordentlich um das Gelingen bemühen. Denn das Vertrauen hat bereits seine Narben davongetragen. Und im Unterbewusstsein schwelt die Vorahnung, was alles wieder auf einem zukommen könnte. Doch wird diese vorerst von der großen Hoffnung unterdrückt, dass sich der andere zum Positiven geändert hat. In wenigen Fällen bewahrheitet sich dieser Wunschtraum tatsächlich und die Worte „Lass uns nochmal ganz von vorne beginnen!" werden zur Realität. Schließlich wäre eine simple Wiederholung des Ganzen zu wenig. Nur ein Neustart unter neuen Voraussetzungen mit einem verbesserten Bewusstsein kann auch neue, erfolgsversprechende Chancen ermöglichen.

Oft sind es aber auch emotional verklärte Vorstellungen und Erinnerungen an den Partner, die Menschen zu On & Off-Beziehungen veranlassen. Vieles wird mit einer rosaroten Brille schöner und besser in Erinnerung behalten, als es tatsächlich war, und negative Erfahrungen werden dabei leicht verdrängt. Auf diese Weise wiegen Gefühle eindeutig schwerer als rationale Memoiren. Daher sollte sich jeder ein paar grundlegende Fragen stellen, bevor er sich unüberlegt in ein erneutes Liebesabenteuer mit dem ehemaligen Partner stürzt. Setzen Sie sich in Ruhe hin und notieren Sie ganz konsequent, was Ihnen an Ihrem Partner gefällt, was Sie an ihm gut finden, und was nicht.

Vergleichen Sie dabei sorgfältig, ob die Plus- oder Minuspunkte überwiegen. Überlegen Sie aber auch genau, was für Sie persönlich in einer Beziehung wichtig ist und worauf Sie auf Dauer keineswegs verzichten wollen. Wenn Ihnen Ihr Partner diese Bedürfnisse mit Sicherheit nicht erfüllen kann, ist das schon eine Vorentscheidung. Ein Neubeginn kann nur dann funktionieren, wenn man nicht mehr in die alten, überholten und zermürbenden Verhaltensweisen fällt, was Streit, Diskussionen und allgemeine Auseinandersetzungen anbelangt. Genau so wichtig ist es für beide Partner, ihre eigenen emotionalen Schmerzen und Ängste zu erkennen und diese möglichst zu neutralisieren (z.B. persönliche Instabilität sowie aus der Kindheit übernommene Trennungs- und Verlustängste).

Wenn die emotionalen Wellen der beendeten Beziehung noch aufgewühlt sind, ist es für einen Neuversuch auf jeden Fall zu früh. Erst mit einer ausreichenden Zeit- und Gefühlsdistanz macht es Sinn, einen weiteren Start zu überlegen. Ansonsten könnte dieser weder unbelastet, noch objektiv erfolgen. Die alles überragende Frage, die Sie sich stellen müssen, ist allerdings nichts Geringeres als die Liebe. Nur wenn Sie ihn als Menschen noch wirklich lieben (und nicht bloß die Erinnerung an vergangene schöne Zeiten) hat ein neuer Versuch eine echte Erfolgs-Chance. Laut einer repräsentativen Umfrage der Zeitschrift Elle würden übrigens nur 18 Prozent einen zweiten Versuch mit demselben Partner riskieren und mit ihm versuchen, wieder Vertrauen aufzubauen.

Wenn es selbst mit Hilfe eines Paartherapeuten nicht gelingt, Lösungsstrategien für eine funktionierende Partnerschaft zu finden, sollte man wirklich einen endgültigen Schlussstrich ziehen. Dann ist es ratsam, den Kontakt zum ehemaligen Partner (zumindest längere Zeit über) als konsequenten Entzug abzubrechen. Ansonsten besteht die Gefahr, dass bei einem - oder beiden - wiederum Hoffnung aufkeimt und das Spiel von Trennung und Versöhnung in die nächste Runde geht. Und Hoffnung kann leider auch ein ziemlicher Verräter sein.

Manchmal wird dieser Zeitpunkt erreicht, wenn die Beziehung durch das viele Hin und Her und der Menge an Schmutzwäsche, die gewaschen wurde, bereits so schwach ist, dass dann einer von beiden den endgültigen Schnitt macht und diesen auch konsequent durchhält. Es kann aber auch eine dritte Person auftauchen, für die einer so starke Gefühle entwickelt, um dann mit diesem Menschen das gleiche Spiel fortzusetzen. Auf Frauen, die eine On-Off-Beziehung hinter sich haben, wirken Männer, die sie danach treffen, oft langweilig. Sie hängen nicht selten am Ideal des zuletzt erlebten Anfangs fest, das heißt: „Ich liebe dich bedingungslos“. Grund genug, um seine Identität zu erkennen, zu formen und zu schützen.

Manche Akteure einer On-Off-Beziehung haben auch Partner zwischen den Partnerschaften, denn jene, die zu solchen Beziehungen neigen, sind meistens unfähig, alleine zu leben. Fest steht, wer eine (oder gar mehrere) anstrengende On-Off-Beziehung(en) hinter sich hat, ist meistens ziemlich geschädigt. Im verzweifelten Kampf um vielleicht nie erfüllbare Illusionen macht man sich mehr kaputt, als man glauben würde. Was übrig bleibt, ist eine große Mauer aus Lügen und Selbsttäuschung. Dieser krankhafte Aspekt wird von den Betroffenen aber erst viel zu spät bemerkt.

Die Liebe kommt, die Liebe geht. Manchmal bleibt sie. Oder sie geht ein zweites, vielleicht sogar ein drittel Mal. Auch viele Promi-Paare setzen sich diesem Beziehungsspektakel aus. Sie lieben sich, sie streiten sich, sie trennen sich und irgendwann lieben sie sich wieder und sind erneut zusammen. Aufwärmen ist durchaus in. Sienna Miller und Jude Law sind attraktive Paradebeispiele dafür. Aber auch bei Jennifer Lopez und ihrem Latino-Gatten Marc Anthony klappte es erst beim zweiten Anlauf. Weitere Beispiele sind Kate Moss und ihr Junkie-Pete Doherty, aber auch Leonardo di Caprio und Bar Refaeli sowie Brad Pitt und Angelina Jolie. Mit Elisabeth Taylor und Richard Burton gab es bereits klassische Protagonisten der Vergangenheit.

Nicht ohne Grund sagten einst schon unsere Großmütter: „Wer zusammen gehört, kommt zusammen. Und wer zusammen bleiben soll, bleibt auch zusammen. Selbst, wenn es manchmal einiger Umwege bedarf.“ Und Friedrich Beutelrock meinte: „Manchmal braucht man viele Menschen, um einen einzigen zu vergessen.“

17. Kapitel

VERBOTENE (UND VERMEIDBARE) BEZIEHUNGEN

Verbotene Früchte schmecken süß.
(Sprichwort)

Jeder Mensch hat ein Recht auf glückliche Partnerschaften, Freundschaften und Liebesbeziehungen. Mit der richtigen Einstellung, den passenden Menschen, positiven Umständen und vielleicht etwas Geduld, sollte sich das auch realisieren lassen. Doch, nicht immer wenn wir uns verlieben, gehen auch wirklich unbelastete Voraussetzungen einher, um eine entspannte, harmonische und lang andauernde Beziehung zu erreichen. Denn es kann passieren, dass wir uns im Strudel der Gefühle und Gelegenheiten hinreißen lassen, eine verbotene oder zumindest vermeidbare Beziehung einzugehen. Die Gefühle sind meistens stärker als der Kopf und die Vernunft. Auch, wenn wir sie noch so sehr unterdrücken möchten.

Das Herz entflammt plötzlich für jemanden, der die Liebe gar nicht erwidern sollte. Zum Beispiel Kollegen (manchmal auch Vorgesetzte), Freunde und Nachbarn sind gut bekannte Menschen, mit denen uns Vertrautheit und räumliche Nähe verbinden. Kein Wunder, wenn sich hier manchmal auch mehr als bloß Sympathie entwickelt. Doch Vorsicht, mit solchen Liaisonen sind oft eine Menge Sorgen und Probleme verbunden. Vor allem dann, wenn die nähere Umgebung die Affäre oder Beziehung durchschaut und ... wenn die Liebe oder Leidenschaft zerbricht. Der Nachbar wohnt auch nach dem Beziehungsknick noch gegenüber und mit dem Kollegen oder der Kollegin müssen wir auch weiterhin zusammenarbeiten - auch dann, wenn wir eigentlich niemand von ihnen jemals wiedersehen wollen.

Daher gibt es im Leben gewisse Beziehungs-Tabus, derer wir uns bewusst sein sollten. Erst wenn wir wirklich sicher sind, etwas Ernstes zu wollen, lohnt sich hier ein Engagement. Vor allem am Arbeitsplatz begünstigt die tägliche, enge Zusammenarbeit mitunter auch das Entstehen von Beziehungen. Laut dem Marktforschungsinstitut „IFAK“ lernt jeder neunte Deutsche seinen Partner am Arbeitsplatz kennen. Gemeinsame zeitintensive Projekte, Auslandsaufenthalte, Kongresse, (Weihnachts-)Feiern, Events und Firmenreisen erhöhen bei manchen Mitarbeitern die Wahrscheinlichkeit, dass es früher oder später auch zu Intimitäten kommt.

Oft sind die Beteiligten dann monatelang unzertrennlich. Sogar die Arbeit kann durch „The Power of Love“ beflügelt werden. Mit der Zeit entwickeln sich solche Beziehungen allerdings häufig zu einer Belastung, deren logische Folge die Trennung ist. Um der weiterhin unvermeidlichen Konfrontation, dem Getuschel der Kollegen und den vielen peinlichen Momenten zu entgehen, sehen dann viele nur mehr einen Ausweg. Und der heißt „Kündigung.“ Daher sollte man sich im Vorhinein gut überlegen, ob es eine vielleicht kurze und nervenaufreibende Affäre wert ist, seinen bislang unbeschadeten Ruf und vielleicht sogar die ganze Existenz aufs Spiel zu setzen.

Vor allem in den heutigen flachen Hierarchien vieler Unternehmen sind auch Beziehungen zwischen Mitarbeiterinnen und Chefs keine Seltenheit. Diese aber bleiben der restlichen Belegschaft nur selten verborgen. Und das Getuschel: „Na, die hat ihre Position auch nur wegen ihrer Liebschaft mit dem Alten!“ wird unvermeidlich. Eine solche Situation kann wegen Misstrauen, Neid und Missgunst bei den Kollegen auch Mobbing auslösen. Und die so wichtige Team-Akzeptanz bleibt einem meistens auch verwehrt.

In manchen Fällen kommt es aber tatsächlich vor, dass man am Arbeitsplatz seinen Lebenspartner kennenlernt. Dann ist man als Paar allerdings gefordert, sich in der Firma richtig zu verhalten, um unliebsame Reaktionen von Arbeitskollegen und Vorgesetzten zu vermeiden. Wenn es sich allerdings bloß um eine temporäre Büro-Liebelei handelt, sollte man diese besser für sich behalten, da sich dabei Mitwisser nur selten bewähren. Wenn die Beziehung aber konkrete Formen annimmt, wird es unvermeidlich, zumindest einmal die näheren Kollegen/innen einzuweihen, da es sich mit einer Lüge bzw. Vertuschung nur schwer leben lässt. Extrawürste darf sich ein Büropaar allerdings weder erwarten, noch beanspruchen. Und das könnte bereits bei der Unvereinbarkeit des ersten gemeinsamen Urlaubes zum ärgerlichen Hindernis werden.

Unter heimlichen Liebesbeziehungen sind nicht nur Affären und Verhältnisse zu verstehen, die im Verborgenen blühen, weil zumindest einer der Beteiligten gebunden ist. Nicht selten gibt es auch vollwertige Beziehungen, von denen das Umfeld des Pärchens gar nichts weiß. Die Gründe dazu sind vielfältig und oft in der Familie eines der Partner zu finden. Manche Eltern beispielsweise möchten nicht, dass ihre Tochter als Jugendliche schon einen Freund hat, weil die schulischen Leistungen darunter leiden könnten. Türkische Eltern wiederum akzeptieren häufig keine „Hiesige“ als Freundin für ihren Sohn. Somit können kulturelle, soziale und juristische Gründe Einfluss ausüben. Zusätzlich umgibt solche Beziehungen (vor allem bei jungen Menschen) meistens auch noch der verlockende Reiz des Verbotenen.

Ein weiteres heikles Abenteuer ist es, sich mit dem Nachbarn (der Nachbarin) einzulassen. Oft entstehen solche Situationen, wenn jemand neu eingezogen ist. Man trifft sich, kommt ins Gespräch, dem/der Neuen ist die Stadt bzw. die nähere Umgebung noch nicht vertraut, und der andere gibt wichtige Tipps oder agiert sogar als privater Fremdenführer. So kommt man sich näher und bald ist man liiert. Als problematisch erweist es sich allerdings, dass man bei dieser Konstellation ständig unter Beobachtung steht. Und zwar sowohl vom neuen Liebsten als auch von der Nachbarschaft. Dieser Umstand verhindert ein unbeschwertes Privatleben. Oft muss man sich für jeden Besuch, jede Abwesenheit und jedes späte Heimkommen rechtfertigen. Wer sich in seiner Nachbarschaft um ein freundschaftliches Miteinander bemüht und die Liebe zumindest erst einige Häuserblocks weiter sucht, ist wesentlich besser dran.

Auch im Freundeskreis entstehende Beziehungen bergen eine Menge Zündstoff. Anfängliche Schwärmereien entwickeln sich manchmal zu Verliebtheit, die ein hohes Konfliktpotenzial beinhaltet. In amikalen Netzwerken, die häufig an eine große Familie erinnern, wird man leicht hin und her gerissen. Rasch kann man hier zwischen die Fronten geraten und weiß bald nicht mehr, wem man was über wen erzählen darf. Dabei sind stets von allen Seiten viele Emotionen im Spiel. Und das wirkt sich immer auf die Freundschaft bzw. Beziehung aus.

Da Gelegenheit Liebe macht, kann es auch passieren, dass man sich z.B. als Frau in den Freund der besten Freundin verliebt. Manchmal passiert das sogar aus Neid, weil die beiden anderen so glücklich waren, oder man will der Freundin eins auswischen. Wer hier Grenzen weder erkennen, noch akzeptieren kann, wird auch bald seine Solidaritätsgefühle vergessen. Und Männer sind meistens eher verführbar als Frauen. Eine gegengeschlechtliche Freundschaft ist aber dennoch möglich. Und zwar, wenn beide Seiten klare Grenzen einhalten und/oder den anderen nicht attraktiv finden.

Schwierig wird es auch, wenn in der Freundesrunde Geschwister beteiligt sind. Da Blut ja bekanntlich dicker als Wasser ist, wird sich im Zweifelsfall der neue Freund (die Freundin) immer auf die Seite seiner (ihrer) Familie schlagen. Dann ist man nicht nur seinen neuen Partner, sondern mitunter die ganze Clique los. Wenn sich diese Situation ergibt, sollte man auch wissen, dass vor allem die Verbundenheit von eineiigen Zwillingen sehr groß ist. Meistens teilen sie alles miteinander und wissen alles über den anderen. Sie haben fast immer die gleichen Hobbys, Neigungen und Interessen und teilen auch Gefühle und Gedanken. Dieses unsichtbare Band verbindet nahezu alle Zwillinge für immer.

Wie schon im vorhergehenden Kapitel „Wenn man nicht mit (und nicht ohne) einem bestimmten Menschen leben kann“, zu lesen war, ist auch der Ex-Partner für viele ein unwiderstehlicher Liebeskandidat. Und das, obwohl er eigentlich tabu sein sollte, da man ja die Fehler der Vergangenheit nicht unbedingt wiederholen möchte. Deshalb wäre es auch besser, die persönliche Historie hinter sich zu lassen. Weder man selbst, noch der Ex wird sich gegenüber früher wesentlich geändert haben. Und die Gefahr, bald wieder vor den gleichen Problemen wie einst zu stehen, ist groß. Betrachten Sie aber auch die Verflossenen Ihrer Freunde oder Verwandten als striktes Tabu. Die Welt ist mit dzt. 6,5 Milliarden Menschen groß genug, um auf diese Gruppe potenzieller Lover verzichten zu können. Es wäre nur ein Stich in die Herzen Ihrer betroffenen Nahestehenden, der sich keinesfalls lohnt.

Natürlich hat auch Inzest bzw. Unzucht - sprich, der Geschlechtsverkehr unter verwandten Personen - als kulturelles, moralisches und juristisches Beziehungsverbot große Bedeutung. Dabei handelt es sich um ein Thema, mit dem sich bereits seit langer Zeit Kulturen, Gesellschaften und Religionen beschäftigen. Die Normen der unterschiedlichen Kulturen verbieten auch inzestuöse Ehen. In vielen Fällen ist genau festgelegt, welche Ehen die Verwandtschaft gebietet, zulässt oder strikt verbietet.

Früher verbreitete Eheschließungen unter nahen Verwandten im europäischen Hochadel, manchmal auch in abgelegenen ländlichen Gegenden, werden hingegen als soziale Inzucht bezeichnet. In Europa war die Vetternehe zwischen Angehörigen des Hochadels (besonders regierender Dynastien) bis ins 20. Jahrhundert hinein mehr Regel als Ausnahme. Fast jede Königs- oder Prinzenehe wurde zwischen Cousins und Cousinen zweiten oder höheren Grades geschlossen.

Den Hebräern wurden vom Mosaischen Gesetz im Alten Testament der Bibel etliche Inzestverbote auferlegt. Auch im mittelalterlichen Christentum gab es zwischen Verwandten ein wesentlich breiteres Heiratsverbot als heute. Viele reformierte Kirchen haben die Bestrafung von Übertretungen dieser Verbote noch zusätzlich verstärkt. Im Islam gilt bereits der Geschlechtsverkehr mit Frauen und Männern mit deren Geschwistern man intim war, als Inzest. Die wichtigsten Verbote sind im Koran erwähnt: „Und heiratet keine Frauen, die eure Väter geheiratet hatten ...“

Umso erstaunlicher muten Nachrichten vom Herbst 2010 an, denen zufolge in der Schweiz künftig eine Liebesbeziehung zwischen Mutter und Sohn oder Geschwistern erlaubt werden soll. Das heißt, der Schweizer Bundesrat will im neuen Strafgesetz den Inzest straffrei stellen. Die konservativen Parteien sowie zahlreiche Auslandsstimmen reagierten empört. Zum Schutz der Familie und aus genetischen Gründen müsse das Verbot aufrecht erhalten werden, meinen sie.

In der römisch-katholischen Kirche bezeichnet der Zölibat (von lat. caelebs, allein, unvermählt lebend) das Versprechen der Priester, für das weitere Leben die Verpflichtung zur Ehelosigkeit zu übernehmen. Aber auch die orthodoxe, anglikanische und evangelische Kirche für Ordensfrauen und -männer, Eremiten, geweihte Jungfrauen oder Diakonissinen kennen - neben anderen Weltreligionen - das Versprechen bzw. Gelübde der Ehelosigkeit. Wichtig ist die Unterscheidung zwischen einem Ehelosigkeitszölibat und einem Enthaltsamkeitszölibat. Während bei Ersterem Kleriker nicht verheiratet sein dürfen, ist es beim Enthaltsamkeitszölibat durchaus möglich, dass Verheiratete die Weihen empfangen. Allerdings müssen sie ab dem Tag der Weihe enthaltsam leben. In „Die Dornenvögel“, einem australisch/US-amerikanischen TV-Melodram aus dem Jahre 1983 erlebt Pater Ralph als Gottesmann höllischen Liebeskummer. Für die Darstellung dieser verbotenen Liebe regnete es seinerzeit fünf Emmys und drei Golden Globes.

Zu verbotener Liebe gehören auch erotische Beziehungen zwischen Lehrer/innen und Schüler/innen. Einen Skandal, der weltweites Aufsehen erregte, löste die attraktive 34jährige, verheiratete US-amerikanische Lehrerin Mary Letourneau aus. Sie hatte Sex mit Vili Fualaau, einem zwölfjährigen Schüler. Es ist Liebe, bekräftigte sie immer wieder. Dennoch musste Mary wegen Vergewaltigung siebeneinhalb Jahre hinter Gitter. Ihre beiden kleinen Töchter, die dieser Affäre entstammten, wuchsen bei den Eltern ihres Geliebten auf. Wenige Stunden nach Marys Entlassung aus dem Frauengefängnis reichte Vili‘s Anwalt einen Antrag auf Aufhebung des Kontaktverbotes ein, dem schließlich stattgegeben wurde. Die Staatsanwaltschaft verzichtete auf einen Einspruch. 2005 heirateten die beiden bei Seattle. Mary hat auch noch vier weitere Kinder aus früherer Ehe.

Schlagzeilen lösten Ende 2010 auch der dreizehnjährige Schüler Erwin aus Wiener Neustadt/Österreich und Renata, seine 41jährige Handballtrainerin, die zu einem Liebespaar wurden, aus. Das Urteil für die Frau lautete „Schuldig, aber keine Haft:“ 22 Monate bedingt auf drei Jahre. Bisherige Unbescholtenheit, ein Geständnis und die nahe Beziehung galten als Milderungsgründe. Der Jugendliche trat in den Zeugenstand und versicherte glaubhaft: „Ich liebe sie.“

Sex mit Minderjährigen ist natürlich generell ein Verbotsthema. Wenn zum Beispiel ein Mann mit einem Mädchen schläft, von dem er weiß, dass es das 14.

Lebensjahr noch nicht vollendet hat, macht er sich strafbar. Früher nannte man dieses Delikt „Beischlaf mit Unmündigen“. Heute spricht man von schwerem sexuellen Missbrauch. Und dafür drohen in unseren Breiten saftige Haftstrafen. Wenn das Mädchen allerdings wesentlich älter aussieht und auch noch ein falsches Alter angegeben hat, muss der Tatbestand des Missbrauchs nicht unbedingt vorliegen. Übrigens drohen auch den Eltern des Mädchens Strafen, egal ob sie von den sexuellen Handlungen ihres Kindes gewusst haben oder nicht. Der aktuellen Gesetzeslage nach darf ein Kind nicht Sex haben, unabhängig davon, ob es die Eltern dulden oder gar erlauben.

Welche Liebes-Tabus legt nun eigentlich eine ansteckende und mitunter tödliche Krankheit wie z.B. Aids auf? Immerhin befindet sich das Aids-Virus im Blut sowie in der Samen- und Scheidenflüssigkeit. Neben Männern, die Sex mit Männern haben und Drogenabhängigen, die Spritzen tauschen, sind Menschen, die häufig ihre Sexualpartner wechseln oder mit HIV-Infizierten und Aids-Kranken intim verkehren, am gefährdetsten.

Wer als Aids-Kranker ungeschützten Sex hat, muss gemäß der aktuellen Rechtslage damit rechnen, sich wegen Totschlages vor Gericht verantworten zu müssen. Zugleich outen sich Aids-Kranke heutzutage immer seltener, was Dank neuer Medikamente an einer höheren Lebenserwartung liegen könnte. Im Vergleich zu heute hatten in den1990er-Jahren Aids-Kranke nur noch wenige Jahre zu leben. Geblieben ist allerdings auch jetzt noch die Angst vor Ablehnung und Ausgrenzung.

Tja, und wie sieht es mit dem Ehrenkodex gegenüber verheirateten bzw. vergebenen Menschen aus? Während für viele „vergeben zu sein“ ein absolutes No Go darstellt, kümmern sich andere nicht im Geringsten darum. Ist jeder für seine Treue selbst verantwortlich, oder gibt es hier tatsächlich so etwas wie einen sozialen Ehren- bzw. Ethik-Kodex? Manche Menschen sind der Meinung, sich schon aus Selbstschutz, aber auch aus Respekt gegenüber dem Partner eines liierten Menschen, nicht mit ihm einzulassen. Bei One-Night-Stands fragen allerdings die wenigsten nach.

Ebenso erfährt man von Menschen, denen bereits der Partner ausgespannt wurde, dass sie es wegen dieser Erfahrung selbst auch nicht mehr so genau nehmen. Einer aktuellen US-Studie zufolge reagieren gebundene Frauen allerdings nicht so stark auf das andere Geschlecht wie liierte Männer. Gerne wird auch das Argument eingeworfen, dass viele Verheiratete ohnehin unglücklich sind und nur auf den richtigen Anstoß von außen warten, um ihr Leben zu verändern. Dennoch enden für Frauen Beziehungen mit einem gebundenen Mann meistens auf die gleiche Weise. Nämlich, dass er letzten Endes doch bei seiner Frau oder Partnerin bleibt und die Geliebte erst wieder alleine da steht.

Daher ist es wohl besser, sich mit niemanden einzulassen, der gebunden ist, da sonst eine Menge Troubles drohen. Andererseits kann man auf diese Weise auch seine große Liebe verpassen. Psychologen sind der Meinung, dass man in vielen Situationen des Lebens fähig sein muss, verzichten zu können. Wer das nicht gelernt hat, offenbart eindeutige Charakterschwächen. Schwierig wird es allerdings, wenn die Gefühle beider Beteiligter so stark sind, dass sie sich mit rationalen Argumenten nicht stoppen lassen.

Jeder zweite Single verliebte sich schon mal in jemand, der verheiratet war. Diese Quote liegt bei Frauen sogar noch höher. Wer bereits vergeben ist, hat auf andere oft eine besondere Anziehung. Daher sollte man mit einer verbotenen Liebe richtig umgehen und versuchen, zu unterscheiden, ob die Gefühle für den anderen wirklich echt oder bloß eine Schwärmerei sind, weil er vergeben ist.

Dann gibt es auch noch die Beziehungen mit großem Altersunterschied. Ist es nun ein Tabu, wenn sich auf diese Weise der Zweite oder Dritte Frühling voll entfaltet? Tatsächlich wird eine steigende Akzeptanz von Partnerschaften mit einer großen Differenz an Lebensjahren festgestellt. Laut einer ElitePartner-Umfrage finden über 70 Prozent eine Partnerschaft sowohl mit einem deutlich älteren als auch jüngeren Partner ganz in Ordnung. 49 Prozent können sich sogar selbst eine Beziehung mit über 10 Jahren Altersunterschied ganz gut vorstellen und 15 Prozent sogar mit einem Altersunterschied von 15 Jahren und mehr.

Die meisten Befragten sehen in Beziehungen mit diesem Unterscheidungsmerkmal durchaus Vorteile, da der Jüngere von der Lebenserfahrung eines Älteren profitieren kann. Und der Ältere erlebt durch den jüngeren Partner selbst eine Verjüngung. Natürlich findet auch das altbekannte Klischee Bestätigung, dass Männer allgemein jüngere Partnerinnen bevorzugen. 54 Prozent gaben das auch zu. Nur 8 Prozent der männlichen Befragten verlangten nach einer älteren Partnerin.

Der Reiz des Verbotenen ist für Risikoliebende, so sagt man, der Schlüssel zum Paradies. Unter dem Motto „No Risk, no Fun!“ lockt sie die Tabuüberschreitung mit dem Nervenkitzel, erwischt zu werden. Der damit verbundene Anstieg des Adrenalinspiegels löst einen wahren Erregungskick aus. Auf diese Weise können auch banale Alltagssituationen (z.B. im Kino, im Zug, im Park, in der Umkleidekabine) sehr erotisierend wirken. Dennoch meint der Dalai Lama: „Bedenke: Nicht zu bekommen, was man will, ist manchmal ein großer Glücksfall.“

Im Paradies war ja bekanntlich alles erlaubt, außer einem: von der verbotenen Frucht, die am Baum der Erkenntnis wächst, zu essen. Doch, bereits zu Zeiten von Adam und Eva entsprach es offensichtlich der menschlichen Natur, Verbote zu übertreten. Selbst die größte Pracht und Herrlichkeit des Paradieses konnten auf Dauer nicht mit der Versuchung eines gewöhnlichen Apfels konkurrieren, dessen Genuss von allerhöchster Stelle untersagt war.

18. Kapitel

MUTTERSÖHNCHEN UND PAPA-TÖCHTER ALS BEZIEHUNGS-PARTNER

Eine feine Familie.
(Ironische Redensart nach dem Berliner Komiker Martin Bendix)

„Gib Deinen Kindern Wurzeln und Flügel mit auf den Weg" lautet ein altes Sprichwort, das allerdings nicht von allen Eltern beherzigt wird. Daher ist das legendäre Muttersöhnchen der Inbegriff des Mama-gebundenen, nicht losgelösten Sohnes. Also eines männlichen Jugendlichen (oder Mannes), der von seiner Mutter abhängig ist. Zugleich ist oft nur eine schwache (oder gar keine) Vater-Sohn-Beziehung vorhanden. Als Muttersöhnchen bezeichnet zu werden, ist für die „betroffenen Herren" jedoch eine schwere Beleidigung, obwohl sie meistens kleine Jungs im Körper eines erwachsenen Mannes sind.

Tatsächlich gibt es jede Menge Muttersöhne mit dazugehörigen Müttern, doch nicht allen sieht man das gleich an. Kurioser Weise sind auch zahlreiche Machos darunter, bei denen es sich durchwegs um Männer mit einer ziemlich unsicheren Identität handelt. Oft wollen sie der Umwelt mit ihren Machogebärden sogar demonstrativ ihre Abgrenzung gegenüber der Mutter beweisen. Muttersöhnchen sind aber auch oft depressive und manchmal sogar aggressive Typen.

Ein zwar harmloses, aber umso amüsanteres Beispiel dieser Beziehungsvariante ist in Loriots Filmkomödie „Ödipussi" zu sehen. Hier geht es um den häuslichen Typ eines Muttersohnes, der mit Dreißig noch im Hotel Mama wohnt. Erst später zieht er in eine eigene Wohnung, telefoniert aber ständig mit Mutti und sie mit ihm. Als die Mama stirbt, fällt der Sohn in ein tiefes Loch. Interessanter Weise sind Muttersöhne bei vielen Frauen sehr beliebt. Psychologen vertreten die Meinung, dass sich muttergebundene Frauen von den so genannten Muttersöhnchen gewissermaßen Rettung versprechen. Vor allem solche mit Gewaltneigung sollen stellvertretend für sie aktiv werden. Die klassische Mutter/Sohn-Problematik spiegelt im Grunde eine ungelöste Beziehungsdynamik zwischen einer Frau und einem Mann (eben der Mutter und dem Sohn) wider.

Das Ganze artet schließlich in der Vereinnahmung des Sohnes durch die Mutter aus. Er wird zu ihrem Ein und Alles. Bloß, der Haken dabei ist, dass ein kleiner Junge, der alles tut, um es Mama recht zu machen und sie nicht zu verletzen, Gefahr läuft, auf Sicht gesehen Manneskraft Attraktivität, Respekt und vor allem

Unabhängigkeit einzubüßen. Das Selbstbewusstsein weicht später in Beziehungen nur allzu leicht dem Gefühl, sich klein und abhängig zu fühlen und die eigene Lebenskraft zu verlieren.

Zugleich rückt der Sohn in jene Rolle, die von der Mutter eigentlich dem Vater des Sohnes vorbehalten sein müsste. Einerseits schmeichelt dem Junior dieser Umstand, andererseits überfordert er ihn aber. Die notwendige Loslösung von der Mutter wurde ihm nicht erlaubt und aus eigener Kraft hat er sie nicht geschafft. Verstärkt wird die Situation meistens noch, indem die Mutter dem Sohn stets alle Schwierigkeiten aus dem Weg räumt. Damit erhält sie seine Abhängigkeit und unterbindet erfolgreich sein Selbständigwerden. Für Mama bleibt er somit weiterhin der kleine Junge, den sie engagiert beschützen muss.

Daher wird der Junior sehr leicht dem Stress ausgesetzt, Rivale des Vaters oder allgemein Vaterfiguren gegenüber zu sein. Infolge ständiger Überforderung durch die Mutter rebelliert oder resigniert er innerlich. Auf diese Weise kann sich trotz der Angepasstheit zur Mutter auch ein gewisser Frauenhass bilden. Doch auch sein Männerbild bekommt Risse ab. Da der Vater schwach oder gar nicht präsent ist, verachtet er ihn meistens und entwickelt zugleich einen Männerhass. Dadurch entsteht ein massiver Realitätsverlust, der psychische Probleme heraufbeschwört.

Wenn ein solches Muttersöhnchen irgendwann mal selbst eine Partnerschaft eingeht, kann es meistens kein Gefühl für eine gesunde Gleichberechtigung in der Beziehung entwickeln. Durch seine spezielle Historie fällt es dem Betroffenen schwer, die Bedürfnisse anderer wahrzunehmen, geschweige, diese auf angemessene Weise zu respektieren. Der Entwicklungprozess der Kindheit kann sich nämlich direkt auf die Paarbeziehung übertragen. Das ist mit Verschmelzungserwartungen und der Angst vor Autonomie, Trennung und Alleinsein verbunden. Man findet Muttersöhne in hohen Führungspositionen, in der Politik sowie in niedrigen Hierarchieebenen. Oft raufen sie sich mit anderen Söhnchen gleicher Art um Ehre, Macht und Einfluss herum.

Letztlich geht es ihnen aber nur darum, der Mama zu zeigen, dass sie ihrer würdig sind. Leider praktiziert der Muttersohn in einer heterosexuellen Partnerschaft das gleiche, was ihn schon am Vater störte: Unterwürfigkeit und schwelende Aggressionen gegenüber Frauen. Damit sind natürlich massive Partnerschaftsprobleme verbunden, denn Frauen kommen mit Muttersöhnchen nur selten zurecht. Häufig messen diese Herren nämlich die Qualitäten ihrer Partnerinnen pedant an jenen unerreichbaren der Mutter.

Ein großer Vorwurf, den man Mütter dieser Szenarien machen muss, ist, dass sie die negativen Erfahrungen, die sie mit ihrem Mann hatten, dem Junior nicht ersparen. Und das, obwohl sie die eigenen Erfahrungen dem Sohn so nahebringen sollten, dass er davon verschont bleibt. Leider kommt ihnen das aber nicht in den Sinn. Schade, denn so hätte er immerhin die Chance bekommen, sein Leben besser zu gestalten. Einige prominente Beispiele (oft gar nicht so bekannter Muttersöhnchen) sind unter anderem Adolf Hitler, Leonardo DiCaprio, Justin Timberlake, Brad Pitt, Tom Cruise, Gerard Butler, Guy Ritchie, Oliver Berben, Matt Damon und Falco.

Eher seltener ist von Muttertöchtern, Vatertöchtern und Vatersöhnen die Rede, obwohl es auch diese Varianten gibt. Solche Bezeichnungen weisen auf eine spezielle Beziehungsnähe- bzw. Qualität hin, die in dieser Ausprägung in „normalen" Eltern-Kind-Beziehungen nicht vorkommen. Das Idealbild einer Mutter-Tochter-Beziehung sind wohl Lorelai und Rory Gilmore (TV-Serie „Die Gilmore Girls") als beste Freundinnen, Vertraute und Seelenverwandte. Von ihnen werden alle Probleme und Befindlichkeiten konstruktiv ausdiskutiert und das Angebot gegenseitiger Hilfe ist selbstverständlich. Wenn doch mal Spannungen aufkommen, dauern diese nur sehr kurz an. Leider wirkt diese Perfektion mit der Brille der Realität gesehen, zwar wünschenswert, aber doch ziemlich unrealistisch.

In Wirklichkeit haben nur wenige Töchter ein so ungetrübtes und inniges Verhältnis zur Mutter, da zwischen Harmonie und Hochspannung oft unausgetragene Konflikte unter der Oberfläche schwelen. Am häufigsten reklamiert werden das Nichtverstehen der Mutter, ihre Einmischung in das Leben der Tochter sowie die empfundene fehlende Unterstützung. Auch wenn Mütter sich noch so verteidigen, immer nur das Beste für ihre Tochter gewollt zu haben. Auf dieser Beziehungsebene entstehen fast immer aufgestaute Gefühle mit der Sehnsucht nach Respekt und Anerkennung. Dabei spielen auch Neid und Rivalität eine große Rolle.

Die Beziehung zu der Frau, die ihre Tochter unter Opfern und Schmerzen zur Welt gebracht hat, ist meistens noch viel komplexer und diffiziler als jene zwischen Vater und Tochter. Sie bewegt sich ein Leben lang zwischen Anlehnung und Abnabelung. Als erste große Liebe im Leben wird die Mutter vom kleinen Mädchen verehrt. Es möchte wie Mama sein und ahmt sie in vielen Dingen nach. Das beginnt beim entliehenen Lippenstift bis hin zu den um viele Nummern zu großen Schuhen. Umso größer wird diese Liebe und Ähnlichkeit, je weniger andere Bezugspersonen es in der Kindheit und Jugend gibt. Wenn die

Mutter allein erziehend war, ist die Ähnlichkeit in vielen Einstellungen und Verhaltensweisen überhaupt frappant.

Dennoch ist die Mutter nicht nur das erklärte Vorbild, sondern stellt auch einen gewissen Reibungspunkt dar. Studien ergaben, dass ein Großteil der Töchter trotz aller Nähe nicht so werden möchte, wie sie - auch wenn die Beziehung noch so liebevoll und verbunden war. Spätestens ab der Pubertät entsteht am Weg zur eigenen Identität die Neigung, sich aufzulehnen. Die meisten Töchter versuchen jetzt durch eine intuitive Abgrenzung ihren Platz im Leben zu finden, was auch mit der Missachtung zahlreicher Regeln und Grenzen verbunden ist. Dennoch kann man diese Konflikte als ganz normal bezeichnen.

Eine Entspannung tritt allerdings erst dann ein, wenn beide ihr persönliches Reich abgesteckt haben und jede das andere mit Respekt betritt. Wenn Töchter erwachsen sind, müssen sie sich oft erneut von der Mutter abnabeln. Manchen gelingt das erst, wenn sie selbst ein Kind haben und andere schaffen es nie. Dennoch ist der Zeitpunkt, wenn Frauen Nachwuchs bekommen, für die Beziehung zur eigenen Mutter entscheidend. Fast immer wird sie praktisch und emotional intensiver, wenn erst mal ein neuer Erdenbürger da ist. Je nach Situation kann sich nun alles eitel Wonne oder in Richtung Guerillakampf entwickeln.

Vatertöchter wiederum leiden eher an den hohen Ansprüchen ihres Vaters, der ihnen abverlangt, sehr erfolgreich zu sein. Dennoch möchte sich die Vatertochter auch von ihrem Vater emanzipieren. Symbolisch kämpft sie daher einen Kampf gegen die Männer. Oft ist das Vatermädchen eine im grünen Lager angesiedelte Feministin. Es kann aber auch zu einem interessanten Phänomen, dem so genannten „Elektrakomplex" kommen, der an den Ödipuskomplex angelehnt ist. Damit wird eine übermäßig starke Bindung der Tochter zum Vater bezeichnet. Hier avanciert die Mutter in der Liebe zum Vater zur Konkurrentin.

Im Allgemeinen ringen Vatertöchter um die Liebe des alten Herrn und warten stets auf seinen gütigen Blick. Zugleich sind sie verzweifelt bemüht, ihm zu gefallen und können ihm dennoch kaum gerecht werden. Viele Väter sind jedoch durch Job und Arbeit sehr beansprucht und wollen zu Hause nur noch ihre Ruhe haben. Dazu kommt, dass sie meistens gar nicht wissen, wie man mit Mädchen umgeht. Mädchen bleiben sogar für viele Männer ein ewiges Rätsel. Grund genug, weshalb in ihrem Umgang mit den Töchtern meistens Verunsicherung herrscht.

Und wie verhält sich das bei Vater und Sohn? Handelt es sich hier tatsächlich um einen Männerbund für's Leben? Ja, das könnte wirklich der Fall sein, wenn der Vater dem Sohn bereits in frühester Kindheit ein so gutes Gefühl mitgibt, dass es ein Leben lang anhält. Dann wird die Vater-Sohn-Beziehung zur Quelle der Kraft, die eine Selbstverständlichkeit als Mann erreicht. Dennoch möchten viele Söhne nicht das Leben ihrer Väter führen, sondern völlig neue und eigenständige Wege geh'n. Henry Neumann meint dazu: „Mancher Mann ist geneigt zu vergessen, dass das beste Angebot, das er seinen Kindern machen kann, er selbst ist."

Im Zuge dieses Kapitels soll auch das vielzitierte „Hotel Mama" nicht unerwähnt bleiben. Schließlich handelt es sich dabei um einen opportunistischen Lebensplan, der jegliche Pubertätsrevolten zur Abnabelung von den Eltern ignoriert. Die Kinder sind eigentlich erwachsen, wohnen aber noch zu Hause im alten Kinderzimmer und nehmen dort eine ähnliche Rolle wie in ihrer Jugend ein. Und das ist ein bequemes Made-im-Speck-Leben als Daueruntermieter ohne Alltagsverantwortungen.

Kochen, waschen, bügeln, aufräumen, einkaufen, Amtswege erledigen und die Verwaltung der Impfungstermine übernimmt ja praktischer Weise die nach wie vor als Ober-Glucke fungierende Mama. Selbstredend, dass sie auch noch täglich die Jausenbrote für die Uni oder den Job schmiert. Und der Kostenfaktor hoher Mieten wird mit dieser kommoden WG zusätzlich ausgetrickst. Somit ist es wahrlich kein Wunder, dass den Nesthockern manche vorwerfen, Spaß und Freiheiten des Erwachsenenseins voll zu genießen, sich aber vor der dazu erforderlichen Verantwortung zu drücken.

Längerfristig jedoch rächt sich diese Unfähigkeit bzw. Bequemlichkeit, den Allerwertesten in ein eigenes Leben zu erheben. Spätestens dann, wenn man eine eigene Partnerschaft führen und irgendwann auch eine Familie gründen möchte. Wie soll man im Leben Aufgaben übernehmen können, die man nie gelernt hat? Und wenn die liebe Mutti einmal nicht mehr in der Lage ist, das Muttersöhnchen (oder Töchterlein) zu umsorgen und nach Strich und Faden zu verwöhnen, wird es tragisch. Denn plötzlich soll das Burli oder Mädi selber auf sich schauen.

„Das wäre ja noch schöner", denken sich diese und räkeln sich gähnend in ihrem Elfenbeinturm der Unselbstständigkeit, in dem sie jahrelang den überaus angenehmen Service gewöhnt waren, einen gefälligen Mundschenk, Leibkoch und Kammerdiener um sich zu haben. Schließlich gilt, wie man in Österreich sagt: „Daham is' daham!" (my Home is my Castle). Eine solche 4-Stern-Vollpension mit Zimmerservice hat schon seine Vorteile. Möge der Luxus doch niemals enden! Bloß kann man auf diese verweichlichte Weise sehr bald zu den Verlierern unserer modernen bis unbarmherzigen Leistungsgesellschaft gehören.

Einerseits werden die Kinder heutzutage psychologisch und kulturell gesehen schon früh selbständig. Das betrifft vor allem ihre Gefühle, Aktivitäten, den persönlichen Lebensstil und die nur mehr sehr geringe Orientierung an den Eltern. Andererseits aber lösen sie sich räumlich und finanziell/materiell immer später von daheim und verschanzen sich, das eigentliche Leben betreffend, in einer hilflosen, unflexiblen und unselbständigen Abwarteposition. Auf diese Weise geht auch der sonst übliche und nicht unwichtige Kampf der Jungen um ihre Autonomie verloren, da die Eltern zu den bequemen Kumpels der Kinder werden. Und das wiederum verhindert die Entwicklung eines gesunden Freiheitswillens und lebensnotwendigen Durchsetzungsvermögens.

Doch das Hotel Mama ist nicht nur hierzulande voll belegt. In Italien und Spanien begünstigt schon die traditionelle Erziehung das extreme Nesthockertum. 70 Prozent der unverheirateten italienischen Männer über dreißig hängen beispielsweise noch an Mamas Rockzipfel. Aber auch in Frankreich und England erkennen Soziologen einen deutlichen Trend, auf flügelfaule (oder zweckmäßige?) Weise im Elternhaus zu verweilen.

Selbst die Vereinigten Staaten blieben nicht von der Entwicklung verschont, dass Hänschen Klein nicht allein in die weite Welt hinein gehen will. Daher wird dort bereits das „Downsizing“, der sanfte Rausschmiss „anhänglicher Kinder“ praktiziert. Um die erwachsenen Kids endlich aus dem Haus zu kriegen, verkaufen es die Eltern und nehmen sich eine kleinere Wohnung, in der für den Nachwuchs absolut kein Platz mehr ist. Es gibt aber auch die umgekehrte Situation, in der die Eltern die Klammernden sind. Selbst wenn sie, wie die Mutter des prominentesten Muttersöhnchens, „Der Bulle von Tölz“, die ganze Zeit über den faulen, bequemen Sohn jammern - einen Rausschmiss als längst fällige Konsequenz würden sie dennoch nie durchziehen.

Praktische Anwendung findet auch das „ausgelagerte Nesthocker-Phänomen.“ Damit ist eine Art Scheinselbständigkeit gemeint, wenn Kinder z.B. in eine von den Eltern finanzierte Eigentumswohnung ziehen. Auch die Versicherung des von Papa angeschafften Autos wird nach wie vor von diesem übernommen. Und natürlich steht er auch für willkommene Treibstoffzuschüsse gerne zur Verfügung. Das elterliche Rundumservice läuft hier noch immer wie geschmiert. Während sich Papa um die Autoreparatur und den Lohnsteuerausgleich kümmert, erledigt Mama zuverlässig den Schmutzwäscheberg und die damit verbundenen Näh- und Bügelarbeiten. Keine Frage, dass sie natürlich auch regelmäßig den Kühlschrank auffüllt und für ausreichend Zigarettennachschub sowie Taschengeld sorgt.

Und zu guter Letzt gibt es in dieser Riege auch noch die Wiederkehrer. Das sind all jene treuen Sprösslinge, die nach gescheiterten Ehen und Beziehungen in das traute elterliche Reich bzw. an Mamas Küchentisch heimkehren. Schließlich waren es ja doch immer Mama und Papa, mit denen sie sich viel besser als mit ihrem Lebensabschnittspartner verstanden haben. Kein Wunder, dass dieser auf Sicht gesehen mit den Eltern nicht mithalten konnte. Und jetzt kann in die Familie endlich wieder Harmonie mit einem neuen guten Verständnis über Generationen hinweg einkehren. „Kinder und Götter verweilen gerne dort, wo man sie ehrt und preist“ meinten schon die alten Tamilen.

19. Kapitel

DIE ZUKUNFT IST WEIBLICH

Die Probleme der Gegenwart sind zu groß und zu komplex, um ohne die umfassende Beteiligung von Frauen gelöst werden zu können.
(Hillary Clinton)

Bereits Ende des 20. Jahrhunderts prognostizierten amerikanische Trendforscher den „Megatrend Frau." Und auch heute sind sich Fachleute mehr denn je einig, dass der Aufstieg der Frauen unaufhaltsam voranschreitet. Eine immer bessere Ausbildung und Berufstätigkeit bilden die solide Basis für ihr wachsendes Selbstbewusstsein und ihre Unabhängigkeit. Während Frauen noch vor hundert Jahren der Zugang zu Universitäten großteils verwehrt war, sind an den heutigen Unis mehr Frauen als Männer inskribiert - sogar in vielen technischen Studienrichtungen und Fachhochschulen. In den Wirtschaftswissenschaften liegt der Anteil der Absolventinnen inzwischen bei 50 Prozent. Generell gilt, dass Frauen, die ein Studium beginnen, es meistens auch abschließen.

Die Ziele, Sehnsüchte und Ambitionen des schönen Geschlechts reichen inzwischen deutlich über die traditionelle Rolle „Ehefrau und Mutter" zu sein hinaus. Mittlerweile verfügen Frauen über ihr eigenes Geld und haben sich ausreichend Egoismus und Durchsetzungsvermögen angeeignet. Genug, um ihr Leben auch ohne die früher erforderliche Unterstützung eines Mannes erfolgreich zu realisieren. Zugleich sind Frauen heute autonomer, eigenwilliger und fordernder geworden, denn sie denken und handeln in manchen Bereichen immer mehr wie Männer, punkten andererseits aber mit den in unserer Gesellschaft zunehmend gefragten weiblichen Eigenschaften.

Dabei geht es aber nicht um die kinderlose Karrierefrau versus der Hausfrau von gestern, denn die Frauen wollen heute beides: nämlich Kind/er und Beruf. Zumindest 90 Prozent von ihnen. Dennoch werden sich Frauen von morgen bestimmt nicht wie die Männer von heute für ihren Job zerreißen und dem Arbeitgeber mit aufopfernder Verfügbarkeit dienen. Viele von ihnen wollen die in der Männerwelt vorherrschenden Spielchen um Geld, Status und Macht einfach nicht mitmachen. Noch dazu, wo rund fünfzig Prozent der Zeit in diesem Umfeld häufig für Politik und Intrigenabwehr draufgehen. Der Job ist für die Frauen zwar ebenso Erfüllung wie für den Mann - aber eben nicht nur.

Wir befinden uns inzwischen in einer Gesellschaft, in der Frauen alles erreichen und tun können, was jahrhundertelang den Männern vorbehalten war. Zugleich wachsen heute junge Mädchen mit einem Selbstwertgefühl auf, das bisher ebenfalls nur dem anderen Geschlecht ermöglicht wurde. Weibliche Vorbilder in Führungs- und Entscheidungspositionen haben das Ihre dazu beigetragen. Ja, sogar Arbeitsstrukturen verändern sich, wo Frauen die Führungsebenen erobern. Und wenn weibliche Wesen in Berufe mit Männerüberschuss vordringen, bringen sie ganz eigene Vorstellungen mit.

Dennoch fühlen sich Frauen von der Gesellschaft noch immer nicht ausreichend unterstützt. Schließlich sind Kinder heutzutage nach wie vor eine massive Karrierebremse bei der beruflichen Gleichstellung. Ein überaus positives Beispiel bietet hier IBM in Großbritannien, indem das Unternehmen in den Beruf zurückkehrenden Müttern als Aufwandsentschädigung für die Kosten der Kinderbetreuung zwei Jahre lang 25 Prozent mehr Gehalt bezahlt.

An attraktiven Job-Angeboten, oft sogar mit der Aussicht, Führungskraft zu werden, mangelt es heute gut ausgebildeten Frauen nicht. Bloß stellen sie sich noch oft die Frage, ob sie sich das auch wirklich antun wollen. Nicht selten ist der neue Job-Antritt mit dem Umzug in eine andere Stadt verbunden. Auf diese Weise kann eine zuvor gut funktionierende Partnerschaft plötzlich zu einer gefährdeten Wochenendbeziehung werden. Ganz zu schweigen vom Dauerstress, der einem zweifellos abverlangt wird, wenn man sich mit Leib und Seele der Karriere verschreibt. In den männlich geprägten Unternehmenskulturen sind 60-Stunden Wochen und massive Konkurrenzkämpfe schließlich keine Seltenheit. Dazu kommen auch noch die vielfach seit Jahren stagnierenden Unternehmensergebnisse.

Oft werden von Frauen Aufstiegsmöglichkeiten mit BlackBerry und Senator Card noch zugunsten der Familie ausgeschlagen. Vor allem wenn das Kind (die Kinder) noch klein ist. Häufig kommt es dann zu einem radikalen Schnitt, bei dem die Karriere aufgegeben wird. Die Alternative stellt dann meistens ein mäßig bezahlter Teilzeitjob dar. Und das nicht immer ohne Eifersucht, was den beruflich überholenden Ehemann mit Assistentin, Dienstwagen und eigenem Büro anbelangt.

Und jene Frauen, die Mütter werden, aber dennoch ihren Managerposten behaupten, werden in der beruflichen Männerwelt oft nicht mehr für voll genommen. Häufig erhalten sie bereits den Stempel „schlechte Mutter", wenn sie mal auf Geschäftsreise gehen. Dazu kommt, dass sie meistens auch nicht mehr so engagiert arbeiten können und wollen wie früher. Der nötige Respekt bleibt ihnen unter diesem Umständen oft verwehrt. Die immer stärker ausgeprägte Anwesenheitskultur in den Unternehmen (wer vor 18.00 Uhr geht, outet sich), erschwert den Job zusätzlich. Gefragt wären hier moderne Chefs, die auch Frauen mit Kindern eine Menge zutrauen und sie entsprechend motivieren. Und das zum Wohl des Unternehmens.

Die Machtzentralen der Gesellschaft liegen derzeit noch immer in Männerhand. Dennoch werden Unternehmen zunehmend gefordert sein, eine vernünftige Balance zwischen Arbeit und Leben zu bieten, wenn sie auf so wichtige Personalressourcen, wie die weiblichen, nicht verzichten möchten. Während viele Männer aggressiv und machthungrig agieren, handeln Frauen wesentlich beziehungsorientierter. Das erlangt noch mehr Bedeutung, da sich die Erwerbsquote der Männer seit Jahren im Sinkflug befindet und jene der Frauen steigt. Männer in Führungspositionen schuften sich durch erhöhten Konkurrenzdruck immer mehr dem Burn-out entgegen. Frauen in gehobenen Positionen hingegen achten auf eine ausgeglichene Work-Life-Balance.

Auch gehaltsmäßig haben die Damen schon mächtig aufgeholt. Während sie in den 1960er Jahren noch etwa die Hälfte der Herren verdienten, hat sich diese Differenz inzwischen auf knapp 23 Prozent verringert. Und auf dem Arbeitsmarkt der Zukunft stehen die Frauen tatsächlich als das stärkere Geschlecht da. Nicht umsonst meint die Unternehmensberatung McKinsey, dass Unternehmen mit einem hohen Frauenanteil ein fast um die Hälfte höheres Betriebsergebnis erreichen.

Diese erstaunliche Entwicklung geht sogar soweit, dass diverse Wissenschaftler, wie z.B. die britischen Genetiker Steve Jones und Brian Sykes von der Universität Oxford, den Untergang des Mannes prophezeien. Ihrer Ansicht nach ist dieser wegen der Störungsanfälligkeit des Y-Chromosoms ohnehin „ein Irrtum der Natur." Somit nimmt der Kampf der Geschlechter eine erstaunliche Wendung zugunsten der Frauen an.

Wenn es nach den Genetikern und Feministinnen geht, verhalten sich Männer wie Parasiten, da sie es sich nur allzu oft gut gehen lassen, ohne für Kost und Logis etwas beizutragen. Tja, und dass sie sich auch bei der Fortpflanzung nicht übermäßig anstrengen müssen, ist ja hinlänglich bekannt. Selbst wenn es noch so provokant klingt, der Forscher Steve Jones meint sogar, dass Männer „biologisch gesehen reduzierte Frauen" sind. Damit wären eigentlich Frauen das starke Geschlecht und Männer das schwache. Handelt es sich hier etwa um blühenden Feminismus - verbunden mit einem Nervenkrieg gegen den Mann oder tatsächlich um die heutige Realität?

Offensichtlich ist der Preis des Männerdaseins ganz schön hoch. Aus biologischer Sicht fehlt den männlichen Y-Chromosomen nämlich die Möglichkeit, sich wie die weiblichen X-Erbteilchen mit Hilfe ihrer Kopien zu reparieren. Warum dem so ist? Ganz einfach, das Y-Chromosom hat als einziges der 23 Chromosomenpaare des Menschen kein identisches Gegenstück. In der Praxis heißt das, wenn durch schädliche Umwelteinflüsse oder Giftstoffe wie Alkohol, Nikotin und Halluzinogene Mutationen auftreten, wird sie der Träger und Vererber der beschädigten Erbinformation nicht mehr los.

Das bedeutet für die Forscher, dass das Y-Chromosom langfristig gesehen dem Verfall preisgegeben ist und der Mann zu einem evolutionären Auslaufmodell wird. Damit geht auch die klassische Verhaltensweise des rauen Kerls, der polternd und triumphierend auftritt, langsam dem Ende zu. Die heutige Gesellschaft hingegen belohnt sichtlich weibliches Verhalten, bestätigt Steve Jones. Und dazu gehören jedenfalls eine ausgeprägte Intuition sowie Managerqualitäten im Kleinen wie im Großen. Frauen haben den Blick für das Ganze und betrachten mehrere Dinge gleichzeitig. Ebenso können sie ihre Ziele klar formulieren und diese konsequent verfolgen. Die Nützlichkeit steht konsequent im Vordergrund. Ein cooler Trottel wie etwa Bart Simpson sieht mit seiner Bildungsverweigerungsstrategie daneben ziemlich alt aus.

Als ob das nicht schon reichen würde, kommt auch noch dazu, dass sich Männer immer wieder darin beweisen, selbst ihr größter Feind zu sein. Schuld daran hat vor allem das mit dem Y-Chromosom verbundene Testosteron, das zu Aggressivität und gewalttätigen Auseinandersetzungen sowie zu allgemein leichtfertigem Umgang mit der Gesundheit führt. „Frauen hingegen sind nur äußerst selten in Schlägereien verwickelt, werden nicht so oft zu Tyrannen und zetteln auch keine Kriege an“, meint dazu Genetiker Brian Sykes.

Eine der wenigen Ausnahmen dürfte wohl Margaret Thatcher sein, die für den Falklandkrieg verantwortlich zeichnet. Aber das immerhin mit gutem Grund. Sykes gewinnt jedoch dem Untergang der Männer auch Positives ab, da der Welt dann wohl eine Menge blutiger Konflikte erspart bleibt, weil Frauen für Frieden, Stabilität und die Überwindung von Differenzen stehen. Nähere Auskunft darüber gibt das populärwissenschaftliche Sachbuch mit dem Titel „Keine Zukunft für Adam“ von Steve Jones.

Doch keine Sorge, meine Herren, Sie müssen weder Ihre Lebensversicherung vorzeitig auflösen, noch die Aktien über Nacht abstoßen. So schnell gehen große evolutionäre Veränderungen nicht vor sich. Selbst wenn die Männer aussterben, weil das Y-Chromosom unaufhaltsam degeneriert, dürfte es nach wissenschaftlicher Einschätzung noch etwa 125.000 Jahre dauern, bis der letzte überlebende Mann einer erdrückenden Mehrheit an Frauen gegenübersteht. Dabei erhält das X-Chromosom auch noch Unterstützung von der als Verbündeten agierenden Gen-Technik. Mit ihrer Hilfe werden nämlich Männer, wie Sykes und Jones prophezeien, künftig nicht mehr wirklich gebraucht. Tja, wie man es auch dreht und wendet, Frauen geraten immer mehr in die Pole Position.

Als die historischen Mauern unseres veralteten Patriarchats die ersten Risse bekamen, wurde der Weg für die alles verändernde New Economy geebnet. Dabei hat der Einsatz moderner Maschinen und Industrieroboter den Bedarf an männlicher Muskelkraft drastisch reduziert. Zum Tragen kommen aber als wichtige Disziplinen der weibliche Kommunikationsvorsprung sowie die soziale und emotionale Intelligenz, in denen die Herren leider nicht gerade punkten. Daher ist es kein Wunder, wenn mit der weiblichen Gleichrangigkeit - oder gar beruflichen Überlegenheit - eine Männlichkeitskrise einhergeht. Das belegen sowohl die Zahlen der Bildungsstatistik als auch die Tatsache, dass der Kinderwunsch bei den Männern wesentlich stärker als bei den Frauen gesunken ist.

Während Frauen bedenkenlos zugemutet wird, sich für Schönheit, Mode und Freundschaft voll ins Zeug zu legen, bestehen in Männerkreisen mitunter Zweifel, dass die Ladys auch für das Spiel mit der Macht geboren sind. Nicht von ungefähr propagieren Wissenschaftler immer wieder die These mit dem Hinweis auf das oft erwähnte Männlichkeitshormon Testosteron. Sie versuchen, zu belegen, dass es nicht nur aggressiv macht, sondern auch das Konkurrenzdenken fördert. Die arrivierte Buchautorin Cordelia Fine ("Delusions Of Gender") lehnt diese Theorie ab und verweist darauf, dass es Kulturen gibt, in denen schon sehr junge Mädchen ehrgeiziger sind als Jungs. Das könnte immerhin ein Beweis sein, dass die Lust am Sich-mit-anderen-Messen keine angeborene männliche Eigenschaft ist. Bedingt durch eine Erziehung, die dominantes Verhalten als unweiblich degradiert, scheuen viele Frauen im späteren Leben dennoch Auseinandersetzungen.

Dass sich aber manche Ladys trotzdem nicht vor Konkurrenz drücken, zeigt der Umstand, dass heute mehr Frauen als jemals zuvor Regierungen, Unternehmen und Organisationen anführen. Angela Merkel, die deutsche Bundeskanzlerin, hat mit ihrem „Mut zur Macht“ bewiesen, dass Frauen inzwischen Kampfwillen, ein unglaubliches Durchhaltevermögen und die Stärke, „nein“ zu sagen, aufbringen können. Hillary Clinton sieht in der Stärkung der Rechte von Frauen nicht nur eine anhaltende moralische Verpflichtung, sondern eine immer dringendere Notwendigkeit. Und das vor allem in Anbetracht der Weltwirtschaftskrise, der Ausbreitung von Terrorismus, dem Ansteigen von Atomwaffen und regionalen Konflikten, die Familien und Gemeinden bedrohen. Dazu gehört auch der Klimawandels mit all seinen Gefahren für die weltweite Sicherheit und Gesundheit. Zugleich steht fest, dass Frauen, die eigene Grenzen überwinden und aus Konkurrenzsituationen erfolgreich hervorgehen, motivierter und selbstbewusster sind.

Leider gibt es aber auch noch eine traurige Kehrseite dieser positiven weiblichen Entwicklung, da Frauen auf unserem Planeten die Mehrheit der Armen, der Hungernden und der Menschen ohne Schulbildung ausmachen. Zu bedenken ist ferner, dass die relativ emanzipierten Frauen Europas und Nordamerikas nur eine kleine Minderheit der Frauen in der Welt von heute darstellen. In der so genannten Dritten Welt leben Frauen großteils noch immer im Zustand der Unterdrückung und des Elends.

Mehr als eine Milliarde von ihnen sind in armen, ländlichen Gebieten angesiedelt - die meisten davon unterernährt, erschöpft oder krank. Sie sind nach wie vor Opfer von Vergewaltigungen als strategisches Mittel der Kriegsführung und werden im Zuge eines kriminellen Milliarden-Dollar-Geschäftes noch immer weltweit von Menschenhändlern verschleppt. Ehrenmorde, Beschneidungen, Verstümmelungen und weitere gewaltsame, entwürdigende Eingriffe finden in diesem Zusammenhang auch heute noch an vielen Orten Akzeptanz. Die weiblichen Kräfte werden weitgehend für den unerbittlichen Kampf ums nackte Überleben gebraucht. Schlagworte wie „Sexuelle Befreiung“ im westlichen Sinne, müssen für sie wie Hohn klingen.

In nahezu allen unterentwickelten Ländern werden Knaben den Mädchen von Geburt an vorgezogen. Noch dazu haben dort Frauen wenig Rechte und Möglichkeiten. Ohne Mitspracherecht werden sie zum wirtschaftlichen Vorteil der Eltern bereits früh verheiratet. Zermürbende Arbeiten und häufige Schwangerschaften sollen sie in einem schwachen und abhängigen Zustand halten. Daher ist es nur gut und billig, hier von dringend erforderlicher „Frauenbefreiung“ zu sprechen.

Die Zukunft muss allerdings weiblich(er) sein, wenn der Verfassungsgrundsatz der Gleichberechtigung von Frauen und Männern nicht nur am Papier Gültigkeit haben soll: „Alle Menschen sind vor dem Gesetz gleich. Männer und Frauen sind gleichberechtigt.“ Doch frauenpolitisches Engagement ist längst nicht mehr nur das Steckenpferd Einzelner, sondern hat, vor allem in den letzten Jahren, einige Aufwertung erfahren. Ein besonders großes Benachteiligungsrisiko besteht für Frauen unserer Breiten vor allem in ländlichen Gebieten sowie in der Landwirtschaft.

Frauenförderung zur Durchsetzung der Chancengleichheit stellt im Sinne einer neuen Wertschöpfung eine zukunftsweisende und Demokratie fördernde Notwendigkeit dar. Schließlich können wir es uns heute nicht mehr erlauben, solche wichtigen Ressourcen zu verschenken. Daher wurden schon vor Jahren in vielen westlichen Ländern neue politische Beschlüsse gefasst. Und zwar zur Einführung von Gender Meanstreaming und Gender Budgeting sowie zur Schaffung von Frauenausschüssen. Längst steht fest, dass es für Frauen ein trügerischer und unsicherer Lebensweg ist, es sich als Zentralversorgung im Windschatten eines Ehemannes gemütlich machen.

Doch, lassen Sie uns mal kurz nach Fernost blicken. Auch in Indien gibt es viele Probleme und die Unterschicht im Land ist groß. Dennoch rücken indische Frauen immer mehr in den Fokus westlicher Unternehmen. Immerhin stieg die Anzahl weiblicher Ingenieursabsolventen am Indian Institute of Technology in Bombay von 0,8 Prozent im Jahr 1972 auf 8 Prozent im Jahre 2005. Ein besonders positives Beispiel ist Kiran Mazumdar-Shaw. Diese Dame hat sich als Biotechunternehmerin mit 250 Dollar Startkapital zur reichsten Frau des Landes hochgearbeitet. Inzwischen produziert sie mit ihrer patentierten Fermentiertechnik für weltweite Kunden preiswerte Generika. Sie etablierte ihr Unternehmen Biocon nicht nur zu Indiens beliebtesten Arbeitsgeber, sondern auch zu Asiens größten Insulinhersteller.

Frauen ergreifen generell neue Chancen mit mehr Elan und Engagement als junge Männer. Daher wird auch der Frauenanteil an Fachkräften deutlich ansteigen. Ihre Bildungsdefizite wurden in den letzten Jahrzehnten nicht nur reduziert, sondern sie haben die jungen Männer im Bereich der Allgemein- und Berufsausbildung sogar überholt. Noch dazu dominieren die Frauen auch den Dienstleistungssektor. Zugleich wird der klischeehaften, aber nicht unrealistischen weiblichen Harmoniesucht zunehmend der Kampf angesagt. So manche toughe Ladys besinnen sich nämlich ihrer Kernhärte: „Die Harmoniesucht muss ich wohl draußen vor der Tür lassen, wenn es um Macht geht“ meinte in diesem Sinne kürzlich Birgit Wenzien als SWR-Studioleiterin im ARD Hauptstudio Berlin.

Während Frauen der Vormarsch in Männerdomänen wie Jura, Medizin und Betriebswirtschaft längst geglückt ist, agieren sie auf einigen innovativen Wachstumsbranchen vorerst noch etwas zurückhaltend. Dazu gehören Naturwissenschaften, Handwerk, Mathematik und Informatik. Im Kampf um neue Talente und qualifiziertes Personal wird sich jedoch auch diese Entwicklung zunehmend verändern.

Dazu kommt, dass sich die Prozessentwicklung in geschlechtlich gemischten Teams schon oft als effizienter und erfolgreicher als ausschließlich in Männerteams herausgestellt hat. Als wirksame Unterstützung zur zeitgemäßen Berufswahl hat sich der in Deutschland jährlich erfolgende „Girls Day“ (Mädchen-

Zukunftstag) erwiesen. Angela Merkel übernahm die Schirmherrschaft dieser großartigen Berufsorientierungsinitiative.

Und wie sieht die Zukunft der Frauen aus evolutionärer Sicht aus? In einer US-Studie, die über mehrere Generationen mit über 2000 Ladys durchgeführt wurde, fand man heraus, dass die Frauen der Zukunft (auf lange Sicht gesehen) etwas kleiner und pummeliger sein werden. Somit könnte die Evolution Modedesigner vor Probleme stellen. Dafür verfügen Frauen künftig über ein gesünderes Herz-Kreislaufsystem und können sich schon früher fortpflanzen. Noch dazu haben sie einen niedrigeren Cholesterinspiegel und Blutdruck. Dazu wird die Menopause erst später einsetzen. Produktivität geht somit vor Schönheit.

Zugleich heilt der medizinische Fortschritt immer mehr Krankheiten und sorgt auf diese Weise für ein längeres Leben der Menschen. Damit stellt sich aber auch die Frage, ob die Evolution der Humanoiden durch natürliche Auslese überhaupt noch voranschreitet. Früher endeten viele Krankheiten tödlich und die Betroffenen konnten sich somit nicht fortpflanzen. Dadurch waren Gesunde in der glücklichen Position, ihre Gene weiterzugeben. Heute jedoch überleben auch viele nicht gesunde Menschen Krankheiten, die einst zum Tod führten. Somit muss man sich fragen, welchen Einfluss die natürliche Selektion in der entwickelten Welt überhaupt noch hat.

Vorrangig sind es die biologisch/genetischen Faktoren (anstatt der kulturellen), durch die sich die Spezie Mensch verändert. Trotz allem werden die Männer dabei nicht männlicher, sondern eher weiblicher. Das könnte daran liegen, dass BpA = Bisphenol A (wird in Kunststoffen verwendet) nahezu überall nachweisbar ist. Es wirkt auf den menschlichen Körper wie ein Hormon und löst bei Männern Unfruchtbarkeit und bei Frauen eine frühe Geschlechtsreife, Übergewicht und Krebs aus.

Ein weiteres Indiz für das Bevorstehen des weiblichen Zeitalters ist, dass die Frauen eine deutlich höhere Lebenserwartung als Männer haben. Und das immerhin trotz der Mehrfachbelastung durch Beruf, Haushalt und Familie. Frauen unseres Zeitalters haben rund 81 Jahre vor sich, Männer hingegen nur etwa 75. Dabei wirkt sich jede einzelne Todesart (Alzheimer ausgenommen) bei Männern sogar noch schwerer aus. Sie erliegen Krebs- und Herz-Kreislauferkrankungen deutlich früher als Frauen und verzeichnen bei Leberzirrhose einen uneinholbaren Vorsprung. Auch die Selbstmordrate ist bei Männern viermal so hoch - ganz zu schweigen von der Unfall- und Mordhäufigkeit.

Da Männer im Allgemeinen erst dann zum Arzt gehen, wenn sie sich vor Schmerzen krümmen, setzen sie sich auch bei durchaus heilbaren Krankheiten einer höheren Sterblichkeitsrate aus. Ganz im Gegensatz zu Frauen, die großteils regelmäßige Kontrolluntersuchungen durchführen lassen. Aber auch der Leichtsinn schlägt sich, was die Lebenserwartung anbelangt, bei den Herren zu Buche, da sie mehr Alkohol trinken, mehr Zigaretten rauchen, eine größere Suchtgiftneigung haben, am Steuer leidenschaftlich gerne rasen und zu gefährlichen Hobbys neigen. Wer daher meint: „Der Mann ist selbst sein größter Feind“, hat bestimmt nicht Unrecht.

Es gibt allerdings Männer, die keine Kinder (mehr) wollen, aber ein möglichst langes Leben anstreben. Ihnen bietet sich tatsächlich die Chance, ihr Dasein um (statistisch gesehen) rund dreizehn Jahre zu verlängern. Und zwar, wenn sie der zerstörerischen Kraft der Männlichkeit ausweichen und sich sterilisieren lassen. Durch die Sterilisation werden übrigens die Potenz und das sexuelle Empfinden nicht beeinträchtigt.

Ja, und welchen Zeiten steuert der Mann der Zukunft ansonsten noch so entgegen? Der amerikanische Psychologe James Hollis ist überzeugt, dass die Zeiten des Mannes, der keine Schwächen zeigen darf, endgültig vorbei sind. Er muss inzwischen nicht mehr die mühsame Rolle des Starken spielen, sondern darf endlich Gefühle zum Ausdruck bringen. Und dieser Umstand sollte sich auf die Ehrlichkeit und Nähe zwischen Mann und Frau durchaus positiv auswirken.

Expertenmeinungen nach wird die Ehe zunehmend an Attraktivität verlieren. Für dieses Jahrtausend rechnen Familienanwälte mit einer Scheidungsrate von 80 Prozent. Dabei sind es eher die Frauen, die den Männern davonlaufen. Diese Rate liegt heute schon bei 60 Prozent. Ein Grund, weshalb Kinder immer öfter nur bei nur einem Elternteil aufwachsen werden. Während heute in unseren Breiten schon rund 15 Prozent Alleinerziehende sind, werden 2030 allein erziehende Frauen die Mehrheit bilden. Die traditionelle Familie mit Vater, Mutter und Kind wird heutigen Einschätzungen nach früher oder später ziemlich aussterben. Diese Entwicklung lässt Männer zunehmend zu Wochenendvätern werden. Außerdem hat der Mann als Versorger schon bald selbst ausgesorgt, denn in dieser traditionellen Rolle ist er bereits heute ein klassisches Auslaufmodell.

Dieses Szenario geht aber keineswegs auf Kosten der Lust, denn die sexuelle Freizügigkeit wächst kontinuierlich. Eines Tages wird ganz sicher auch Aids besiegt sein. Und durch bessere Vorsorge gehören früher oder später auch ungewollte Schwangerschaften endgültig der Vergangenheit an. Da Sex zum totalen Lustfaktor avanciert, werden sowohl Männer als auch Frauen in ihrem Leben rund vierzig Intimpartner haben - im Gegensatz zu den zehn bis fünfzehn von heute.

Der Qualitätsanspruch an die geringere Kinderanzahl, die in den wohlhabenden Ländern noch das Licht der Welt erblickt, steigt gegenüber heute allerdings deutlich an, prophezeien Evolutionsbiologen. Dazu wird aber ein optimales Erbgut benötigt, und das kommt in Zukunft - wie unromantisch - von der ..., ja, richtig, von der Samenbank. Immer wieder erfährt man aus den Medien, dass bereits heute in den USA Erbgut von z.B. Nobelpreisträgern erworben werden kann. Und damit sind dem eigenen Wunschkind kaum noch Grenzen gesetzt.

Durch die zunehmende Unabhängigkeit der Frauen und dem damit verbundenen Druck auf die Männer, wird der Hormonhaushalt der Herren in Zukunft ganz schön durcheinander gewirbelt. Da erscheint es ziemlich schwierig, die früher selbstverständliche Potenz aufrecht zu halten. Doch, das Imperium der Männer schlägt zurück, indem die Adamsjünger künftig mehr Wert auf Aussehen und Pflege legen. Damit sind in erster Linie Kosmetik, Fitnessstudios und Schönheitsoperationen gemeint. Ein starker Trend, der vor allem aus den USA kommt.

Obwohl das lang ersehnte Ziel des ewigen Lebens auch weiterhin eine Wunschvorstellung bleibt, wird die Lebenserwartung dennoch signifikant ansteigen. Spezielle Hormone übernehmen die Aufgabe, den Alterungsprozess entscheidend hinauszuzögern. Udo Jürgens muss es geahnt haben: „Mit 66 Jahren, da fängt das Leben an ...“ In der Tat wird es nicht mehr lange dauern, bis sogar 120jährige Männer normale Realität sind. Um diesen Fortschritt zu erreichen, müssen die Herren allerdings wesentlich gesünder werden. Und das beginnt mit der entsprechenden Vorsorge.

Obwohl die Genanalyse bereits im Frühstadium Krebs- und Herzinfarktrisiko eindämmen kann, ist auch ein geläutertes Bewusstsein bei Zigaretten, Drogen und Alkohol erforderlich. Und während Frauen immer öfter Karriere machen, bleibt den Männern deutlich mehr Zeit für Familie, Freunde, Sport und Hobby. Das werden sie mit Sicherheit zu schätzen wissen. Nicht umsonst meinte der berühmte Psychologe Peter Lauster bereits vor über siebzig Jahren: „Zuerst müssen sich die Männer seelisch verändern, bevor sich die Welt etwas positiv verändert.“

20. Kapitel

WIE SIE IHRE VERLORENE LIEBE ZURÜCKGEWINNEN

Meistens belehrt uns erst der Verlust
über den Wert der Dinge.
(Schopenhauer, Parerga und Paralip)

Obwohl viele Partnerschaften zwischen Mann und Frau durchaus harmonisch verlaufen, gehen mehr als die Hälfte aller Beziehungen in die Brüche. Glückliche Liebe und eine erfüllende Sexualität langfristig aufrecht zu halten, erweist sich dabei als die größte Herausforderung, denen ein modernes Paar gegenübersteht. Außerdem unterliegt jede Zweisamkeit Veränderungen. Und diesen standzuhalten, zeichnet eine Partnerschaft aus. Noch dazu gibt es aller Romantik zum Trotz auch Hinweise, dass die Zuneigung und Leidenschaft zu ein und demselben Partner bei uns Menschen zeitlich begrenzt sind.

Fachleute sprechen in diesem Zusammenhang von einer psychobiologischen Sollbruchstelle, der jede Beziehung ausgesetzt ist. Dazu kommt, dass unsere heutigen Ehen wesentlich leichter aufkündbar sind, als das früher der Fall war.

Kein Wunder, dass auch diese Situation Ehescheidungen und Trennungen begünstigt. Jugendforscher Jürgen Barthelmes erklärt den aktuellen Umstand damit, dass Frauen und Männer trotz der neuen, freieren Möglichkeiten für Paarbeziehungen nach wie vor an einem romantischen bzw. neo-romantischen Beziehungsideal festhalten. Zugleich steht fest, dass ohne kontinuierliche Beziehungsarbeit von beiden Seiten heute partnerschaftlich gesehen rein gar nichts mehr geht.

Vermutlich ist es jedem auch schon einmal - oder sogar öfters - passiert, dass er eine große Liebe verloren hat und verlassen wurde. Man bleibt am Boden zerstört zurück und weiß nicht mehr wohin, denn nur selten treffen die Entscheidung, sich zu trennen, gleichermaßen beide Partner. Fast immer wird einer dabei kalt erwischt. Es gibt zwar Tausende Gründe, doch meistens ist, wenn es soweit kommt, das wichtige Gleichgewicht verloren gegangen (oder war nie vorhanden). Vor allem dann, wenn einer mehr liebt als der andere oder einer mehr auf den anderen angewiesen ist, als sein Partner. Oft hat man sich auch auseinander gelebt oder jemand Neuen getroffen.

Allerdings muss das Thema Trennung nach einer längeren Beziehung unbedingt angesprochen werden, bevor man es vollzieht. Den Partner wie ein Blitz aus heiterem Himmel einfach vor vollendete Tatsachen zu stellen und seine Sachen zu packen (oder schon weg zu sein, wenn er heimkommt) ist äußerst unfair und einer einst glücklichen Beziehung unwürdig. Dann hat man auch mit berechtigten und unkalkulierbaren Reaktionen des anderen zu rechnen. Der wesentlich bessere Weg ist es, eine ernsthafte Aussprache mit seinem Partner vorzunehmen, die den Schluss zulässt, sich trennen zu wollen bzw. zu müssen.

Ganz egal aus welchen Gründen eine Trennung erfolgt, in manchen Fällen gibt es noch immer einen Weg zurück. Je intensiver und schöner die Liebesbeziehung war, desto größer sind die Erfolgschancen auf ein Comeback. Und so mancher Streit und Zwist ist ja auch wirklich kein richtiger Grund, um für immer auseinander zu gehen. Oft wurde die Trennung zwar eingeleitet, aber innerlich noch nicht vollzogen. Alles Gründe, weshalb eine „Rückholaktion“ gelingen kann, wenn man nur einige wichtige Dinge dabei beachtet. Schließlich liegt es in der Natur des Menschen, eher bereits Gewonnenes zu verteidigen als nach neuen, unbekannten Möglichkeiten zu streben. Als ersten Schritt sollte man allerdings in sich hinein hören und die wahren Gründe und Fehler für die aktuelle Situation suchen.

Das Ganze macht natürlich nur Sinn, wenn man zu sich selber auch ehrlich ist. Eventuell war man ja mit der Zeit zu langweilig geworden oder man hat seine

Partnerschaft viel zu selbstverständlich genommen. Schließlich kann es sich entsprechend auswirken, seinem Partner nicht die erforderliche Aufmerksamkeit zu schenken. Wer vergisst, seine Liebe stets aufs Neue zu beweisen und dabei die Romantik zu beachten, gräbt jeglicher Gemeinsamkeit das Wasser ab. Und zwar auch dann, wenn man nur mehr für Job und Arbeit lebt und die Gefühle seines Partners vernachlässigt. Das sind triftige Gründe, um den Menschen an seiner Seite immer mehr in den Hintergrund treten zu lassen.

Wenn ein Partner den Entschluss getroffen hat, zu gehen, bleibt der andere meistens zurück, ohne diese Entscheidung zu verstehen und zu akzeptieren. Er leidet unter seinem Kummer und seiner Enttäuschung. Stimmung, Appetit, Motivation und Lebenslust sinken in den Keller. Viele ziehen sich daraufhin in ihrem Schmerz vom gesellschaftlichen Leben und manchmal sogar vom Freundes- und Bekanntenkreis zurück und ergeben sich ihren Selbstvorwürfen und Zweifeln.

Damit verbunden sind fast immer auch eine große Sehnsucht und nicht selten sogar Hass und Verzweiflung. Es gibt aber auch die konträren Verhaltensweisen, mit denen manche eine Trennung zu überwinden versuchen. Einerseits ist das exzessives Feiern und von einer Party bzw. einem Clubbing zum anderen zu jagen oder sich voll und ganz in seine Arbeit zu vergraben. Wiederum andere glauben, ihren Schmerz besiegen zu können, indem sie sich sofort Hals über Kopf in eine neue Beziehung stürzen.

Aus menschlicher Sicht sind diese extremen Verhaltsweisen im Strudel bewegender Trennungsgefühle nur allzu verständlich. Dennoch erscheinen sie fragwürdig, da sich die meisten Betroffenen im Grunde nur in den vertrauten Hafen ihres/ihrer Ex zurücksehnen. Eine Menge seelischer Kräfte werden in diesen Phasen wirksam, wenn die Gefühle Achterbahn fahren. Und die meisten Verlassenen wollen ihrem Ex-Partner ein Hintertürchen offen lassen, durch das er zurückkommen kann.

Auch wenn es (mitunter massive) Probleme gab, so war eine Beziehung selten *nur* schlecht. Schließlich bestanden ja Gründe, um sich für seinen Partner zu entscheiden. Und fast immer bleibt auch eine Menge schöner gemeinsamer Erlebnisse und Erfahrungen zurück, die einem früher sehr verbanden. Wird die Trennung allerdings endgültig, verursacht es psychologisch gesehen meistens ein Trauma, das nicht einfach zu verarbeiten ist. Selbst künftige Beziehungen können damit belastet werden.

Somit stellt sich die große Frage: „Kann man seine Liebe nach einer bereits erfolgten Trennung überhaupt zurückgewinnen?“ Natürlich gibt es hier als Antwort weder ein generelles Ja, noch ein 100%iges Patentrezept. In manchen Fällen bestehen aber durchaus realistische Chancen. Und am besten sind diese, wenn die Trennung nicht von langer Hand geplant war, sondern kurzfristig und sehr emotionell (praktisch als Kurzschlusshandlung) erfolgte.

Einer solchen Begebenheit gehen oft ungelöste Konflikte und manchmal sogar Frust und Resignation voraus. Die abrupte Trennung infolge eines neuerlichen Streites, weiterer Enttäuschung oder chronischer Verstimmung soll dann Klarheit schaffen und die schmerzliche Unzufriedenheit beenden. Auch wenn das Herz blutet, sagt der Verstand: „Du musst so handeln, so ist es besser für dich!"

Wenn es nicht bloß Sentimentalität ist, sondern man aus Liebe allen Ernstes vorhat, seine/n Ex zurückzugewinnen, benötigt man, um Erfolg zu haben, eine ausgesprochen clevere Strategie. Dennoch hilft die beste Vorgangsweise nichts, wenn von beiden Beteiligten die eigentliche Ursache des ungelösten Konfliktes nicht objektiv konfrontiert und verstanden wird. Ebenso gilt es bei diesem Zeitpunkt, alle Fehler zu vermeiden, welche die Trennung und Distanz zum Partner weiter verstärken. Ich weiß, es ist nicht einfach, doch unterlassen Sie es bitte:

- den Expartner mit künstlichen Versprechungen zurückzulocken
- mit „Du, wir müssen dringend miteinander reden!" Druck auszuüben
- ihm die Trennung eindringlich ausreden zu wollen und nächtelang zu diskutieren
- voll auf die Mitleidsmasche zu setzen bzw. zu jammern
- seinen Ex emotional zu erpressen oder auf sonstige Art zu nerven
- sich selbst als alleinigen Schuldigen darzustellen
- als bedürftiger Bittsteller aufzutreten und dabei klein und schwach zu erscheinen
- dem Expartner Szenen und Vorwürfe zu machen. Besonders zu vermeiden sind Sätze wie: „Du hast mein Leben zerstört! Ohne dich werde ich nie mehr glücklich!"
- mit aufdringlichen Geschenken zu versuchen, den Expartner umzustimmen

- seine verlorene Liebe mit vermeintlichen Rivalen/Rivalinnen eifersüchtig zu machen

- bei organisatorischen Besprechungen Seitenhiebe und Bissigkeiten auszuteilen

- bei erforderlichen Telefonaten oder terminlichen Treffen alles andere als sachlich zu agieren

- im Nachhinein einen Seitensprung oder andere Fehlverhalten zu beichten

Das gezielte Vermeiden dieser häufig beobachteten Fehler stellt natürlich noch keine Erfolgsgarantie für die Rückgewinnung des Partners dar. Aber, es unterstützt zumindest als grundsätzlich richtiges Verhalten das erklärte Ziel. In schwierigen Situationen können Menschen auch über sich hinauswachsen. Dennoch wird es keine Fortschritte geben, wenn nicht beide zumindest etwas Bereitschaft zeigen, an sich zu arbeiten und neue Wege für ein besseres Miteinander zu finden.

Dem Expartner nur nachzuweinen und eventuell aufdringlich hinterherzulaufen, wäre diesem Entwicklungsprozess nicht förderlich. Wer es hingegen schafft, beim Ex wieder Aufmerksamkeit und Interesse an der eigenen Person zu erwecken, ist am richtigen Weg, um die Distanz zu verringern. Dabei sollte man aber seine Handlungen nicht an Gefühlen orientieren.

Wenn den Menschen eine Beziehung zu mühsam oder zu langweilig geworden ist, distanzieren sie sich in vielen Fällen von ihrem Partner und verlieben sich früher oder später wieder neu. Und zwar in jemand, der einen neuen Reiz ausübt und mit dem sie sich unbeschwert und glücklich fühlen können. Wenn daher unausgeglichene Beziehungen einer Trennung zusteuern, kann ein falsches Kämpfen des vom Verlassenwerden bedrohten Partners das Ungleichgewicht noch verstärken. Das ist vor allem dann der Fall, wenn einer von all den Querelen schon die Nase voll hat und der andere ihn (in dieser ungewollten Situation) binden will, indem er sich vehement an ihn klammert. Einen abtrünnigen bzw. Ex-Partner kann man aber nur zurückgewinnen, wenn das oft vor der Trennung bestehende große Ungleichgewicht restlos beseitigt wird.

Zwischen Männern und Frauen gibt es auch eine Diskrepanz der gezeigten Gefühle vor und nach einer Trennung. Obwohl die Beziehung im Bewusstsein der

Männer oft deutlicher im Hintergrund steht, sind sie auf diese mehr angewiesen, als Frauen, die ein viel stärkeres soziales Netz pflegen. Daher ist die Quote der Männer, die nach einer Trennung ausrasten und sich oder anderen Gewalt antun wesentlich höher als bei Frauen. Meistens dauert die Trauerphase bei Männern zwei Jahre und bei Frauen ein Jahr. Fallweise muss man sich auch mit der Frage beschäftigen, wie man sich von jemand befreit, der nicht freiwillig geht. In der Regel bewährt es sich, eine möglichst objektive Pro- und Contra-Liste zu erstellen, die einem Aufschluss darüber gibt, was man mit seinem Loslassen gewinnt und verliert.

Die Aufgabe der Rückgewinnung wird allerdings noch schwieriger, wenn eine neue Liebe der Grund für die Trennung ist. Unter diesen Umständen kann es schon eine Weile dauern, bis der Partner wieder zurückfindet. Und natürlich muss man sich auch darauf einstellen, dass er das nie mehr tut. Ein Vorteil ist es jedenfalls, wenn man in dieser Situation noch verheiratet ist, da sich dann organisationsbedingte Kontakte ergeben. Man sollte aber schon aus strategischen Gründen nicht ständig beim Telefon lauern und für den Ex auch nicht immer verfügbar sein. Selbst SMS müssen nicht unverzüglich beantwortet und Terminvorschläge nicht sofort akzeptiert werden. Das ist nun einmal sehr schwierig, wenn man sich vor Sehnsucht verzehrt, aber Liebe ist ja ohnehin nichts für schwache Nerven.

Am besten begegnet man jeglicher Distanz, mit der einem der Ex-Partner konfrontiert, nicht mit Klammern. Wesentlich klüger ist es, diese Distanz anzunehmen und zu zeigen, dass man selbst losgelassen hat. Das ist zugleich eine gute Gelegenheit, sich wieder mehr um sich selbst zu kümmern und neue Kräfte zu sammeln. Dazu gehört auszugehen, Freunde zu besuchen und neue Hobbys auszuprobieren. Man sollte (zumindest vorübergehend) nützen, was einem das Leben auch ohne Ex zu bieten hat. Einen bestimmten Menschen loszulassen, bedeutet schließlich nicht, ihn aus Kopf und Herz zu streichen, sondern eine möglichst neutrale Haltung einzunehmen. Dieses Verhalten darf auch nicht als gezielte Bestrafung erfolgen. Eine solche verspürt der andere ohnehin, wenn er sieht, wie gut es einem geht. Um Abstand zu gewinnen, sollte man auch etwas Zeit verstreichen lassen. Dann gibt es aber verschiedene pro-aktive Möglichkeiten, die man ergreifen kann, um das Interesse des Verlassenden wieder zu wecken:

- wenn die Trennung noch nicht allzu lange zurückliegt, zu einer romantischen Reise einzuladen. Wenn der andere mitmacht, wäre Paris bestimmt keine schlechte Wahl

- Liebesbriefe (oder liebe SMS) zu schreiben. Diese dürfen aber weder übertrieben sein, noch zu häufig erfolgen

- einen Strauß Lieblingsblumen vorbeizubringen (oder zustellen zu lassen)

- gelassen zu reagieren, wenn der Ex eine neue Liebe hat. Wer weiß denn schon, ob sich die Sache auch wirklich entwickelt?

- wann immer es passt, unaufdringlich seine Hilfe anzubieten

- sich kreative Ideen einfallen zu lassen, wie z.B. einen lieben handgeschriebenen Gruß oder eine Blume am Auto zu hinterlegen, einen Theater- oder Konzertbesuch, eine Schiffs- oder Ballonfahrt zu machen. Zahlreiche Ideen dazu finden Sie im 7. Kapitel „Die neue Sehnsucht nach Romantik."

Wenn dem anderen die Partnerschaft noch nicht ganz egal ist, wird er früher oder später darauf reagieren und überlegen, ob es doch noch einen gemeinsamen Weg gibt. Das ist der Zeitpunkt, wo auch sinnvolle Bedingungen gestellt werden können. Mit einer intensiven Paartherapie zum Beispiel wäre es eventuell möglich, die Beziehung auf eine neue, bessere Basis stellen.

Wenn man sich stark genug dazu fühlt, kann es nach einiger Zeit ja tatsächlich zur ersehnten Verabredung mit dem Ex-Partner kommen. Bringt man aber diese innere Stärke noch nicht auf, sollte man von der Begegnung besser Abstand nehmen, da sie sonst nur einen Rückschritt bedeuten würde. Meistens geht dem ersten neuerlichen Treffen ein telefonischer Kontakt oder eine Email-Nachricht bevor. Anstatt sofort dem nächstmöglichen Date überstürzt zuzusagen, sollte man erst für nächste oder übernächste Woche einen Termin vorschlagen. „Der eigene Terminkalender ist derzeit leider voll. Da lässt sich nun mal früher nichts machen ;-)"

Schließlich sitzt man sich mit Herzklopfen in einem Café gegenüber. Diese Bewährungsprobe wird zur großen Chance, dem/der Verflossenen wieder ein Stück näher zu kommen. Das sollte aber möglichst ohne dem Druck und Krampf, eine perfekte Vorstellung abzuliefern, geschehen. Dabei ist auch tunlichst zu vermeiden, den anderen auf die Trennung anzusprechen oder gar alte Probleme zu wälzen. Die Beziehung darf nicht zum Gesprächsthema werden, wenn man jetzt wieder Land gewinnen möchte. Falls der Ex die Trennung zur Sprache bringt, empfiehlt es sich, darauf nicht näher einzugehen.

Wer sich jetzt in der Position des Verlassenen befindet, sollte zeigen, dass er emotional nicht mehr aufgewühlt ist, sondern bereits souverän über den Dingen steht. Daher unterhält man sich am besten über neutrale, unverfängliche Themen im Sinne eines vertrauten, freundlich-fröhlichen Small Talks - aber nicht endlos, sondern nur einen angemessenen, nicht zu langen Zeitraum über. Das Eis ist gebrochen und man beendet das nette Gespräch, weil man ja heute noch etwas vor hat ... Auf diese Weise widersteht man auch dem vermutlich glühendem Wunsch, den Ex gleich zu sich mit nach Hause zu nehmen.

Das wäre nämlich gar nicht gut, weil der Zeitpunkt dazu noch zu früh ist. Und allzu leicht sollte man es ihm ja schließlich auch nicht machen. Noch dazu, wo manche Verlassende in unregelmäßigen Abständen oft Kontakt zum Ex-Partner suchen, um dessen Gefühle für sich zu konservieren. Das Ziel des Verlassenen sollte es sein, dass der andere traurig zurückbleibt und die Trennung bedauert. Sagt man hingegen zu schnell ja, verdirbt man diesen günstigen Umstand leichtfertig. Auch die weitere Annäherung muss sehr behutsam erfolgen. Dabei ist vor allem der Verlassene gefordert, sich zurückzuhalten und auf den anderen keinen Druck auszuüben. Am besten wäre es, wenn die Bemühungen für neue Treffen vom abtrünnig gewordenen Partner ausgehen. Jetzt ist es nämlich besonders wichtig, ein neues, ausgeglichenes Machtverhältnis aufzubauen.

Eine inzwischen herrschende Distanz, stark reduzierter oder komplett eingestellter Kontakt und der damit wegfallende Druck lassen einen verlassenden Partner seine Beziehung oft in einem völlig neuen Licht erscheinen. Nicht selten kommen in dieser Phase bei ihm Wehmut und Sehnsucht auf, mit dem Verlassenen wieder Kontakt aufzunehmen. Dass durch die Distanz auch jegliche Kontrolle über den Zurückbleibenden verloren geht, kann diese Emotionen zusätzlich verstärken. Wenn der Verlassende sich nicht neu verliebt hat bzw. keine andere Beziehung eingegangen ist, stehen die Chancen auf seine Wiederkehr nicht mal schlecht. Das trifft auch zu, falls er doch eine neue Beziehung haben sollte, diese aber nicht wie gewünscht läuft.

Wenn man Glück hat, sich geschickt verhält und Geduld beweist, kann man tatsächlich das große Ziel erreichen und mit dem Ex-Partner wieder zusammenkommen. Dann ist die schmerzhafte Krise überwunden und man fängt gemeinsam ein neues Leben an. Die noch vor kurzem raue See der Liebe ist zu einem ruhigen und beschaulichen Gewässer geworden. Wer jetzt aber denkt, das war‘s und er kann wieder ganz selbstverständlich zur Tagesordnung übergehen, befindet sich am Holzweg. Denn ohne einem völlig neuen Bewusstsein und einem geänderten Verhalten landet man schon bald wieder im alten Fahrwasser und ist erneut mit den bestens bekannten Schwierigkeiten und Problemen konfrontiert. Grund genug, um sich auf die erforderlichen Veränderungen in der Beziehung zu besinnen oder eine professionelle Paartherapie zu beginnen.

Daher ist es frühestens im nächsten Treffen (sollte sich dieses ergeben) an der Zeit, dem Ex-Partner Vorschläge zu unterbreiten, wie man sich eine entscheidende Verbesserung der Beziehung vorstellt. Wer hier allerdings mit keinem überzeugenden Plan aufwarten kann, wird niemand dazu bewegen, zurückzukommen und mit einer ausgewogenen Beziehungsbalance noch einmal gemeinsam neu anzufangen. Schließlich kommt es jetzt darauf an, die alten Schwachstellen auszumerzen und diesen Umstand auch überzeugend zu argumentieren.

Natürlich kann es passieren, dass selbst die größten Bemühungen nichts helfen und sich die Beziehung auch beim besten Willen in keine konstruktiven Bahnen mehr lenken lässt. Dann allerdings sollte man sich besser zurückziehen, anstatt den anderen nur zu nerven und sich eventuell selbst zu blamieren. Dazu passen die Worte von Bertolt Brecht, der meinte: „Nur belehrt von der Wirklichkeit können wir die Wirklichkeit ändern."

21. Kapitel

PARTNER AUS ZWEITER HAND

Erzähle mir die Vergangenheit
und ich werde die Zukunft erkennen.
(Sprüche des Konfuzis)

Es ist eine Tatsache, dass Trennungen und Scheidungen heutzutage fast überall auf der Welt zum ganz normalen Alltag gehören. In Österreich zum Beispiel endet jede dritte, in internationalen Großstädten sogar jede zweite Ehe vor dem Scheidungsrichter. Und wenn nach dem Break kein Weg zurückführt, folgen neue Partnerschaften nach, die von Psychologen „Second Hand-Beziehungen" genannt werden. Aus „zweiter Hand" soll dabei ausdrücken, dass es sich um „gebrauchte Beziehungspartner" handelt. Schließlich haben die wenigsten ihre Frau oder ihren Mann bereits im Sandkasten kennen gelernt.

Auch von Neuverliebten mit Altlasten oder beziehungsgeschädigten Typen ist in diesem Zusammenhang oft die Rede. Auf jeden Fall aber kann man hier „Frau oder Mann mit Vergangenheit" sagen. Und diese Vergangenheit ist in einer neuen Partnerschaft immer eine große Herausforderung. Besonders dann, wenn aus der Second Hand-Beziehung eine Zweitfamilie wird. Manchmal bringt er Kinder mit, dann wieder sie und am häufigsten beide. Gemeinsamer Nachwuchs ist natürlich auch nicht ausgeschlossen. Und da sind wir schon am Weg zur klassischen Patchwork-Familie.

Bevor man sich allerdings auf eine Second Hand-Beziehung einlässt, empfiehlt es sich, zu prüfen, ob der/die Auserwählte für einen weiteren Anlauf schon bereit ist. Und das ist mit Sicherheit noch nicht der Fall wenn:

- er/sie ständig von seiner/m Ex redet
- er/sie seine/n Ex völlig verschweigt
- sein/ihr Selbstbewusstsein einen schweren Knacks hat
- er/sie mit Rachegedanken im Zorn zurückblickt

Macht der neue Sonnenschein jedoch den Eindruck, dass er die Trennung gut verarbeitet hat und im Gepäck keine nennenswerten Altlasten mitschleppt, stehen die Chancen mit ihm glücklich zu werden, gar nicht mal so schlecht. Gebraucht muss ja schließlich nicht ‚verbraucht' bedeuten und Zweite/r nicht zweite Wahl.

Dennoch wird in der ersten Verliebtheit diese trendige Form des familiären Beisammenseins von vielen Hauptakteuren gewaltig unterschätzt. Vor allem Frauen ahnen oft nicht, welche Reibungspunkte hier auf sie zukommen. Große Begeisterung und Zuversicht überdecken in der Anfangsphase noch so manche später aufkommenden Schwierigkeiten. Dennoch lassen sich viele vor der großen Aufgabe nicht abschrecken und wagen es, ihr Leben auf diese Weise zu bereichern. Manchmal ist auch der/die Expartner/in in der neuen Beziehung sehr präsent und bleibt ein fixer Bestandteil des weiteren gemeinsamen Lebens. Damit ist allerdings ein zusätzliches Gefühlschaos vorprogrammiert, denn nicht jeder bringt die Gelassenheit auf, einen solchen Umstand locker wegzustecken.

Eine wichtige Voraussetzung zur erfolgreichen Second Hand-Partnerschaft ist daher, dass alle vorhergehenden Beziehungen komplett abgeschlossen und emotionale sowie organisatorische Altlasten aufgearbeitet sind. Nur mit einem befreiten Gefühlsleben und ohne alte Abhängigkeiten sollte man einen Neuanfang wagen. Koste es was es wolle, rasch dem Alleinsein zu entfliehen, wäre für dieses Vorhaben kein vernünftiges Motiv. „Leichter gesagt als getan“, werden jetzt manche meinen. Vor allem wenn es aus der/den früheren Beziehung/en Kinder gibt. Dennoch muss eindringlich davor gewarnt werden, sich in eine Opferrolle zu begeben.

Die schwierigste Aufgabe der neuen Partnerschaft wird wohl sein, eine funktionierende Balance zwischen erforderlicher Rücksichtnahme und Durchsetzung der eigenen Bedürfnisse zu finden. Und Zweitpartner sind im realen Leben leider oft wirklich die Zweiten. Zumindest gegenüber der Erstfamilie, die es nun einmal gibt und die nicht ignoriert werden kann. Das trifft besonders dann zu, wenn, wie in fast allen Fällen auch (meistens eifersüchtige) Kinder im Spiel sind. Für weiteren Zündstoff sorgt dann in der Regel noch der oder die nervende Ex im andauernden Trauer-, Stör- oder Forderungsstadium. Ein anschauliches Paradebeispiel stellen hier schicksalsgebeutelte Wochenendväter mit unaufgearbeiteten Schuldgefühlen und hohen Alimentezahlungen dar.

Bei den Second-Hand-Frauen wiederum trifft man auf der freien Wildbahn des Heiratsmarktes gerne auf folgende Typen:

- geschieden, ein bis drei Kinder und auf der Suche nach einem neuen Papa. Einem, der ihr möglichst ein Luxusleben bieten kann, das Kind (die Kinder) vergöttert und sie vom längst verhassten Job befreit. Im Gegenzug werden seine Golden Credit Card und die neu gewonnene Freizeit überaus wohlwollend akzeptiert.

- in unglücklicher Beziehung auf der Suche nach einer neuen, besseren Partnerschaft. Mögliche Kandidaten werden getestet, bleiben aber, weil Test nicht bestanden, als Lückenbüßer zurück. Wenn auf Sicht gesehen keiner passt, wird in der alten Beziehung weiter „gewurschtelt."

- frustriertes, von Männern enttäuschtes Weibchen (alles nur Schweine und elende Kerle!). Gedankenrichtung: „Wer um mich wirbt, muss überirdisch gut sein, sonst hat er im Vergleich zu seinen bereits unperfekten Vorgängern keine Chance." Endlose Testphase mit irgendwann erfolgender entnervter Aufgabe und Abdriften in die Verschrobenheit.

- verheiratet (manchmal auch geschieden), nimmt, was sie bekommen kann, erlebt viele Affären, ist dabei nicht allzu anspruchsvoll und erreicht keine haltbare Beziehung.

- geschieden, selbstbewusst, interessante Ausstrahlung, mit Kind als wichtigsten Teil ihres Lebens, auf der Suche nach einem Mann (nicht Ersatz-Papa), hat ihre Erfahrungen gemacht und das eigene Leben gut im Griff, hat nicht resigniert, selbstkritische, realistische Lebenseinstellung, gute Voraussetzung für eine neue Partnerschaft.

Mit rationalen Überlegungen lässt sich beim besten Willen nicht steuern, wo die Liebe hinfällt. Noch dazu beachtet in der ersten Verliebtheitsphase kaum einer besonders die Vergangenheit und Altlasten der familiären Bindungen des neuen Herzblatts. Alle Sinne sind jetzt nur auf die Gegenwart und Zukunft ausgerichtet. Da ist es fast nebensächlich, dass der/die Gute bereits ein-, zweimal oder öfter verheiratet war. Auch, dass er/sie Kinder hat, ist vorerst kein No Go. Selbst finanziellen Verpflichtungen wird zu diesem Zeitpunkt noch keine besondere Bedeutung eingeräumt und die Alarmglocken bleiben stumm. Das manchmal bittere Erwachen folgt nämlich erst später.

Schließlich ist es mit dieser Art an Partnerschaftsbeziehung bei weitem nicht so einfach wie mit der ersten oder zweiten Jugendliebe. Teens und Twens können sich voll und ganz mit sich selbst beschäftigen. Doch, die Vorgeschichte eines Menschen der zweiten oder dritten Partnerschaftsära bestimmt die gemeinsame Gegenwart und hat großen Einfluss auf die Zukunft. Seine/ihre Probleme werden immer mehr zu den eigenen. Auch wenn man an der ursprünglichen Entstehung völlig unbeteiligt war. Eine Menge an Erinnerungen, Gefühlen und Sentimentalität bleibt wohl für immer an der/dem Ersten hängen. Ein durchaus schweres Los für den/die Zweite/n.

Nachfolgerinnen haben meistens auch noch zu verkraften, dass monatlich ein beträchtlicher Teil seines Gehaltes auf das Konto seiner Ex wandert. Das wäre ja nicht weiter schlimm, wenn der Mann aus zweiter Hand ein Top-Verdiener ist, der problemlos zwei Familien ernähren kann. Doch, solche Superhechte sind bekanntlich dünn gesät, was die junge Liebe auf eine harte Probe stellt. Vor allem, weil die eigene Lebens- und Familienplanung deswegen spürbaren Einschränkungen unterworfen ist. Dazu kommt noch, dass die Zweitfamilie der ersten rechtlich gesehen nicht einmal gleich gestellt ist.

Gut zwei Drittel aller geschiedenen Männer in der Alpenrepublik heiraten ein weiteres Mal. „Dabei war die typische Zweitfrau selbst noch nie verheiratet" bestätigt Diplom-Pädagogin und „Zweitfrau-Expertin" Doris Früh-Naumann. Die Zweite ist beruflich engagiert, selbstbewusst, selbständig und gewohnt, ihre Frau zu stehen sowie Probleme zu lösen. Dennoch gibt es in der Lebenspraxis kaum rückstandslose Trennungen längerer Beziehungen. Dazu besteht auch noch die große Befürchtung, Fehler zu wiederholen. Bloß, Harmonie lässt sich nun einmal nicht auf Biegen und Brechen erzwingen.

Begegnungen und Abstimmungen mit dem Ex-Partner sind kaum vermeidbar. Und wenn es gemeinsame Kinder gibt, legen sich die Schatten der Vergangenheit noch dichter auf das neue Leben. Doch, wer sich in einen Partner mit Vorleben verliebt, muss auch dessen Vergangenheit akzeptieren. Selbst wenn man den Ex-Partner des/der Neuen noch irgendwie austricksen kann, die Kinder sind und bleiben ein fixer Bestandteil des neuen, gemeinsamen Lebens - falls es einem überhaupt gelingt, die anfängliche Misstrauens- und Eifersuchtsphase der Kleinen zu überwinden.

Erfahrungsgemäß wird man in der neuen Beziehung auch ständig anecken, wenn man keine klaren Grenzen setzt. Trotz noch so großer Verbundenheit ist auch ein gewisser Abstand erforderlich. Manche Probleme zwischen dem Partner und dessen Ex sind einfach „seine Sache", die er alleine durchziehen muss. Und meistens betrifft das die Kinder. Mit seiner objektiven Meinung bzw. einem guten Rat kann man allerdings gerne zur Seite stehen, falls man mit einbezogen wird.

Natürlich ist es nicht gerade leicht zu ertragen, wenn der Partner regelmäßigen Kontakt mit seinem/seiner Ex hat. Vor allem, wenn die beiden noch sehr vertraut miteinander sind. Ein Fehler wäre es allerdings, sich deswegen grün und blau zu ärgern. Auch misstrauisches Detektivspielen sollte man unterlassen, dafür aber klipp und klar aussprechen, was einem stört und welche Spielregeln man sich im Umgang mit seiner/ihrem Ex vorstellt.

Vor allem Zweitfrauen sind bei ihrem „gebrauchten Prinzen“ gefordert, sich nicht selbst restlos zu überfordern. Das kann nämlich leicht passieren, wenn man voller Engagement in die undankbare Rolle schlüpft, plötzlich alles können, wissen und machen zu wollen: eine perfekte Köchin, (Stief-)Mutter, Nachhilfelehrerin, Lebensberaterin, Home-Managerin und Geliebte zu sein. Zumindest die primären Vater- oder Mutterpflichten müssen dem neuen Liebling nicht auch noch abgenommen werden. Schließlich gibt es einen Selbstschutz, auf den man nicht vergessen sollte.

Durch die individuellen Lebensvorgeschichten (manchmal auch traumatischen Beziehungserfahrungen) der Betroffenen, ist deren Fähigkeit, Vertrauen zu entwickeln, fast immer beeinträchtigt. Daher braucht es schon seine Zeit, um eine neue und stabile Vertrauensgrundlage mit einem soliden Gefühl an Sicherheit und Geborgenheit aufzubauen. Das kann mitunter Jahre dauern. Dabei gilt es vor allem, emotionale Hürden und Unsicherheiten zu überwinden. Auch ein gesundes Maß an Egoismus ist dazu erforderlich.

Ein weiterer Nachteil des Second Hand-Partners ist sein wie ein Rucksack mitgeschleppter Anhang. Neben dem/der Ex und bis zu mehreren Kindern gibt es in der Regel auch noch Ex-Schwiegereltern, Ex-Schwager/-Schwägerinnen, Ex-Verwandtschaft und einen Freundeskreis. In Summe sind das Gründe, die auch für Loyalitätskonflikte sorgen können. Was aber unter keinen Umständen passieren darf, ist sich mit seinen/ihren Ex-Partnern zu vergleichen bzw. es zuzulassen, dass man selbst mit den Verflossenen seiner neuen Liebe verglichen wird. Das gilt sowohl für den neuen Partner, seine Familie und seine Freunde - die natürlichen Feinde der Zweitfrau, falls es nicht so gut laufen sollte. Auch den neuen Partner mit den eigenen Ex-Partnern zu vergleichen, bringt absolut nichts ein.

Und zum Abschluss noch eine gute Nachricht: „Das Risiko zu scheitern, ist in Zweitehen- und Beziehungen nicht größer als in anderen Partnerschaften.“ Öfters erweist sich ein „gebrauchter Partner“ sogar eindeutig besser als die erste Wahl. Second-Hand-Männer und Frauen haben auch ihre Vorteile gegenüber den First-Hand-Typen, die eventuell noch im Jugendzimmer vom Hotel Mama leben. Partner mit Erfahrung können durchaus reizvoller sein, als unbedarfte Beziehungsanfänger. Und die Klugen haben aus dem Scheitern ihrer früheren Beziehung gelernt, was sie als Früchte der Vergangenheit zum Ernten in die nächste Partnerschaft konstruktiv einbringen können. Oft sind diese wichtigen Lebenserfahrungen auch mit einer größeren Toleranz, Gelassenheit und mehr Respekt für den neuen Partner verbunden.

„Gebrauchte“ haben schließlich auch schon mit einem anderen Nahestehenden als Mama, Papa, Bruder und Schwester zusammengewohnt und Erfahrungen gesammelt, die deutlich über die Family-Basics hinausgehen. Eine Waschmaschine zu bedienen und den Geschirrspüler ein- und womöglich auch auszuräumen, ist für sie kein unlösbares Problem mehr. Wenn er Vater ist, hat er auch schon gelernt, Verantwortung zu übernehmen. Und Fortgeschrittene können ihrer Herzkönigin sogar manche Wünsche von den Augen ablesen. Außerdem lässt sich von den Erfahrungen der „Gebrauchten“ eine Menge lernen.

Wenn Sie noch mehr über dieses aktuelle Thema erfahren möchten, kann ich das Buch „Der gebrauchte Prinz. Vom Umgang mit einem Traummann aus zweiter Hand“ von Susanne Walsleben empfehlen. Die Autorin beschreibt darin auf unterhaltsame Weise, mit welchen Problemen Frauen zu kämpfen haben, wenn die Vergangenheit des Partners wie eine dunkle Wolke über der neuen Beziehung schwebt.

22. Kapitel

WENN DER PARTNER EIN BEGEISTETER FUSSBALLFAN IST

Es gibt nur eine Möglichkeit: Sieg, Unentschieden oder Niederlage.
(Franz Beckenbauer)

Der Mann: kauft Fußballkarten drei Monate im Voraus - und wartet mit den Weihnachtseinkäufen bis Heiligabend.
(Anonym)

Abseits ist, wenn der Schiedsrichter pfeift.
(weiblich, unbekannt)

Viele im Berufleben äußerst seriöse, karrierebewusste und verantwortungsvolle Männer verändern - wenn sie nach Hause kommen - ihr Wesen auf ganz erstaunliche Weise. Falls sie dort nicht engagiert zu schrauben und zu hämmern beginnen, ihr Auto oder Motorrad liebevoll pflegen oder waghalsigen Hobbys frönen, spielen sie. Und das auf verschiedenste Arten und mit der größten Begeisterung. Wohl jeder Frau ist daher das Kind im Manne und dessen ausgeprägter Spieltrieb bestens bekannt. Ganz vorne in der Beliebtheitsskala liegen heutzutage Computerspiele. Der Kauf eines solchen erfolgt oft unter dem Vorwand, dass es natürlich für den Sohnemann oder das Töchterchen angeschafft wird. Zu den wahren PC-Game-Helden mutieren dann aber in der Praxis meistens die Väter. Auf Fragen ihrer Liebsten wie: „Schatz, kannst Du mir mal helfen?“ reagieren sie oft mit den Worten: „Gleich, ich muss nur schnell noch den Endgegner in der letzten Instanz besiegen!“

Die größte idealistische Sinnesgemeinschaft bilden allerdings jene Herrschaften, die nicht selbst spielen, aber umso größere Fanatiker sind: die begeisterten bis enthusiastischen Fußballfans. Das wöchentliche Meisterschaftsgeschehen, und ganz besonders Europa- und Weltmeisterschaften, wirken sich auf den Alltag vieler Menschen spürbar aus. Wenn sie seine Begeisterung für das runde Leder nicht unbedingt teilt, beginnt der tägliche Kampf um die TV-Fernbedienung, die Biervorräte und Unmengen an Chips, bis hin zu den lautstark mitfiebernden Männerrunden im Wohnzimmer. Unter diesen oft wochenlangen Extrembedingungen kann die eine oder andere rote Karte nicht nur am Spielfeld, sondern auch im Schlafzimmer verteilt werden.

Auch wenn die Romantik ins Abseits gelangt, sollte man sich als (leidtragende) Frau bewusst machen, dass er nun mal ein Mann ist und im Grunde gar nichts dafür kann. Beim Verfolgen eines Fußballmatchs werden bei ihm nun einmal tief gelagerte, archaische Instinkte wach. Er fühlt sich plötzlich als Held und Kämpfer und zittert mit seiner Lieblingsmannschaft voll und ganz mit. Geistig gesehen befindet er sich auf der Jagd, und jedes Tor kommt dem Erlegen der Beute gleich. Kein Wunder, dass Frauen dieses sonderbare Verhalten nicht nachvollziehen können (und auch nicht müssen). Oft haben sie ja von Fußball so viel Ahnung wie von der Quantenphysik. Besser als sich kopfschüttelnd an die Stirn' zu tippen, wäre es allerdings, sich darüber zu freuen, wie glücklich der Liebste ist, wenn 90-95 Minuten König Fußball regiert.

Psychologen empfehlen, dass auch sie sich gelegentlich ein Spiel mit ihm ansehen sollte - entweder live vor der Flimmerkiste oder beim Public Viewing am Sportplatz. Und zwar ganz nach dem Motto: „Wenn du deine Feinde nicht besiegen kannst, verbünde dich mit ihnen." Es soll sogar schon vorgekommen sein, dass sie von seiner Begeisterung derart mitgerissen wurde, dass es ihr einen Riesenspaß machte. Zugleich wurde seine Dankbarkeit auch für sie zum größten Dank, und oft war seine Liebe zu ihr nach einer EM oder WM größer als je zuvor.

Wenn sie ihn wirklich liebt und unterstützen möchte, stellt sie für ihn (und ev. seine Freunde) schon mal das Bier kalt. Sollte es dazu noch ein paar leckere Happen geben, spricht auch nichts dagegen, ihn (und seine Freunde) ein Spiel über allein zu lassen. Schlaue Frauen fordern im Gegenzug auch ein paar Goodys für sich ein. Das könnte z.B. Unterstützung beim Einkaufen oder bei der Hausarbeit sein.

Wenn jedoch der Fußballwahnsinn im Wohnzimmer - z.B. mit seiner Freundesbande - unerträglich wird, hat sie durchaus das Recht, ihn mit den Kumpels zu bitten, die Soccer-Abende woanders zu zelebrieren. Strategische Entspannung wäre allerdings schon in einem Haushalt mit zwei TV-Geräten angesagt. Ansonsten erweisen sich auch zwanglose Frauenabende als hervorragende männerfreie Ausweichoption. Dazu kann man es sich zu Hause in einem anderen Zimmer mit Freundinnen gemütlich machen oder in aller Ruhe mit ihnen ausgehen.

Natürlich sind auch die Männer gefordert, für ihre Frauen, die es völlig kalt lässt, dass das Runde ins Eckige soll, Verständnis aufzubringen. Dazu gehört auch, ihr nicht zu grollen, wenn sie sich partout kein Match mit ihm ansehen möchte. Schließlich werden ja nicht ständig Spiele im TV übertragen. Und dazwischen kann er mit ihr schon einiges unternehmen, das gemeinsam Spaß macht. Kino, Theater, ein Restaurantbesuch oder Wellness wären bestimmt keine schlechten Optionen. Große Wirkung ist einem Dankeschön dieser Art nach eventuell wochenlangen Ballestererabenden garantiert. Wenn er diese Belohnung schon vorweg ankündigt, wirkt sich das auf ihre Geduld bestimmt günstig aus. Und gefeiert kann dann gemeinsam wieder als ein Herz und eine Seele werden.

Wie eine Studie der Universität Wien ergab, möchten sich 37 Prozent der Befragten ihren Tagesablauf nach dem Spielplan der Fußballgroßereignisse einteilen. Fast die Hälfte von ihnen hegt die Befürchtung, dass die gemeinsame Zeit für die Partnerin durch eine EM oder WM deutlich geringer wird. Den Sex betreffend sind die Meinungen gespalten. 30 Prozent rechnen in diesen Wochen mit weniger, 14 Prozent sogar mit mehr Liebesaktivität. 33 Prozent fürchten allerdings häufigere Beziehungskrisen. Nur 10 Prozent erwarten sich weniger Zoff. Dass sich die sportlichen Highlights auf Trennungen und Scheidungsraten auswirken, glauben allerdings die wenigsten.

Dennoch sind sich Experten einig, dass die soziale Komponente einer Fußball-Europa- oder Weltmeisterschaft nicht unterschätzt werden darf. Ein solches Großereignis beeinflusst erfahrungsgemäß die Menschen aller gesellschaftlichen Schichten. Die Sorge, dass in diesen Zeiten auch die allgemeine Produktivität zurückgeht, ist jedoch unbegründet, da das Konsumverhalten entsprechend ansteigt. Einfluss auf die Fernsehgewohnheiten haben internationale Fußballturniere aber allemal, denn der Streit um das Programm im trauten Heim ist nun mal naheliegend. Schließlich wollen acht von zehn Fernsehteilnehmern via „Patschenkino“ dabei sein. Noch dazu plant ein Viertel der Befragten die beliebten Fanmeilen zu besuchen. In Wien waren das zuletzt rund 400.000 Menschen.

Als Riesenvorteil erweist es sich bei Fußballgroßereignissen, wenn auch der Chef ein Fußballnarr ist. Seine Zustimmung ist nämlich während der Arbeitszeit zur Verfolgung eines Fußballmatchs via TV, Radio oder Live-Stream im Internet unbedingt erforderlich. Diese Erlaubnis wird aber in der Praxis nur selten erteilt. Meistens untersagt der Arbeitgeber sogar die private Nutzung des Internets. Bei einer Missachtung dieses Verbotes, trotz Verwarnung, kann sogar eine Entlassung erfolgen.

Im Zuge der erstellten Studie wurden von den Meinungsforschern auch die klassischen Fußballmuffel erhoben. Bei der letzten Europameisterschaft gaben 23 Prozent der Befragten an, das Sportereignis überhaupt nicht zu verfolgen. 37 Prozent wollten sogar Örtlichkeiten meiden, wo sie auf Fans treffen können. Der typische Fußballverweigerer wurde auch identifiziert. Er ist weiblich, über 45 und hat eine Pflichtschulbildung. Oft ist es da schon ein Fortschritt, wenn sie ihn fragt: „Wer spielt gerade? Wer sind wir? Ich bin für die Weißen!" Ein Tipp an ihn: „Freuen Sie sich darüber, und unterlassen Sie es, ihr die Abseitsregel erklären zu wollen!" ... und grämen sie ihr auch nicht, wenn sie gerade beim alles entscheidenden Elfmeter das Essen serviert.

Für manche Fans sind alle Fußballspiele „Krieg." Der Unterschied zum echten Krieg ist allerdings, dass es dort weniger lebenserhaltende Regeln gibt und auch die Dauer ungewisser ist. Der österreichische Kultverein, bei dem dieses Verhalten durchaus gelebt wird, heißt „Rapid Wien." Und Rapid ist nicht bloß ein Fußballverein, sondern eine legendäre österreichische Institution bzw. eine Idee, die seit vielen Jahrzehnten eine unbeschreibliche Leidenschaft aufrecht hält. Diese wird über alle Tiefen hinweg von Generation zu Generation weitergereicht.

Die unvergleichlich treue Fan-Gemeinschaft betrachtet Rekordmeister Rapid gewissermaßen als Religion und unterstützt den Verein als 12. Spieler mit dem größten, nur denkbaren Engagement. „Fanum" bedeutet den der Gottheit geweihten Ort, ein Heiligtum und Tempel. Man geht davon aus, dass die Worte Fanatiker und Fanatismus im Zusammenhang mit den religiösen Kämpfen zu Beginn der Neuzeit in die Sprachen der großen europäischen Völker eingedrungen sind. Bei Rapid ist das als „Sankt Hanappi" bezeichnete Stadion wohl das große Heiligtum.

Die „Veilchen", wie der „FK Austria Wien" nach den Vereinsfarben von seinen Fans genannt wird, sind ein weiterer Wiener Fußballverein mit Kultstatus. Der 23malige österreichische Meister zählt als Verein über 2000 Mitglieder und unzählige begeisterte Fans. Am Ende der Saison 2009/10 wurde „Austria Wien" um einen Punkt hinter Red Bull Salzburg Vizemeister. Als Vereinsikone der Austria gilt Matthias Sindelar, der 1924 zu den Veilchen geholt wurde. Er war danach auch maßgeblich an der Ära des „Wunderteams" und den großen Mitropacup-Auftritten der Austria beteiligt.

Aber auch aus der UPC-Arena der steirischen Landeshauptstadt kommt mit dem „Sportklub Puntigamer Sturm Graz" ein kräftiges Signal der österreichischen Fußballszene. Die größten Erfolge des Vereins waren der Gewinn der österreichischen Fußballmeisterschaft 1997/98 und 1998/99. Internationale Bekanntheit erreichte der Club vor allem mit seinen Teilnahmen an den Champions-League-Saisonen 1998/99, 1999/2000 und 2000/2001, wo Sturm jeweils die erste Gruppenphase gewinnen konnte.

Tatsächlich gibt es inzwischen auch im Fußball eine Emanzipation der Frauen. Haben wir vorhin erfahren, dass der typische Fußballverweigerer weiblich ist, so wird diese Männerdomäne in Teilbereichen immer mehr von den Frauen übernommen. Spätestens seit der Fußball WM 2006 boomt Fußballschauen auch bei vielen Ladys. Ob das an der Ästhetik der Bewegung oder doch eher an der Attraktivität von Ronaldo, Beckham, Ballack & Co liegt, ist noch nicht näher bekannt.

Es könnte ja sein, dass sie den ganzen Abend über tatsächlich nur kernige Hintern und eng geschnittene Trikots angucken. Schöner Fußball macht angeblich sexy. Fest steht jedenfalls, dass zahlreiche Frauen inzwischen mit Fanschals um den Hals die Stadien und V.I.P-Tribünen stürmen. Einige ihrer T-Shirts sind sogar mit den Autogrammen der Spieler geschmückt. Die Aura gepflegter animalischer Männlichkeit liegt eindeutig im gesellschaftlichen Trend. Dabei sind die Spielerfrauen für so manchen Trainer gefürchtete Unruhestifter in der „heilen Männerwelt." Wags, wives und girlfriends werden sie oft genannt. Dabei ist ihr Leben gar nicht so einfach, da ihre Ballkünstler nur wenig Zeit für sie haben, wo doch immer Training, Reisen und Spiele anstehen. Von den zahlreichen Verletzungen ganz zu schweigen.

Nach einer zur letzten Fußball WM erfolgten PARSHIP-Umfrage, finden knapp zwei Drittel der österreichischen Single-Männer weibliche Fußballfans besonders attraktiv. Was macht es da schon, dass die Herzen der Damen vorrangig für das italienische Nationalteam schlagen. Obwohl sie die Italiener als schönstes Team küren, kann Mann ja dennoch sein Liebesglück versuchen. Gleich nach unseren südlichen Nachbarn folgten übrigens in der Gunst der Damen die Spanier und Brasilianer.

Ein Kuriosum am Rande: Deutsche Volkshochschulen bieten bereits Frauenkurse zum Thema „Fußballverstehen" an. Und in den deutschen Fußballstadien sind inzwischen durchschnittlich 22 Prozent der Zuschauer weiblich. Aber auch in vielen Wohnzimmern brüllen heutzutage mehrere Mädels den Bildschirm an, wenn das runde Leder rollt. Und jeder Fehler wird von ihnen emotionell kommentiert.

Tatsächlich muss heute niemand mehr ein echter Fan sein, um am Fußball Gefallen zu finden. Das Eventereignis, man könnte auch sagen, das gesellschaftliche Livestyle-Erlebnis ist der Schlüssel zum großen Interesse. Stadien werden zunehmend als spannend empfunden, und die Atmosphäre übt einen beträchtlichen Reiz aus. Wenn dann noch die Fan-Tribüne singt, tanzt, brüllt und aus den Lautsprechern Anheizparolen über den Platz donnern, brodelt das ganze Stadion. Die Mär der gelangweilten, inkompetenten Begleiterin wird spätestens bei der kollektiven „Welle" „ad absurdum" geführt.

Und man höre und staune, die Sportart mit den höchsten Zuwachsraten in den letzten 20 Jahren ist ...? Ja richtig, Frauenfußball. Obwohl sich hierzulande das Medieninteresse noch ziemlich in Grenzen hält, sind in den USA bereits 50.000 Zuschauerinnen pro Spiel keine Seltenheit. Dabei wurden schon um 1894 in England und Schottland erste „Frauenschaften des Fußballs" gegründet. Allerdings unter Missbilligung der Männer, die in vielen Ländern Verbote aussprachen. 1924 kam es in Österreich dennoch zur Gründung des ersten Frauenfußballclubs namens „Diana". Die bedauerlichen Auswirkungen des Nationalsozialismus verhinderten dann den Frauenfußball bis in die 1960er Jahre. Danach ging es aber steil bergauf, und 1982 erfolgte die Anerkennung durch den ÖFB.

Aber, nicht nur Spielerinnen, sondern auch weibliche Schiedsrichterinnen sind heute in fast allen Sportarten auf dem Vormarsch. So auch im Fußball, und das nicht nur in den weiblichen, sondern auch in den männlichen Ligen. Selbst auf höchstem Niveau, denn einige von ihnen sind offizielle Fifa-Referees und leiten auf souveräne Weise sogar UEFA-Champion League Matches.

Fußball ist und bleibt somit der beliebteste Sport der Europäer. Für die Königsdisziplin des Ballsports interessieren sich in deren Zentren Deutschland, England, Frankreich, Italien und Spanien knapp 140 Millionen Menschen. Beachtliche 44 Prozent davon sind bereits Frauen. Danach folgen Leichtathletik, Tennis und die Formel I.

Problematisch wird es jedoch, wenn einer der Beziehungspartner ein leidenschaftlicher Fußballfan ist, der kein Match auslässt, während den anderen die über den Rasen rollende Wuchtel ungefähr so viel interessiert, wie ein wissenschaftlicher Bericht über Hydrologie. Klarer Weise ist das keine ideale Voraussetzung für eine ausgewogene Beziehung. Ein solcher Interessensunterschied kann sich auf die Harmonie der Partnerschaft nicht förderlich auswirken. Wenn er immer wieder Fernsehabenden mit Europacup- oder Meisterschaftsmatchs entgegenfiebert, sie sich jedoch nach trautem Kuscheln bei Rosamunde Pilcher-Filmen sehnt, lässt sich das nur schwer koordinieren.

Genau so prekär ist es mit all den Wochenendnachmittagen, die er lieber in Fan-Adjustierung mit Fahnen und Trompeten am Fußballplatz und sie im Kunsthistorischen Museum oder beim Schaufensterbummeln in der City verbringen möchte. Diese Diskrepanz sorgt auf Sicht gesehen fast immer für eine Entfremdung der Partner. Vor allem dann, wenn jeder seine persönlichen Interessen ohne Rücksichtnahme auf den anderen durchzieht.

Es gibt aber auch jene Beziehungen, die in den meisten Partnerschaftsbereichen durchaus harmonisch verlaufen, aber nur beim „Reizthema Fußball" gegensätzliche Interessen aufweisen. Und hier wäre es doch wirklich ein Jammer, die grundsätzlich positive Gemeinsamkeit wegen einem durchschnittlich 300 g leichten Ball aufs Spiel zu setzen. Schließlich gibt es auch Paare, denen es erfolgreich gelingt, den einseitigen Fußballinteressen Herr zu werden. Dazu müssen sich aber beide mit Vernunft und liebevollem Verständnis ein paar Schritte entgegenkommen.

Ist er der erklärte Fußballfan, so sollte sie es schon über sich bringen, sich gelegentlich mit ihm ein Match anzuschauen. Und wenn er weiß, welches Opfer (der Liebe) das für sie bedeutet, muss er ja wirklich nicht auf egoistische Weise jede freie Minute seinem Ballsportvergnügen widmen. Ein vernünftiger Konsens ist auch hier, wie in so vielen Lebensbereichen, die Lösung aller Probleme. Noch dazu wo man doch sagt, dass Fußball sogar die Stärke hat, Nationen auf einzigartige Weise miteinander zu verbinden.

23. Kapitel

ZEIT FÜR ZÄRTLICHKEIT UND GEBORGENHEIT

Wahres Mitgefühl ist immer stark.
Und die Starken sind voller Zärtlichkeit
(Krishnamurti)

Liebe ist das wahre Lebenselexier der Menschen und stellt das wichtigste Fundament im Heranwachsen und Aufbau unserer Persönlichkeit dar. Wie sollte man ohne sie auch wirklich mit allen Gefühlen Mensch sein können? Dennoch begegnet uns Liebesmangel auf den unterschiedlichsten Ebenen unseres Daseins, da jeder irgendwann mal Phasen durchlebt, in denen es ihm wegen vermissten Gefühlen nicht allzu gut geht. Dazu gehören Ablehnung, geringe Beachtung, Benachteiligungen, Ungerechtigkeiten und das überaus schmerzhafte Verlassenheitsgefühl mit einhergehender Vereinsamung. Ohne kontinuierlich fließender Liebe können sich menschliche Gefühle und die wichtigen Maßstäbe für Ethik und Kultur, wie wir sie in unserer Gesellschaft dringend brauchen, nur schwer entwickeln.

Elementare Bestandteile dieses Umfeldes sind Zärtlichkeit und Geborgenheit. Alle sozialen und gesellschaftlichen Bindungen wären ohne sie nicht möglich. Das gilt nicht nur für die geschlechtliche Ebene einer Beziehung, sondern auch für die Verbundenheit einer Familie und für Freundschaften. Das „Herdentier" Mensch kann und will sich nicht nur alleine durchkämpfen, sondern braucht dazu auch Zärtlichkeit und Nähe. Natürlich sind diese Attribute auch Teil jeder guten Beziehung zwischen zwei Liebespartnern. Sie spiegeln die Sehnsucht nach der Nähe und Wärme des anderen wider. Dabei kann Zärtlichkeit vor allem nach Jahren des Zusammenseins zeigen, wie sehr man seinen Partner noch liebt. Leider flaut die Innigkeit aber mit der Zeit in vielen Partnerschaften unter dem Einfluss des grauen Alltags ziemlich ab. Und das, obwohl die meisten Wärme, Vertrautheit, Trost und Geborgenheit brauchen, um zu spüren, geliebt zu werden und sich in einem „sicheren Hafen" zu befinden. Zugleich hat Zärtlichkeit die Kraft, unser Immunsystem zu stärken und den innerlichen Stress abzubauen.

Und wie ist das vergleichsweise mit Sex? Ist dieser nun wirklich die schönste Sache der Welt? Von wegen, jeder Zweite behauptet, dass Kuscheln viel besser ist als Sex. Immerhin ergab das eine aktuelle Umfrage der Online-Partnervermittlung ElitePartner. Demzufolge finden 57 Prozent der Frauen Kuscheln besser als Sex. Dieser Meinung schließen sich auch 43 Prozent der Männer an. Bei den Frauen ist Küssen fast genau so beliebt: 43 Prozent von ihnen bevorzugen den Kuss gegenüber Sex. Bei den Männern ist es immerhin noch knapp jeder Dritte. Und jeder Zehnte widmet sich sogar lieber dem Sport, als sich zu zweit auf der Matratze auszutoben.

Obwohl einst Trude Herr (und später Jazz Gitti) sang: „Ich will keine Schokolade, ich will lieber einen Mann ...!“ genießen heute acht Prozent der Frauen lieber eine Tafel Schokolade anstelle der erotischen Fähigkeiten eines Mannes. Und sieben Prozent von ihnen gehen sogar lieber Shoppen als sich von ihm „verwöhnen“ zu lassen. „Der Wunsch nach Nähe ist genau so wichtig, wie der nach Leidenschaft“ erläutert Diplompsychologe Volker Drewes von ElitePartner. Was das Kuscheln anbelangt, so haben Männer und Frauen sogar ziemlich ähnliche Bedürfnisse. Küssen hingegen wird von mehr Frauen als Männern dem eigentlichen Sexualakt vorgezogen. Das kann noch auf ein altes Rollenverhalten zurückgeführt werden, demzufolge Männer glauben, sich entsprechend beweisen zu müssen. Auf den Kuss muss ihrer überholten Einstellung nach unbedingt der Akt folgen.

Trotz propagierter Freizügigkeit geht es in unserer Welt im Grunde distanziert zu. Wir haben Körperlichkeit im zwischenmenschlichen Kontakt großteils verlernt. Sexualforscher wissen schon lange, dass die Intimität moderner Paare auf einem historischen Tiefpunkt angelangt ist. Selbst im prüden 19. Jahrhundert gab es mehr Sex als heute. Berührungen werden immer seltener, und Nähe wird oft nur scheinbar gewährt. Händeschütteln und Küssen verkümmern dabei häufig zu seelenlosen Standardritualen ohne innere Beteiligung. Ein Zustand unter dem viele bewusst oder unbewusst leiden. Dabei ist das Streicheln und Kuscheln nicht nur für Säuglinge und Kinder lebensnotwendig, sondern hat auch für Erwachsene große Bedeutung. Bekanntlich tun ja Berührungen und Kuscheln nicht nur dem Körper, sondern auch der Seele gut.

Gefühle wie Angst oder Wohlbefinden sind dem Baby übrigens schon lange vor der Geburt bekannt. Bereits im Mutterleib strampelt es, dreht sich herum und lutscht am Daumen. Dabei hat es einerseits seinen Körper kennen gelernt und andererseits auch schon eine Reihe an Erfahrungen über die Welt da draußen gemacht. Und diese werden bereits in seinem Gehirn fest verankert: Es kennt die Stimmen von Mutter und Vater und deren Lieblingsmusik. Da Duftstoffe und Aromen im Fruchtwasser enthalten sind, weiß es auch, wie die Mutter riecht und ist mit ihrer Wärme vertraut. Auf diese subtile Weise kann ein Ungeborenes bereits im Mutterleib wichtige Erfahrungen sammeln.

Leider auch solche, die es später für Angst anfällig machen. Das Fötus spürt nämlich, wenn die Mutter Angst vor z.B. dem Vater hat, da sich während eines Streits ihre Bauchdecke zusammenzieht. Zugleich werden Stresshormone ausgeschüttet und das Herz beginnt zu rasen. In diesen besser zu vermeidenden Situationen wird das Kind zusammengedrückt, hört die schnellen Herztöne der Mutter und die laute Stimme des Vaters. Die entstehende Panik wird auf den Fötus übertragen und in seinem Gehirn als Erfahrung gespeichert. Auch nach der Geburt reagiert das Kind daher entsprechend, wenn die Stimme des Vaters jene bedrohliche Resonanz annimmt.

Bereits vor über fünfzig Jahren gelang es Verhaltensforschern nachzuweisen, dass unser Bedürfnis nach Körperkontakt angeboren ist. Die Sehnsucht nach Bindung und körperlicher Verschmelzung stellt einen der mächtigsten und urtümlichsten Instinkte dar, den die Menschen kennen. Das beginnt schon bei den Neugeborenen, die sich entspannen und beruhigen, wenn sie den Geruch und die Wärme der Mutter spüren. In einer friedfertigen und zärtlichen Umgebung fühlt sich ein Baby sicher und geborgen. Hier wird Stress abgebaut und die Seele kann sich in einem vertrauten und behüteten Ambiente erholen.

Von den Eltern werden Buben und Mädchen jedoch nur selten gleich behandelt. Während sie die Mädchen mehr herzen, gestatten sie den Knaben größere Freiräume zu. Die männlichen Racker werden als weniger zerbrechlich und somit robuster eingeschätzt, weshalb ihnen nicht der gleiche Schutz wie Mädchen zuteil wird. Und das, obwohl medizinisch gesehen, genau das Gegenteil der Fall ist. Konkret ist die Krankheitsanfälligkeit und Sterblichkeitsrate bei den Buben eindeutig höher. Aber auch das Vorbild der Eltern spielt für das spätere Verhalten eine große Rolle. Sobald sich die kleinen Erdenbürger als Jungs oder Mädchen bewusst wahrnehmen, orientieren sie sich mit ihrem Verhalten, ihren Vorlieben und Zielen an den Erwachsenen des eigenen Geschlechts.

Loslassen, Entspannung, Wohlbefinden, sich beschützt fühlen und Urvertrauen haben, könnte man als Geborgenheit bezeichnen. Mit diesen wunderbaren Empfindungen gehen im Allgemeinen auch innerer Friede und Liebe einher - ein Zustand, den Menschen seit jeher erstreben. Geborgenheit lässt sich daher leichter im Zustand von Ruhe, zumindest aber geruhsamer Aktivitäten erreichen. Damit ist auch die ideale Voraussetzung für Zärtlichkeit gegeben. Wenn sich Menschen aneinander schmiegen, bis ihnen wohlig warm wird, erhöhen Streicheleinheiten zusätzlich das Wohlbefinden. Sexualwissenschaftler behaupten sogar, wer nicht gestreichelt wird, entwickelt sich zu einem menschenscheuen und ablehnenden Zeitgenossen. Selbst Süchte und Krankheiten können durch einen Mangel an körperlicher Zuwendung ausbrechen.

Grundsätzlich bestätigen positive Gefühle, dass man auf dem richtigen Weg ist, während negative Anlass geben sollten, etwas zu verändern. Wer für den anderen offen ist, schafft auch Offenheit und wird bald merken, ob sich sein Gegenüber ebenfalls für Gefühle öffnet. Ein Grund mehr, seine Emotionen ohne Scheu auszudrücken und den anderen in den Arm zu nehmen. Wer es ehrlich meint und gut drauf ist, kann dabei eine Menge Freude und Kraft übertragen. Selbst in angespannten Situationen lässt sich beim Partner der Wind aus den Segeln nehmen, indem man ihn zärtlich berührt und liebevoll mit ihm spricht.

Prof. Dr. Hans Mogel von der Universität Passau ergründet in seinem Buch „Geborgenheit - Psychologie eines Lebensgefühls" die Vorstellungen von Geborgenheit und wie sich diese im Laufe unseres Lebens wandeln kann. Darin bestätigt er die Erkenntnis, dass Geborgenheit ein positives Lebensgefühl ist, das der Mensch von der frühen Kindheit bis ins hohe Alter sucht. Damit werden die positiven Lebensvorgänge aktiviert, während es alle zu fördernden Erlebnisinhalte enthält, die unser Leben wirklich lebenswert machen.

Es bedarf nicht der großen Gesten, denn es genügen bereits kleine Berührungen, um Liebe auszudrücken. Dazu gehört jedoch die Fähigkeit, zu berühren und sich berühren lassen. Und am schönsten ist das, wenn es liebevoll und mit Fantasie geschieht. Die richtige Atmosphäre, eine positive Spannung und Spontaneität tragen hier viel zum Gelingen bei. Zugleich sollte man sich in diesen Momenten voll und ganz in seinen Partner hinein fühlen und von nichts ablenken lassen.

Zärtlichkeit liegt auch absolut im internationalen Trend. Eine neue Strömung, die ursprünglich aus einer Partnertherapie entstanden ist, kommt aus New York: das Cuddling (Kuscheln). Dort werden inzwischen Kuschel-Partys veranstaltet. Dabei treffen fremde Menschen in bequemer Kleidung zu einem Workshop zusammen, bei dem sie sich freundschaftlich in die Arme fallen. Neben dem spielerischen Effekt ist es das Ziel, die Scheu vor der anonymen Masse zu verlieren und der Vereinsamung entgegenzuwirken. Zugleich wirkt die Aktivität beruhigend und stärkt das Selbstbewusstsein. Obwohl das Berühren erogener Zonen tabu ist, haben sich dabei auch schon neue Partnerschaften ergeben. Aus Österreich, Deutschland und der Schweiz hört man inzwischen, dass es auch dort bereits so genannte Knuddelpartys gibt.

Darüber hinaus lassen sich Single- und Karrieremänner immer öfter in Streichelstudios (häufig ohne Sex) verwöhnen. Was hilft es schon, erfolgreich, aber ausgebrannt zu sein? Viele würden nie zu einer Prostituierten gehen, aber bei einer gefühlvollen Massage zu relaxen, schlagen sie keineswegs aus. Masseurinnen gleiten dort mit ihren sanften Händen über die Körper der Herren, während im Hintergrund leise Meditationsmusik erklingt und eine Duftlampe ihren zarten Hauch verströmt.

Nach dreißig oder sechzig Minuten ist der Traum vorbei und der Kunde kehrt mit einem großartigen Gefühl in die Realität zurück. Er hat genau das bekommen, was er in seinem gestressten, lieblosen Leben am meisten vermisst: pure Zärtlichkeit. Die sensitive Massage gehört heute, wie ein neues Statussymbol, vielfach dazu. Nicht von ungefähr meinte der französische Philosoph, Joseph Joubert: „Zärtlichkeit ist das Ruhen der Leidenschaft."

Aber auch professionelle Liebesdienerinnen nützen inzwischen die sanfte Welle für den Kundenfang. Hart ist out, zart ist in. Schmusen und Zärtlichkeiten auszutauschen wird von Prostituierten beim Girlfriendsex mit liebevollem Vorspiel angeboten. Selbst Zungenküsse, Liebkosungen und zärtliches Verhalten gehören mittlerweise zum Programm. Nicht selten ist auch ein gemeinsames Bad inkludiert. Damit wird der Trend zu Schmusesex selbst in horizontalen Gefilden unverkennbar.

Natürlich haben auch Gastronomie und Hotellerie diesen Trend längst erkannt und bieten romantische und komfortable Kuschelarrangements an. Wenn das Wetter die Welt in trostloses Grau taucht, dass man sich am liebsten unter der Bettdecke verstecken würde, lohnt es sich, ein Kuschel-Ressort mit speziellen Packages für Verliebte aufzusuchen. Geben Sie sich einen Ruck und entfliehen Sie zu zweit der Herbst- oder Winterdepression, wo das Paradies doch so nahe sein kann. Zahlreiche Tipps dazu gibt es im 7. Kapitel: Die neue Sehnsucht nach Romantik.

Wer auf der Suche nach neuen Wegen in der Partnerschaft ist, kann auch ein Tantra Seminar oder zumindest ein Zärtlichkeitstraining absolvieren. Dabei können Paare ihre Unbefangenheit zurückgewinnen und lernen, ihren Partner bedingungslos und ohne jegliche Erwartungen zu lieben. Im Allgemeinen helfen hier erfahrene Körpertherapeuten, aus den festgefahrenen Gewohnheiten, Missverständnissen und über Jahre aufgestauten Frustrationen auszubrechen.

Was können nun aber die möglichen Ursachen für den aktuellen Streicheltrend sein? Sind es die Singles, deren Anzahl kontinuierlich zunimmt und die in einer immer berührungsärmeren Welt leben? Sind es die zahlreichen Partnerschaften, in denen nur mehr wenig Zeit für Zärtlichkeiten bleibt? Oder sind es etwa gar die „neuen Männer", deren Sinne mit einem neuen Bewusstsein wieder verstärkt auf Zärtlichkeit ansprechen? Wissenschaftler kennen dieses Phänomen bereits länger. „Wir predigen schon seit Jahren, dass Sexualität nicht nur zwischen den Beinen stattfindet“, erklärt Rolf Gindorf, Vizepräsident der Deutschen Gesellschaft für sozialwissenschaftliche Sexualforschung.

Zärtlichkeit ist in erster Linie ein Hautkontakt, um Nähe und Wärme zu spüren. Aber auch, um sich eingebettet zu fühlen. Und das sind immerhin elementare Grundbedürfnisse der Menschen. Zugleich bestätigt Gindorf, dass Männer endlich aufgehört haben, jene Roboter zu sein, zu denen sie auf unnatürliche Weise gedrillt wurden. Sie haben Emotionen und Bedürfnisse, die sie wieder zeigen dürfen und von sich aus auch zeigen wollen. Und das ist gut so, denn wer auf Dauer keine Gefühle demonstriert, verlernt sie irgendwann ganz.

Bekanntlich genügen schon kleine Blicke, Gesten, Worte und Handlungen, um den Partner glücklich zu machen, Nähe zu beweisen und ihm zu zeigen, dass man ihn liebt. Selbst Lob im richtigen Augenblick ist ein willkommener Balsam und in jedem Fall mehr wert als ein gedankenloses materielles Geschenk. Komplimente versüßen nun einmal jedem das Leben. Ein gemeinsamer, zärtlicher Abend auf der Couch bei Kerzenschein mit einem guten Glas Wein kann schon bei wenig Aufwand für wohlige Romantik sorgen. Auch liebevolle Blicke und ein Streicheln durch die Haare lassen wieder das Gefühl der ersten Verliebtheit aufkommen. Und weitere unverzichtbare Zärtlichkeitsgesten sind auf jeden Fall der Morgen-, Abend-, Verabschiedungs- und Wiedersehenskuss.

Tatsächlich ist es heute viel schwieriger als früher, Geborgenheit im Leben zu finden. Die Religion verliert zunehmend an Bedeutung und zu viele Ideologien haben sich als Lügen oder sogar Gefahren erwiesen. Ein Grund, weshalb Weltanschauungen immer schwerer überzeugen können. Für die meisten Menschen hängt daher Geborgenheit untrennbar mit einem Partner zusammen. Wo sollte man sich schließlich geborgener fühlen, als bei dem Menschen, der einem am nächsten steht? Dieser vermittelt uns normaler Weise Sicherheit und das Gefühl, unverletzlich zu sein, da er alles Schlechte abwehrt. Was aber tun, wenn einem der Sinn nach Zärtlichkeit und Geborgenheit steht und man sein Dasein mehr oder weniger freiwillig als Single fristet?

Prof. Dr. Mogel meint, in dieser Situation kommt es vor allem darauf an, sein Leben individuell zu fördern, damit ein Gefühl der Erfülltheit und Zufriedenheit dominiert. Auf diese Weise kann man durchaus auch in sich selbst geborgen und glücklich sein. Selbst Sex schließt das Verlangen nach persönlicher Bindung als Geborgenheit nicht ein. Noch dazu bedeutet eine Partnerschaft auch nicht automatisch, dass man sich darin geborgen fühlt, da sie große Anpassung und gegenseitigen Respekt erfordert.

Nur wer sich auf Augenhöhe begegnen und die individuellen Besonderheiten seines Partners tolerieren kann, wird eine erfolgreiche Gemeinschaft erreichen. Dabei muss man sich allerdings auch so zeigen können, wie man ist, und man sollte fähig sein, sich in entsprechenden Situationen zurückzunehmen. Die besten Voraussetzungen für Zärtlichkeit und Geborgenheit sind daher gegenseitige Akzeptanz, Toleranz, Vertrauen und Zuneigung in allen Lebenslagen. An der Seite seines Partners soll man sich ausruhen und fallen lassen können. Und dabei muss das Geben ohne Erwartungen immer deutlich vor dem Nehmen stehen.

24. Kapitel

AUF IMMER UND EWIG GLÜCKLICH VEREINT

Im Glücklichmachen liegt das Glücklichsein.
(Emil Rittershaus)

Glück ist das einzige Gut, das wächst,
wenn man es teilt.
(Unbekannt)

„Im Endlichen gibt es kein Glück, nur im Unendlichen gibt es wahre Seligkeit", verheißen die alten indischen Schriften. Dabei scheint die Unendlichkeit für die meisten von uns so fern, dass fast jeder sein Glück erst einmal hier in unserer Realität sucht, aber es leider oft nicht findet. Da unsere Welt einem ständigen Wandel unterworfen ist, stellt sich zu Recht die Frage, wie, wo und ob man Glück tatsächlich finden kann. Einen Hinweis dazu gibt uns ein weiteres indisches Sprichwort: „Glück wohnt in Hütten, nicht in Palästen."

Dennoch jagen viele nur gestresst dem Geld hinterher und vernachlässigen dabei Familie, Freunde und letzten Endes auch sich selbst. Zugleich wünscht sich fast jeder eine glückliche Beziehung, die für immer hält. Wir wollen unser Leben teilen, weil wir uns vom anderen erwarten, was wir uns nicht selber geben können. Bloß, glückliche Beziehungen sind keine Selbstverständlichkeit und ein pauschales Glücksrezept für die ewige Liebe gibt es leider auch nicht.

Unliebsame Erfahrungen und Ängste aus früheren Beziehungen sowie schwierige, oft unterbewusste Prägungen aus der Kindheit sind Barrieren, die uns häufig im Wege stehen, um eine erfüllte Liebe zu erreichen. Solche Prägungen und Muster werden sogar oft über Generationen weitergegeben. Dazu kommt, dass wir Partnerschaft großteils durch das Vorbild unserer Eltern gelernt haben, das zwar unser erstes, aber meistens nicht das optimale Beziehungsmodell war. Dieser Umstand hat uns geprägt und wirkt im Unterbewusstsein nach. Die gute Nachricht ist aber, dass man sich von all diesen hemmenden Umständen auch befreien kann. Dazu muss man aber die Vergangenheit Revue passieren lassen.

Es geht nämlich darum, herauszufinden, welche Bezugspersonen einem selbst beeinflusst haben. Zugleich müssen etwaige negative, im Weg stehende Glaubenssätze eliminiert werden. Vertraute Menschen, wie gute Freunde können hier eine große Hilfe sein, um wesentliche Umstände zu analysieren. Oft entdeckt man dabei auch, dass bisherige Partner entscheidende Eigenschaften gemeinsam hatten, die sich wie ein roter Faden durch alle Beziehungen ziehen.

Auch Einfluss nehmende Bezugspersonen der Kindheit sollten identifiziert und neue, positive Glaubenssätze definiert werden. Wenn zum Beispiel ein überaus autoritärer Vater seiner Tochter immer vorschrieb, wie sie sich kleiden soll und welche Freunde sie haben darf, läuft diese Tochter Gefahr, auch später einen Mann zu suchen, der sie unterdrückt. Eine Menge Frauen sehnen sich ein Leben lang nach der Liebe ihres Vaters, der jedoch emotional nicht erreichbar war. Ein Partner ist dann später überfordert, diese spezielle Liebe zu ersetzen.

In vielen Fällen hat sich die Mutter als „Putzfrau“ in der Familie degradiert, was der Sohn bis zu seinem 18./19. Lebensjahr miterleben musste. Kein Wunder, wenn er dann in seiner ersten Partnerschaft die Füße auf den Tisch legt und erwartet, dass seine Partnerin den Haushaltspflichten alleine nachkommt. Damit sind allerdings Streit und Diskussionen vorprogrammiert. Es gibt aber auch Fälle, wo sich die Situation umkehrt und der Sohn seiner geliebten Freundin gleich von Anfang an Mutters Schicksal ersparen möchte und selbst zum Putzteufel mutiert. Damit wertet er sich aber ab und kann auf Dauer für seine Partnerin ziemlich langweilig werden.

Aber auch direkte, gefühlsbezogene Erlebnisse unserer Kindheit wirken sich auf unsere spätere Liebesfähigkeit aus. Daher ist in diesem Zusammenhang immer wieder vom „inneren Kind“ die Rede, das im Unterbewusstsein des Erwachsenen weiterlebt. Wenn es z.B. zu wenig Liebe bekam, möchte es das später nachholen. Ein Kind, das verletzt wurde, wird versuchen, sich als Erwachsener zu schützen. Man kann einen Elternteil durch Scheidung oder Tod verloren haben, seelischen oder körperlichen Gewalterfahrungen ausgesetzt gewesen oder mit Bezugspersonen aufgewachsen sein, die weder Wärme, noch Stabilität vermitteln konnten.

All das sind Gründe, um Gefühle und Nähe nicht oder nur in sehr geringem Maße zuzulassen, um nicht wieder verletzt zu werden. Einerseits verständlich, anderseits aber auch paradox, da das, was am meisten ersehnt wird, die Vorstellung zu lieben und geliebt zu werden, auf einer unterbewussten Ebene für Distanz sorgt. Daher sind ohne Zweifel die Eltern auch dafür verantwortlich, dass aus Kindern glückliche Erwachsene werden.

Ein weiteres Thema, das häufig für Zweifel und Unsicherheiten in Liebesbeziehungen sorgt, sind Verlustängste. Die Furcht vor dem Verlassenwerden zwingt uns oft, auf übertriebene Weise die Bedürfnisse unseres Partners zu erfüllen und die eigenen dabei großteils zu ignorieren. Auch das kann auf Dauer natürlich nicht gut gehen. Noch dazu, wo Verlustängste fast immer der Auslöser für krankhafte Eifersucht sind. Statt an den alten Verletzungen aus der Kindheit oder aus früheren Beziehungen festzuhalten, sollten wir nicht unbewusst warten, dass sie wieder (und wieder) passieren. Wesentlich besser ist es, zu versuchen, sie zu heilen und darauf zu vertrauen, dass andere Menschen andere Verhaltensweisen haben und dass uns bestimmt nicht alle verletzen möchten.

Schlussendlich sind wir alle selbst für unser Glück verantwortlich, denn Glück ist keine Glückssache. Obwohl es oft von äußeren Umständen abzuhängen scheint, ist letztlich unsere eigene Einstellung das alles Entscheidende. Und die kann immerhin eine depressive oder zuversichtliche Geisteshaltung sein. Wer Leid ständig bejaht, unterstützt damit auch dessen Existenz. Es hat zwar keinen Zweck, negative Gedanken zu verleugnen, aber man sollte sie auch nicht fürchten und fördern. Das heißt, wer seine Lage ändern will, muss auch sein Denken ändern, sich um eine positive Einstellung bemühen und inneren Frieden finden. Diese Errungenschaften darf man sich durch nichts beeinträchtigen lassen, denn Freude im Herzen gibt unserem Dasein einen völlig neuen Sinn. „Das Glück beruht oft nur auf dem Entschluss, glücklich zu sein“ meint Lauwrence Durrell.

Wer dazu die berühmten drei Affen vor Augen hat, sollte sich am besten sagen: „Sieh nur, was gut ist, höre nur, was gut ist und sprich nur, was gut ist!“ Unsere Unterscheidungskraft kann jeden dabei aktiv unterstützen, den falschen Gedanken auf die Spur zu kommen. Dazu gehört auch ein gesundes Maß an Selbstkritik, damit wir aus unseren Fehlern lernen. Es sollte das höhere Ziel sein, uns selbst zu vervollkommnen. Und dazu darf man nie die Hoffnung verlieren. Dale Carnegie drückte es so aus: „Glück hängt nicht davon ab, wer du bist oder was du hast; es hängt nur davon ab, was du denkst.“ Nicht zu unterschätzen ist auch der vielfach erwiesene Umstand: Glückliche Menschen erkranken seltener und weniger schwer, glückliche Menschen werden schneller wieder gesund und glückliche Menschen leben länger.

Glücklich und zufrieden zu sein, heißt allerdings nicht, keine Probleme zu haben. Doch, es bedeutet, dass wir gelernt haben, mit ihnen umzugehen und dass wir Problemen nicht erlauben, unsere Freude an dem zu trüben, worüber wir glücklich und dankbar sein können. Daher sollten wir uns auch eingestehen, dass unsere Beziehungsprobleme nur von uns selbst gelöst werden können. Dazu müssen wir aber Verantwortung übernehmen. Und mit den richtigen Übungen können wir unsere Glücksfähigkeit sogar allgemein steigern. Die natürlichen Anlagen für positive Gefühle lassen sich trainieren, so wie wir z.B. eine Fremdsprache lernen. Um erfolgreich zu sein, muss man allerdings im Einklang mit sich selbst leben. Dazu meinte ein unbekannter Verfasser: „Wer sich entschieden hat, etwas zu tun und an nichts anderes denkt, überwindet alle Hindernisse.“

Treffen mit Freunden, Geld für wohltätige Zwecke spenden, einen täglichen Zeitplan zurechtlegen, um Stress zu sparen oder bloß an die frische Luft gehen, wären ein optimaler Beginn, um tatsächlich etwas zu verbessern. Spaziergänge bewahren übrigens nicht nur die körperliche Spannkraft, sondern halten einer US-Studie zufolge auch den Geist auf Trab. Und damit kann man sogar den Gedächtnisverlust im Alter verringern, wie ein Neurologenteam der Universität Pittsburgh herausfand.

Auf diese Weise erreichte Zufriedenheit - man könnte auch sagen, die absolute Harmonie unseres Bewusstseins, bedeutet zugleich: Keine Selbstverurteilung, keine Selbstablehnung und keine Selbstabwertung. Wer immer wieder bewusst Situationen aufsucht, in denen er sich wohl fühlt, wird positive Gefühle mit der Zeit auch ganz bewusst abrufen können. Und zwar schon dadurch, indem er an die Situationen denkt, mit denen er Positives verbindet. Dann schüttet das Gehirn Botenstoffe aus, die für Lust und Vorfreude sorgen. Damit sind wir am besten Weg zur harmonischen Befriedigung unserer Bedürfnisse und der Zufriedenheit mit dem Leben als Ganzes.

Die Empfindung von Glück ist auch immer eng mit der Frage nach dem Sinn des Lebens verbunden. Und die Antwort darauf können wir nur in uns selbst finden. Wichtige Glücksfaktoren sind jedenfalls eine stabile, harmonische Partnerschaft, Freunde und Geselligkeit. Prof. Dr. Gerti Senger führt dazu auch noch die vier psychischen Grundstrukturen an: „gefühlsbetont", „vernunftbetont", „kontrollierend" und „locker", welche die goldene Mitte als Kern einer stabilen Persönlichkeit ausmachen. Um Glück unbeeinträchtigt empfinden zu können, darf man sich aber auch nicht mit anderen vergleichen bzw. diese nicht beneiden. Dazu das Zitat von Kierkegaard, Ende des 19. Jahrhunderts: „Das Vergleichen ist das Ende des Glücks und der Anfang der Unzufriedenheit."

Ein wahrer Saboteur des Glücks ist auch die Gewöhnung an das, was wir besitzen. Egal ob es sich um eine neues Auto, Schmuck oder Designerklamotten handelt, diese Dinge bieten uns nur für kurze Zeit ein Glücksgefühl. Bald werden sie wieder zu normalen Konsumgütern und verlieren ihren Reiz. Um einen neuen Kick zu verspüren, brauchen wir, wie ein Drogensüchtiger, wieder eine neue, eventuell sogar höhere Dosis Konsum, um das ersehnte Hochgefühl zu erlangen.

Leider suggeriert uns der Zeitgeist stets auf's Neue, nicht gut genug, nicht klug genug und vor allem nicht reich genug zu sein. Wer dieser Philosophie des kontinuierlichen Steigerns folgt, wird ziemlich sicher nicht mehr an Glück und Zufriedenheit, sondern viel wahrscheinlicher Ängste und Depressionen ernten. Wenn man der Glücksforschung glauben kann, sind Menschen mit Top-Erfolgen nicht glücklicher als mittelmäßig Erfolgreiche.

Wer von uns würde nicht gerne mal im Lotto so richtig absahnen? Das wäre doch etwas, nach dem sich wohl jeder sehnt, oder etwa nicht? Doch, Untersuchungen von Lottomillionären ergaben, dass ihr Glücksgefühl maximal ein halbes Jahr angehalten hatte. Oft sank das Wohlbefinden dann sogar unter den Pegel vor dem Gewinn, weshalb man hier von einem „Glückskater" spricht.

Würde Geld tatsächlich glücklich machen, wären nicht so viele Superreiche immer wieder in Entzugskliniken und würden sich durch ihren negativen Lebenswandel nicht systematisch selbst zerstören. Das ist ein weiterer Beweis, dass langfristiges Glück nichts mit der Erfüllung unserer materiellen Wünsche zu tun hat. Und nicht zu vergessen ist auch die Abhängigkeit vom Konsum, die bloß für Unzufriedenheit und Frustration sorgen würde, wenn wir uns dieses oder jenes doch nicht leisten oder bekommen können. Noch dazu hat man festgestellt, dass auch die äußere Attraktivität Glück und Dauerhaftigkeit von Beziehungen nicht fördert.

Steven Carter und Julia Sokol schreiben in ihrem Bestseller Nah und doch so fern: „Eine feste Bindung bedeutet, eine zeitlich unbegrenzte monogame Beziehung einzugehen, mit der Bereitschaft, daran zu arbeiten und sensibel zu bleiben für die Bedürfnisse anderer." Dazu sei auch gesagt: „Ich liebe dich!" sind die drei kleinen Worte, die eine Partnerschaft erhalten können. Leider vergessen bzw. verabsäumen viele Paare im Laufe der Zeit, ihrem Partner diese elementare Bestätigung in Sachen Liebe immer wieder aufs Neue mitzuteilen. Wie wichtig dazu auch kontinuierliche kleine Gesten und Aufmerksamkeiten sind, war bereits im Kapitel „Zeit für Zärtlichkeit und Geborgenheit" nachzulesen.

Neben verbindenden Gefühlen, leben Beziehungen auch von den Schrullen, Macken, Unterschiedlichkeiten und Eigenarten der Partner. Nur die Liebe erlaubt es uns, in unserer Beziehung der Mensch sein zu dürfen, der wir sind und dabei unser gesamtes Wesen einzubringen. Es muss uns bewusst sein, dass man nie versuchen sollte, seinen Partner nach den eigenen Vorstellungen umzukrempeln. Jeder Mensch ist schließlich ein individuelles Wesen, das man nicht wider seiner Natur so ohne weiteres umformen kann. Ebenso gilt es, dem Alltagstrott und der Langeweile in der Beziehung unermüdlich den Kampf anzusagen. Gemeinsame Hobbys, Interessen, Aktivitäten, Ausflüge und Reisen wären jedenfalls ein probates Mittel dafür. Und bitte vergessen Sie auch nicht, dass Lachen ansteckend ist, Glück ebenso.

Manchmal muss man für die Liebe auch Opfer bringen und Kompromissen zustimmen. Doch, wie viele Zugeständnisse braucht eine Beziehung, und wann zerbricht sie daran? Zugeständnisse können die wichtige Bestätigung sein, dass er/sie der/die Richtige ist. Allerdings verlangen sie meistens einem von beiden den größeren Schritt ab. Und man will sich ja nicht auf halbem Wege verlieren. Ein Zugeständnis aus Liebe zu machen, muss jedoch nicht heißen, dass dieses für immer gilt. Es sollte nur immer wieder neu überdacht werden.

Früher oder später müssen sich fast alle Langzeitbeziehungen auch der großen Herausforderung namens „Untreue" stellen. Prominente Beispiele gab es in letzter Zeit ja genug, wenn man beispielsweise nur an Tiger Woods, Jesse James und Charlie Sheen denkt. Doch bevor man hier von einer elitären Sexsucht der Superstars spricht, sollte man wissen, dass diversen Umfragen nach auch um die 40 Prozent der „normal Sterblichen" wie unsereins (Männer wie Frauen), das Fremdgehen praktizieren. Selbst wenn es von manchen als aufregend, sexy und mit dem reizvollen Hauch des Verbotenen gesehen wird, ruiniert dieses Verhalten Beziehungen und stürzt viele Menschen ins Unglück. Vor allem bei den Hintergangenen löst der Seitensprung ein Trauma aus, das nur schwer wieder abzuschütteln ist.

Grundsätzlich kann man davon ausgehen, dass in der Beziehung etwas nicht stimmt, wenn jemand fremdgeht. Jetzt werden sich vielleicht manche fragen: „Ja, aber wie kann ich denn Untreue verhindern?“ Auch auf die Gefahr hin, mich zu wiederholen, lautet mein Rat: „Reden Sie mit Ihrem Partner!“ Und zwar sofort, wenn Sie eine Bedrohung Ihrer Zweisamkeit aufkeimen sehen. Unterschätzen Sie niemals selbst kleine Unzufriedenheiten, Störungen und Veränderungen Ihrer Beziehung. Und vor allem, sehen Sie nicht wortlos darüber hinweg. Natürlich ist „Zuhören“ genau so wichtig, wie reden. Leider fällt aber vor allem Männern das Ohrenspitzen viel schwerer, als das Quasseln selbst. Das Decodieren weiblicher Sätze ist nun mal nicht ihr Ding. Mein Tipp dazu: „Bringen Sie als Frau das, was Sie ihm sagen möchten, ohne abzuschweifen, mit wenigen Sätzen exakt auf den Punkt“! Dann versteht er es schon. Hand drauf!

Wenn es erst einmal so weit kommt, dass man teilnahmslos nebeneinander her lebt und kaum mehr miteinander spricht, ist die Gefahr des Ausbrechens am größten. Das trifft vor allem auf Frauen zu. Dieser Entwicklung lässt sich jedoch rechtzeitig vom Partner mit kontinuierlicher Kommunikation, Aufmerksamkeit und Kreativität entgegen steuern. In diesem Sinne meint Phil Bosmans: „Es liegt ein Stück Paradies in jedem Lächeln, in jedem guten Wort, in der Zuneigung, die du verschenkst.“

Bei den Männern ist es hauptsächlich sexuelle Unzufriedenheit, die sie in fremde Betten lockt. Was er zu Hause nicht bekommt, wird er sich nun mal wo anders holen. Natürlich ist keiner Partnerin abzuverlangen, dass sie über Nacht zum heißblütigen Erotikvamp mutiert, aber sich etwas Mühe zu geben, damit Sexualität zwischen beiden lebendig bleibt, ist dringend anzuraten. Dazu können Fantasie und Abwechslung im Liebesleben nicht schaden. Nicht von ungefähr gibt es für Sex die Bezeichnung „Liebe machen.“ Werden Sie also aktiv und machen Sie etwas daraus! Gegebenenfalls muss man sich die Zeit dafür sogar bewusst einplanen.

Vor allem Frauen, die sich längere Zeit über verweigern, dürfen sich irgendwann über seine eskalierenden Überstunden nicht wundern - so ferne nicht schon die klassischen Lippenstiftspuren am Hemdkragen für Klarheit sorgen. In selteneren, aber dennoch vorkommenden Fällen, kann auch „er“ es sein, der sich verweigert. Dann ist allerdings die Frau, die sich nicht begehrt fühlt, sehr gefährdet, in andere männliche Gefilde abzudriften.

Generell sorgt jedes Ungleichgewicht in der Beziehung für eine hohe Seitensprunggefahr. Vor allem wenn die Partnerin ein eklatantes Mutterverhalten an den Tag legt und ihm von den passenden Socken, über die Wollhaube bis zum Jausenstollen alles vorgibt. Dieses Verhalten kann für die Partnerschaft tödlich sein. Eine Frau, die versucht, ihn auf solche Weise „klein" zu halten, schadet sich nur selbst, da hier jede Eigenständigkeit sukzessive zerstört wird. Partnerschaft, und damit auch Treue, haben nur eine Chance, wenn uns auch gestattet wird, selbstständige Individuen ohne Einengung zu bleiben. Dazu ist aber Vertrauen notwendig und die Fähigkeit, seine Eifersucht unter Kontrolle zu halten.

Dennoch muss uns immer klar sein, dass es in unserer illustren Welt und Gesellschaft sehr viele Versuchungen gibt. Auch, wenn man seine Partnerschaft noch so tadellos führt, kann nun mal ein Ausrutscher passieren. Eine tolle Feier, eine attraktive, beharrliche Person und vielleicht ein paar Drinks zu viel können zu später Stunde auch noch so hohe Prinzipien ins Wanken bringen. Doch ohne Charakter, Standhaftigkeit und einem starken Willen, ist Treue ohnehin nicht zu erhalten. Noch dazu muss man an seine Beziehung glauben. Oder besser gesagt, beide Beteiligten müssen dies aus voller Überzeugung tun.

Unsere Beziehungen sind aber auch noch einem weiteren faszinierendem Phänomen ausgesetzt. Und zwar dem Rhythmus des Lebens, der - so seltsam das auch klingen mag - wie eine unsichtbare Macht dafür sorgt, dass große Ereignisse zu bestimmten Zeiten passieren. Offenbar sind es 7-Jahres-Schritte, die unser Schicksal (mit)bestimmen. Wer sein bisheriges Leben Revue passieren lässt, kann ziemlich sicher feststellen, dass bedeutende Ereignisse in bestimmten Jahren passierten: Schulabschlüsse, Umzüge, Hochzeiten, Scheidungen, Jobwechsel usw. Wer diese Jahreszahlen nachrechnet, wird in den meisten Fällen feststellen, dass sie etwa alle sieben Jahre erfolgten. Das kann natürlich Zufall sein oder auch nicht.

Penny McLean widmet sich in ihrem Buch dem Geheimnis dieser Schicksalsrhythmen: „Wie 7-Jahresschritte unser Leben bestimmen." Die Autorin ist eine gefragte Expertin für spirituelle Themen mit dem Spezialgebiet Numerologie, die Lehre von der Bedeutung der Zahlen. Sie ist überzeugt, dass unser gesamtes Universum - und damit auch jedes einzelne Menschenleben - festen Rhythmen unterliegt. Dieser Erkenntnis zufolge sieht ein übergeordneter Plan für jeden Einzelnen bestimmte Themen und Aufgaben vor. Mit den großen Brocken werden wir aber nicht ständig konfrontiert, sondern in Abständen von etwa sieben

Jahren. Im Rahmen eines Kollektivplans der gesamten Menschheit müssen sie erfüllt werden.

Auch wenn das jetzt ziemlich esoterisch klingt, gibt es sogar Rationalisten und spirituelle Skeptiker, die sich von den Schicksalsrhythmen überzeugen lassen. Schließlich geht es hier nicht um eine Glaubensfrage, sondern um vielfach bewiesene Realität. Und diese bedeutet immerhin, dass neben Karrieresprüngen, Glücks- und Unglücksfällen auch Partnerschaften zyklisch verlaufen. Daher meinte schon Voltaire: „Zufall ist ein Wort ohne Sinn. Nichts kann ohne Ursachen existieren.“

Damit haftet der Zahl Sieben etwas Magisches an, was an sich nichts Neues wäre. Bereits in der Bibel, im Märchen, in der Antike und sogar im Schlager hat die Sieben seit langer Zeit einen ganz besonderen Stellenwert. Auch von sieben Hauptenergiezentren des Menschen, den Chakren, ist die Rede und die Astrologen schwören auf ihre Septar-Horoskope. Man könnte diese Liste unendlich fortsetzen. Dennoch darf es nicht beklemmend wirken, dass alle sieben Jahre etwas Einschneidendes in unserem Leben passiert. Schließlich soll das nicht bedeuten, dass der gesamte Verlauf des Lebens unabänderlich vorbestimmt sei. Dieses spezielle Wissen kann uns aber helfen, wachsam zu sein und die Fehler von früher nicht zu wiederholen.

Das gilt natürlich auch ganz besonders für unsere partnerschaftlichen Beziehungen, da man alle sieben Jahre erfolgenden Umbrüchen und Krisen durchaus auch einen Sinn abgewinnen kann. Wohl niemanden ist es erlaubt, im Leben wie auf einer gut ausgebauten Autobahn vom Anfang bis zum Ende bequem dahinzufahren. Eine Partnerschaft wächst an seinen periodischen Umbrüchen und Krisen. Ungeklärte Konflikte und Unzufriedenheit sind kein Grund, sich resigniert zurückzuziehen. Sie erfordern zwar Kraft, Mut und Geduld, bieten aber auch die großartige Chance, notwendige Veränderungen durchzuführen, damit sich beide miteinander wieder wohl fühlen. Dabei sollte man den Partner in seiner Komplexität ergründen und ihn auf tieferer Ebene kennen lernen. Und jeder tut gut daran, diesen zeitlichen Spielraum, den sein Lebensplan für ihn bereit hält, zu erkennen und engagiert zu nützen.

Damit sich anfängliche Verliebtheit zu einer soliden Partnerschaft und einem beständigen, stabilen Miteinander entwickeln kann, muss man allerdings die Beziehung von Anfang an pflegen und darf nichts selbstverständlich nehmen. Das Um und Auf ist die Kommunikation zwischen den Beiden. Es kommt aber auch sehr auf den Respekt und die gegenseitige Rücksichtnahme, was die Bedürfnisse des Einzelnen betrifft, an. Stimmen Sie sich immer ab und schüren Sie keine unausgesprochene Erwartungshaltung. Sorgen Sie für ein Gleichgewicht beim Geben und Nehmen. Lösbare Probleme soll man lösen und mit unlösbaren leben. Wichtig ist jedoch, dass Sie Gemeinsamkeit schaffen, die ersehnte Nähe zulassen, aber dennoch Ihre Eigenständigkeit behalten.

Liebe ist imstande sehr viel zu leisten. Schließlich kann sie uns aus jedem Alltagstief an die Sonnenseite des Glücks katapultieren und uns eine Menge Lebenstiefe schenken. Das hat schon deshalb große Bedeutung, weil wir wahre Gefühle in unserer immer schnelllebigeren Welt zunehmend vermissen. Das Leben bekommt Sinn, Beständigkeit und Sicherheit, wenn wir das vervollkommnende Gefühl spüren, ohne den anderen nicht sein zu können. Dennoch ist Liebe keine „Beatmungsmaschine“, wie es Horst Kreis, der Autor des Buches „Wahre Liebe Leben“ ausdrückt. Eine gewisse Eigenverantwortlichkeit und Unabhängigkeit sollten auch in einer noch so liebevollen Partnerschaft erhalten bleiben.

Besonders ans Herz legen möchte ich Ihnen dabei, nicht mit Anerkennung zu sparen und Ihren Partner so zu akzeptieren, wie er ist. Je klarer und abgestimmter die Beziehung eines Paares erfolgt, desto größer ist die Chance auf eine dauerhafte Partnerschaft. Wenn wir uns von Liebe leiten lassen, können wir nicht wirklich in die Irre laufen. Schließlich bekommen wir dafür Glück und Zufriedenheit zurück.

„Das Glück in dieser Welt besteht darin, nicht unglücklich zu sein. Man beachtet es nicht mit zwanzig Jahren. Man weiß es mit sechzig.“ Théodore Jouffroy.

... oder wie Erhard H. Bellermann es ausdrückt: „Das Tal der Sorgen ist umgeben von den Bergen des Glücks.“

Quellennachweise:

WIENERIN, Styria Multi Media
Ladies GmbH & Co KG Wien

Freundin Verlag GmbH, München

P.M. Magazin, G+J Gruner+Jahr AG & Co KG,
Druck- und Verlagshaus Verlagsgruppe München

JOY, eine Publikation der MARQUARD MEDIA AG, Verleger Jürg Marquard

MAXIMA, Medieninhaber Merkur Warenhandels AG, A-2355 Wiener Neudorf

Brigitte Magazin Österreich, Verlag Gruner + Jahr Verlagsges.m.b.H. Wien

woman, Verlagsgruppe NEWS Gesellschaft m.b.H.

COSMOPOLITAN, eine Publikation der Marquard Media AG

Der Zitatenschatz der Weltliteratur, Anaconda Verlag GmbH, Köln

Illustrationsfotos: Gerhard Fürsatz

Coverfoto: Copyright Jens Schmidt.

Buchempfehlungen:

Wie Frauen Männer besser verstehen
Gerhard Fürsatz, novum publishing GmbH, Neckenmarkt, Österreich

Was Frauen noch über Männer wissen sollten
Gerhard Fürsatz, novum publishing GmbH, Neckenmarkt, Österreich

Wie er und sie gemeinsam glücklich werden
Gerhard Fürsatz, novum publishing GmbH, Neckenmarkt, Österreich

Ein Königreich für einen Text
Gerhard Fürsatz, Re Di Roma-Verlag, Remscheid, Deutschland

Mit Nichts zum Erfolg
Viktor W. Ziegler, Ueberreuter Wien, Österreich